왕초보도 쉽게 낙찰받고 명도하는

부동산 경매
처음공부

kakaomap

카카오맵 일러두기

- 이 책에 사용한 지도는 카카오맵에서 제공하였습니다.
- 본문에 사용한 카카오맵에는 카카오맵 사용 출처를 표기하였습니다.
- QR코드를 통해 별도의 검색없이, 해당 지역의 정보를 '카카오맵' 앱으로 바로 확인할 수 있습니다.
  카카오맵 다운 바로가기 (https://map.kakao.com/info/kakao_map)
- 아울러 책에 사용한 지도는 카카오맵을 바탕으로 본문에서 설명하는 내용을 추가하여 사용하였으므로,
  실제 카카오맵에서 제공하는 내용과 상이할 수 있음을 알려드립니다.

왕초보도 쉽게 낙찰받고 명도하는

부동산 경매 처음공부

초판 1쇄 발행 2019년 1월 15일
개정판 1쇄 발행 2023년 12월 30일
　　　3쇄 발행 2024년 10월 30일

지은이　설춘환

펴낸곳　㈜이레미디어
전　화　031-908-8516(편집부), 031-919-8511(주문 및 관리)
팩　스　0303-0515-8907
주　소　경기도 파주시 문예로 21, 2층
홈페이지 www.iremedia.co.kr
이메일　mango@mangou.co.kr
등　록　제396-2004-35호

편집 주혜란, 이병철 | **디자인** 유어텍스트 | **마케팅** 김하경
재무총괄 이종미 | **경영지원** 김지선

ISBN 979-11-93394-09-0 (04320)

ISBN 979-11-91328-05-9 (세트)

- 가격은 뒤표지에 있습니다.
- 잘못된 책은 구입하신 서점에서 교환해드립니다.
- 이 책은 투자 참고용이며, 투자 손실에 대해서는 법적 책임을 지지 않습니다.

부동산 경매 처음공부

왕초보도 쉽게 낙찰받고 명도하는

설춘환 지음

이레미디어

추천사

예전부터 부동산 경매는 좋은 투자 대상이었습니다. 주위를 살펴보면 부동산 경매로 재산을 늘린 사람이 많이 있습니다. 이러한 인기를 반영하여 부동산 경매에 관심을 가지는 일반인도 증가하고 있습니다. 부동산 경매는 투자의 한 종류입니다.

투자 시장은 오래전부터 존재해왔으며 그 과정에서 투자자들이 명심해야 할 기본 원리가 시장에서 형성되어왔습니다. 기본 원리 중에는 학문적으로 입증할 수 있는 것도 있고 없는 것도 있지만, 어쨌든 오랜 투자의 역사에서 경험적으로 인정되고 있습니다. '위험과 수익률은 비례한다'가 그 대표적인 예입니다. 부동산 경매에 성공하려면 이러한 기본 원리를 유념해야 합니다. 또한 부동산 경매에 관한 지식과 경험이 필요합니다.

저자는 부동산 경매 전문가로서 활발하게 활동하고 있습니다. 오랜 기간 축적한 지식과 경험이 담겨 있는 이 책은 경매에 관심이 있는 일반인들에게 큰 도움이 될 것입니다. 저자는 부동산 경매에서 수익을 내는 것보다 중요한 것은 손해를 보지 않는 것이라고 강조하고 있습니다. 이 점의 중요성은 아무리 강조해도 지나치지 않습니다. 수익을 실현하는 적극적 투자도 물론 중요하지만, 직업을 통하여 얻은 귀중한 재산을 잘 보존하는 것 역시 중요합니다. 정확한 지식 없이 행한 투자로 재산 손실을 보는 사례를 많이 보아왔습니다. 손실을 회피하고 수익을 얻는 길은 기본 원리를 지키며 투자 대상에 대한 전문 지식과 경험을 쌓는 것입니다.

이 점에서 이 책은 오랫동안 축적한 경매 지식과 경험을 담고 있어 경매에 관심을 가지는 일반인에게 좋은 길잡이가 될 것입니다.

여러분 모두에게 좋은 결과가 있기를 기원합니다.

한성대학교 교수
민태욱

들어가는 글

경매는 부동산 투자의 핵심이다

부동산 투자로 돈을 버는 사람들은 다양한 수단을 이용한다. 일반 매매, 분양권 투자, 경매 등 그 수단은 다양하다. 사실 돈을 번 대부분의 사람은 운도 많이 따랐다. 운이 좋은 사람은 돈을 많이 벌고, 운이 별로 좋지 않은 사람은 돈을 많이 벌지 못한다. 부동산 공부를 하는 필자의 입장에서도 돈을 버는 것에 대해 '운'과 관련하여 표현하는 것에 대해 아쉬움이 크다. 그러나 사실이 그렇다. 다만 그 운을 좋게 하고 손해 보지 않으려면 스스로 자생력, 즉 실력을 갖추어야 한다. 그 분야에 대한 지식을 공부하고 간접·직접 경험을 통해 스스로 더 운이 좋은 사람이 되어야 한다.

필자의 주위에도 경매를 통해 부동산을 낙찰받아 많은 돈을 번 사람이 많다. 그들은 특히 당시 5~6년 동안 경매 투자를 해서 많은 수익을 냈지만, 스스로 운이 좋았다고 말할 정도다. 그러나 그들을 지켜본 필자의 생각은 다르다. 물론 운도 어느 정도 작용했겠지만 그 낙찰자들의 꾸준하고도 끈기 있는 열정과 노력이 경매 투자에서 성공하는 데 가장 큰 영향을 미쳤다고 확신한다.

일반인들의 부동산 투자 중 가장 많은 방법을 차지하는 일반 매매와 분양권 투자에는 상대방이 있다. 매수인이 있으면 매도인이 있고, 분양받은 수분양자가 있다면 분양을 한 분양자가 있다. 부동산을 매수할 때 또는 매수해서 등기까지 마쳤을 때, 분양권에 당첨 또는 전매로 매수했을 때, 그 부동산이나 그 분양권에 하자가 있을 때, 부동산의 하자나 권리상의 하자가 있을 때 상대방에게 그 하자의 치유나 손해를 물을 수 있다.

그러나 경매는 그렇지가 않다. 사실상 상대인 법원에 대해 하자의 치유나 손해를 묻기가 쉽지 않다. 따라서 경매는 입찰하는 입찰자 스스로가 물건에 대한 분석과 권리분석을 철저히 해야 한다.

경매의 성공과 실패 사례를 통해서 어떻게 하면 돈을 벌고 또 어떻게 하면 손해를 보는지에 대한 간접 학습이야말로 경매 입문자들에게 매우 중요한 공부가 될 것이라고 생각한다. 필자도 많은 성공 사례와 실패 사례에 대한 상담을 통해 더 많은 간접 경험과 공부를 하고 있다.

경매는 장점이 많은 재테크 수단이다

경매 투자를 통해 수익을 내는 것은 중요하다. 하지만 더욱 중요한 것은 절대 손해가 없어야 한다. 이기는 경매도 중요하지만 지는 경매는 절대 해서는 안 된다. 그러기 위해서는 경매라는 수단을 잘 이해해야 한다. 경매의 장점은 시세보다 싸게 낙찰받을 수 있다는 것이다. 물론 일반 매매처럼 매도인과 단둘이 협의해서 급매로 사는 것은 아니지만, 본인이 낙찰받고 싶은 금액으로 낙찰받을 수 있다. 물론 낙찰받지 못할 수도 있지만, 그것은 손해가 아니다. 즉 리스크는 아니다.

경매는 낙찰을 받는 것이 중요한 게 아니다. 낙찰은 입찰가만 높게 쓰면 누구나 쉽게 받을 수 있다. 그렇게 하는 건 의미가 없다. 수익을 감안하여 낙찰받아야 한다. 일반 매매로 3억 원에 누구나 쉽게 매수할 수 있는 물건을 3억 원에 낙찰받는다면 경매를 활용할 이유가 없다.

경매를 통해 성공한 투자를 하는 방법

가장 먼저 경매라는 수단을 잘 이해해야 한다. 이론과 경험을 가급적 빠른 시간 내에 많이 쌓아야 한다. 경매 절차와 권리분석, 명도와 임대차보호법 그리고 입찰 방법과 대출, 세금을 이해해야 한다.

어렵게 느껴질 수 있지만 결코 어렵지 않다. 걱정하지 마라. 바로 이 책을 통해 여러분은 경매에 대해 깔끔하게, 제대로 마스터할 수 있다.

둘째, 경매라는 수단도 중요하지만 부동산에 대한 안목도 중요하다. 경매 초보자가 경매에 입문하면 가장 어렵게 느끼는 것이 권리분석이다. 하지만 조금 해보면 권리분석보다는 명도를 어렵게 느낀다. 그렇게 1년여 정도 경매 투자를 하게 되면 권리분석과 명도도 그리 어렵지 않게 될 것이다.

그리고 나서 가장 어렵게 느껴지는 것이 바로 부동산에 대한 안목, 즉 부동산의 가치를 판단하는 것이다. 가치와 가격은 다른 개념이지만 일반적으로 가치가 높으면 가격이 높고, 가치가 낮으면 가격이 낮은 것이 보통이다. 어떤 아파트가 미래가치가 좋은지, 그리고 어떤 상가, 토지, 공장, 빌라, 오피스텔의 미래가치가 좋은지를 판단하는 것을 가장 어려워한다.

이것을 극복하는 가장 좋은 방법은 많은 임장을 통한 현장분석이다. 필자는 1년에 약 100여 차례의 임장을 다닌다. 부동산의 안목을 키우는 데 임장만 한 것은 없다. 부동산에 대한 답은 현장에 있다고 하지 않은가. 여러분도 임장을 자주 그리고 많이 다니길 바란다. 다만 막연한 임장보다는 손품을 통해서 온라인상으로 괜찮은 물건을 검색하고, 체크 리스트를 만들어 현장에 가서 물건을 제대로 분석해야 한다.

셋째, 최대한 빠른 경험과 수익을 내보라. 경험만 한 공부는 없다. 직접 경험해보는 것이 가장 큰 공부다. 돈 버는 재미보다 더 큰 재미는 없다고 한다. 필자도 동의한다. 그러기 위해서는 목표를 설정하고 실행하는 결단력이 필요하다.

넷째, 투자를 생활화하자. 물론 일상생활에 방해가 되지 않는 선에서 말이다. 여행 간 김에, 밥 먹으러 간 김에, 업무차 간 김에 자연스럽게 그 지역의 지역분석과 물건분석을 해보자.

초보자도 이해하기 쉬운 이론과 경매 성공 사례와 실패 사례

경매 투자 28년, 경매 강의 24년 차다. 독자 여러분이 궁금해하는 부분을 누구보다 잘 안다고 장담한다. 경매에 대한 막연한 어려움과 두려움은 이 책을 통해 떨쳐버리자. 이 책은 초보자도 이해하기 쉽게 이론을 구성했다. 사례도 실제 자주 발생하는 내용으로 실었다. 수많은 강의장에서 수강생들이 질문했던 내용 중 실무에서 꼭 필요한 부분을 각 장에 맞게 실었다. 아마도 독자 여러분은 이 책을 통해 많은 간접 경험을 하게 될 것이다.

살아가는 동안에 가장 행복한 사람은 누구일까? 자신이 잘하면서 좋아하는 것을 업으로 삼아 돈까지 버는 사람일 것이다. 이를 이루기 위해 '자생력+자존감+자신감+자본금'을 갖자!

이 책을 내는 데 도움을 주신 분들에게 감사드린다. 《경매 개인 레슨》에 이어 두 번째 경매 책을 낼 수 있도록 해준 이레미디어 이형도 대표님과 미력한 책에 추천사를 흔쾌히 써주신 한성대학교 민태욱 교수님께 심심한 감사를 드린다. 더불어 늘 많은 지지를 해주시는 세종사이버대학교 조덕훈 교수님과 한성대학교 이용만 원장님, 남두희 교수님, 부동산태인 이호남 대표님 그리고 사회능력개발원의 이정은 연구원, 월급쟁이 재테크 연구 카페 맘마미아님, 키움에프앤아이 오현택 수석에게도 감사를 드린다.

저에게 늘 힘이 되어주는 김윤석 교수님과 우광연 강사, 홍석승 강사와 이지현 대표에게도 감사를 드린다.

1년투자클럽반을 통해 저와 함께 공부하며 실천하는 전경아, 박경미, 유정환, 최재민, 이민준, 박정희, 김연수, 권현주, 박향례, 남영혜, 이현철, 김정구, 정예지, 김은숙, 김도훈, 김연미, 박상혜, 박진희, 서종녀, 윤정만, 이윤창, 임경섭, 장선호, 정용규, 조현주, 김영주, 박정미, 서미랑, 신승연, 안혜민, 유지희, 이선옥, 이윤주, 이호상, 함미나 님에게도 감사를 드린다. 영원한 친구 황인성에게도 감사를 드린다.

설춘환캠퍼스 카페에서 많은 성원을 해주는 회원님들과 유튜브(설춘환캠퍼스·경매탈탈탈) 가입자 및 구독자 여러분들에게도 감사를 드린다.

끝으로 하늘나라에 계신 아버지와 어머니, 장인어른, 늘 막내사위를 사랑해주시는 장모님께 감사드린다.

인생의 평생 동반자 아내 숙현과 두 공주인 진희와 가희에게 이 책을 바친다. 특히 이번 책의 그림을 도맡아 그려준 큰공주 진희에게 아빠로서 따스한 정을 다시금 느낀다.

용산의 설춘환캠퍼스 사무실에서
설춘환

개정판 서문

경매물건이 많아지고 경매에 대한 관심이 높아지는 시기에 새롭게 개정판이 나오게 됐습니다. 가급적 최신의 자료들로 업데이트를 했습니다. 물론 개정 전의 책으로도 경매 공부하는 데에 지장은 없습니다. 권리분석, 명도, 그리고 입찰과 임장하는 요령 등 모든 것들이 10년 전이나 지금이나 거의 변한 게 없기 때문입니다.

최근 고금리 기조가 이어지고 있습니다. 금리가 올라가면서 안전자산에 대한 관심이 높아지고 있는 가운데 가장 안전하다고 생각하는 부동산, 그중에서도 경매에 대한 관심이 높아지고 있습니다. 최근 저의 수강생들이나 지인분들의 입찰과 낙찰이 이어지고 있습니다. 부동산 시장의 열기를 떠나 가격만 싸다면 낙찰을 받겠다는 수요는 지금도 많고, 앞으로도 많을 것입니다.

다만, 여전히 경매에 대해 어렵다고 생각하는 분들이 많습니다. 권리분석, 명도, 그리고 입찰, 임장하는 요령 등 한번도 해보지 않은 것은 그게 뭐든 처음에는 다 어렵게 느껴집니다. 이럴 때 어렵다고 회피할 것이 아니라 충분히 해볼 만한 재테크라는 자신감을 가지고 학습하고 경험해보는 것이 중요하다고 생각합니다.

지금부터 경매는 내가 충분히 정복할 수 있는 재테크라고 생각하시고 오늘부터 당장 공부와 경험을 해보길 기대합니다. 경매 초보자가 처음에 누구에게 경매 강의를 듣느냐 즉 어떤 멘토를 만나느냐는 정말 중요합니다. 또한 어떤 책을 가지고 처음 경매 공부를 하느냐 여부도 굉장히 중요합니다.

지금껏 최소 십만여 건 이상의 경매 상담과 컨설팅, 100만 원짜리부터 1,000억 원대의 경매 낙찰과 컨설팅 경력, 25년 동안의 경매 강의로 배출한 수강생만 최소 십만 명은 넘어가지 않을까 싶습니다. 경매 강의를 하다보면 수강생들의 니즈를 충분히 알 수 있습니다. 경매 수강생들이 궁금해하는 내용을 엄선해서 이 책에 담았습니다.

여러분들의 든든한 경매 가이드가 되고자 합니다. 그리고 이《부동산 경매 처음공부》가 여러분들의 경매 투자에 자신감을 갖게 해줄 것을 확신합니다.

다만 어떤 재테크든 제대로 공부하지 않고 하는 투자는 성공하기 어렵습니다. 경매에서도 묻지마 낙찰, 조급한 낙찰, 낙찰을 위한 낙찰을 받아서는 안 됩니다. 제대로 공부하고, 양질의 물건에 대한 낙찰, 그러한 가운데 수익을 위한 낙찰을 받아야만 합니다.

여러분에게 경매 투자가 부동산에 대한 이해를 넘어 재테크 수단으로 자산을 듬뿍 불려주는 수단이 되길 기대합니다.

마지막으로 여러분이 좋아하고 잘하는 것을 하면서 돈과 명예까지 얻는 그러한 행운의 사람이 되길 진심으로 응원합니다.

항상 건강하시고 건승하세요.

용산 사무실에서
설춘환

REAL ESTATE AUCTION

차례

1교시 | 경매 물건의 지역분석과 물건분석

5교시 | 대출

6교시 | 경매의 하이라이트, 입찰 절차

7교시 | 명도 절차

8교시 | 세금

부동산 투자, 경매로 완성된다!

경매는 부동산 투자의 꽃이다. 경매는 부동산 투자 중 그 수단을 매매나 분양권이 아닌 경매라는 수단을 활용하는 것이다. 부동산 투자에서 가장 어려운 부분이 부동산에 대한 가치와 가격을 판단하는 것이다. 그러한 업무를 하는 감정평가사들조차도 부동산에 대한 가치나 가격을 판단하기 어렵다고 한다. 그렇다면 부동산 가격에 영향을 미치는 요인들은 어떠한 것들이 있을까?

이러한 요인들을 제대로 이해하고 있다면 그 요인들의 작용에 따라 차후 부동산 가격이 어떨지에 대한 개략적인 부분은 판단할 수 있다. 경매 투자 역시 시세보다 저렴하게 낙찰받아 시세 정도에 매각해서 수익을 낼 수도 있다. 하지만 부동산 가격에 영향을 미치는 요인들이 차후 부동산 가격을 상승시키도록 작동한다면 오히려 경매로 낙찰받은 후 일정 기간 보유하다가 적당한 시기에 매매차익을 내고 매각할 수 있다.

반대로 부동산 가격을 하락시키도록 작동한다면 오히려 보유하고 있던 부동산을 가급적이면 빠른 시일 내에 매각해서 단기 차익을 내거나, 손실을 최소화하는 것이 합리적이다. 본격적으로 경매에 대해 알아보기 전에 먼저 부동산 가격에 영향을 미치는 요인들을 알아보자.

- **인구와 가구 수** : 인구와 가구 수가 증가하면 부동산 가격은 상승한다. 즉 인구와 가구 수의 증가는 부동산 수요 증가로 이어지고, 수요와 공급의 원리에 따라 부동산 가격은 상승한다. 반대로 인구와 가구 수가 감소하면 부동산 가격은 하락한다. 인구와 가구 수가 증가하는 지역을 선별해서 투자하자. 일반적으로 개발호재가 있는 곳의 인구가 증가하는 편이다.

- **소득** : 소득이 증가하면 부동산 가격은 상승한다. 소득이 증가하면 부동산 수요 증가로 이어지고, 수요와 공급의 원리에 따라 부동산 가격은 상승한다. 반대로 소득이 감소하면 부동산 가격은 하락한다. 소득이 높은 일자리가 많은 지역을 선별해서 투자하자. 소득과 부동산 가격은 떼려야 뗄 수 없다.

- **금리** : 금리가 내려가면 부동산 가격은 상승한다. 즉 금리가 내려가면 부동산 수요 증가로 이어지고, 수요와 공급의 원리에 따라 부동산 가격은 상승한다. 반대로 금리가 올라가면 부동산 가격은 하락한다. 금리가 점진적으로 상승할 것으로 예측되면서 부동산 가격은 하락하고 경매 물건은 증가할 것으로 전망된다. 그러니 지금부터 경매 공부를 제대로 해두자.

- **통화량** : 통화량이 증가하면 부동산 가격은 상승한다. 즉 통화량이 증가하면 수요의 증가로 이어지고, 수요와 공급의 원리에 따라 부동산 가격은 상승한다. 반대로 통화량이 감소하면 부동산 가격은 하락한다. 금리가 올라가고 대출 등을 규제하면서 통화량은 점차 감소할 것으로 전망된다. 최근 7~8년 동안 부동산 가격이 급등한 이유 중 하나가 풍부한 통화량 덕분이었다고 할 수 있다.

- **공급량** : 공급량이 증가하면 부동산 가격은 하락한다. 즉 공급량이 증가

하면 수요의 감소로 이어지고, 수요와 공급의 원리에 따라 부동산 가격은 하락한다. 반대로 공급량이 감소하면 부동산 가격은 상승한다. 서울의 아파트 공급량이 감소하고 있다. 가격만 적정하다면 매수의 타이밍이지만, 현재는 공급량을 떠나 높은 가격이 부담스러운 형국이다.

- **대출과 세금** : 대출 규제를 강화하고 세금을 올리면 부동산 가격은 하락한다. 즉 대출이 줄어들고, 세금이 올라가면 수요의 감소로 이어지면서 수요와 공급의 원리에 따라 부동산 가격은 하락한다. 반대로 대출 규제가 완화되고, 세금이 내려가면 부동산 가격은 상승한다. 대출 규제와 세금 강화로 인해 거래 절벽 현상이 일어나고 있다. 다만 대출과 세금은 부동산 시장의 흐름에 따라 규제와 완화를 반복한다는 것도 알아두자.

- **주가** : 과거에는 주가가 오르면 부동산 가격이 하락했는데 요즘에는 주가와 부동산 가격이 동조화되고 있는 상황이다. 따라서 주가가 오르면 부동산 가격도 오르고, 주가가 내리면 부동산 가격도 내린다. 미국발 금리 인상과 보호무역주의 등 여러 가지 외부 요인으로 인해 주가가 하락하고 있다. 이는 부동산 시장에도 좋지 않은 영향을 미칠 것으로 전망된다. 다만 불안한 주식 시장보다는 안전한 투자처인 부동산 시장으로 자금이 유입될 것으로 생각된다.

- **개발호재 또는 개발악재** : 개발호재와 개발악재에 따라 가격이 변동될 수 있다. 예를 들어 새로운 교통망 신설, 대규모 일자리 신설 등의 개발호재가 있으면 인근 부동산 가격은 상승한다. 반대로 전투비행장, 송전탑이나 변전소, 쓰레기처리시설 등 혐오시설이 들어오면 부동산 가격은 하락한다. 김포도시철도, 서울의 경전철, 월곶-판교선, 제2외곽순환도로 개통 이슈 등은 부동산 가격에 긍정적이다. 하지만 전투비행장이 들어오거나 쓰레기처리시설이 들어오면 부동산 가격에는 부정적인 영향을 미친다.

부동산 경매 투자 시 유용한 사이트 11선

21세기는 온라인 시대다. 부동산 경매에 투자할 때도 이러한 온라인을 제대로 활용하면 경매 물건 검색부터 권리분석, 지역분석과 물건분석, 통계 등을 보다 효율적으로 수집 및 검색할 수 있다. 그리고 이를 통해 효율적이고 합리적으로 수익을 창출할 수 있다. 부동산 경매 투자자가 알아두면 유용한 사이트 11선을 살펴보자.

부동산 경매 물건 검색

1. 대법원경매정보 : www.courtauction.go.kr

가장 공신력 있는 경매 관련 국가 사이트로 믿고 봐도 된다. 그리고 무료다. 경매 매각 공고, 부동산 경매 물건 검색은 물론 집행기관과 집행 절차, 경매 관련 서식과 입찰 안내, 매각물건명세서와 감정평가서, 현황조사서 등이 자세히 나와 있다. 집이나 사무실 근처 등에 내가 관심 있는 지역에 어떤 경매 물건이 나와 있는지 검색해보면 알 수 있다. 공신력만큼은 동급 최강이지만, 아쉽게도 유료 정보 사이트에 비해 물건 하나하나에 대한 디테일이 조금

은 부족하다. 그래도 가장 적극 추천하는 사이트다. 경매에 관심이 있다면 오늘부터 이 사이트 검색으로 시작해보자.

2. 부동산태인 : www.taein.co.kr

유료로 부동산 경매 정보를 제공하는 사이트다. 대법원경매정보 사이트가 제공하지 못하는 물건 하나하나에 대한 디테일이 좋아서 경매 유료 정보 사이트 중 가장 선호도가 높다. 일반 투자자들이 효율적으로 물건 검색을 하고, 그 물건에 대한 컨디션을 확인할 수 있다. 또한 경매와 관련된 다양한 추천 물건과 상담 그리고 뉴스와 칼럼 등을 제공한다. 경매 진행과 특히 경매 결과 조회는 대법원경매정보 사이트보다 신속하다.

경매 권리분석과 물건분석

3. 대법원인터넷등기소 : www.iros.go.kr

권리분석에서 가장 중요한 서류 중 하나가 바로 부동산 등기부등본이다. 부동산 등기부등본은 24시간 아무 때나 발급 또는 열람할 수 있다. 아파트나 오피스텔이라면 집합건물등기부등본을 발급받아 표제부를 통해 부동산의 현황을, 갑구와 을구를 통해 그 사건의 말소기준권리와 낙찰자가 인수할 것과 하지 않을 것을 확인한다. 전, 답, 과 등 농지나 대지 등이라면 토지등기부등본을 발급받아 확인하고, 다가구주택이나 상가주택 등은 건물등기부등본과 토지등기부등본을 함께 발급받아 확인한다.

대법원인터넷등기소에서는 법인등기부등본도 발급받을 수 있고, 주택임차인이라면 대법원인터넷등기소를 통해 확정일자도 부여받을 수 있다.

4. 정부24 : https://www.gov.kr/

대한민국 정부의 대표 포털 사이트다. 경매로 나온 부동산의 건축물대장과 토지대장 등을 통해 부동산의 현황을 제대로 알 수 있다. 최근에는 농지취득자격증명원도 정부24를 통해 온라인으로 발급이 가능하다.

5. 토지이음 : http://www.eum.go.kr

토지를 분석할 때 가장 중요한 서류인 토지이용계획확인서를 통해 용도 지역과 진입로 여부를 확인할 수 있다. 더불어 이러한 용도 지역을 통해 그 토지의 건폐율과 용적률 그리고 건축할 수 있는 건축물 등을 확인하고 있다. 또한 이 사이트를 통해 해당 토지의 행위 제한 정보와 규제 안내서, 고시 정보 등을 확인할 수 있다.

시세분석과 매물분석

6. 국토교통부 실거래가 공개시스템 : rt.molit.go.kr

　지역별 아파트, 다세대/연립, 단독/다가구주택 및 오피스텔과 분양/입주권 그리고 상업/업무용 및 토지의 실거래 가격을 확인할 수 있다. 그리고 주택 매매 거래량 추이나 주택 전월세 거래량 추이 등도 확인할 수 있으며, 실거래가 자료도 제공한다.

7. 밸류맵 : www.valueupmap.com

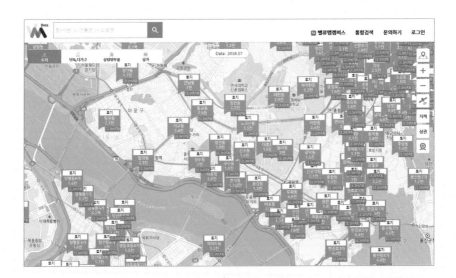

전국 토지와 건물, 빌딩, 공장, 상가 실거래가 조회를 한눈에 볼 수 있는 사이트다. 아파트 시세를 제외한 다른 부동산의 시세를 확인할 때 유용하다.

8. KB부동산 : kbland.kr

부동산 매물과 시세 그리고 분양과 상권분석, 부동산 정보 등을 확인할 수 있다. 특히 아파트 매수나 낙찰을 받아 대출받을 때 이 사이트의 일반 평균 가를 기준으로 하기도 한다.

9. 네이버부동산 : land.naver.com

부동산 투자자와 경매 투자자가 가장 많이 봐야 하는 사이트다. 부동산에 대한 기초 지식도 알려주지만, 일반 경매 투자자들이 가장 많이 보는 아파트의 매물과 매물의 개수 그리고 시세(매매, 전세, 월세)를 확인할 수 있다. 지도 위에 각 아파트 단지를 표시하고, 각 아파트의 면적별 매물의 호가도 확인할 수 있다. 경매 사이트를 통해 확인한 아파트의 보존등기 년도와 단지의 크기 (세대수), 용적률, 아파트의 브랜드, 단지 내의 아파트 면적의 종류, 평당 가격 등을 알 수 있다.

단지 정보는 물론이거니와 학군 정보와 단지 사진 등도 확인할 수 있어서 임장 전에 체크 리스트를 작성할 때 많은 도움을 받을 수 있다. 매물에 대해서는 최신 순과 가격 순 그리고 면적 순을 통해 시세를 보다 효율적으로 확인할 수 있다. 그 외에 오피스텔, 빌라, 다가구주택, 상가, 토지 등의 매물과 시세 등도 확인할 수 있어 투자자 입장에서 굉장히 유익한 사이트다.

부동산 상권분석

10. 소상공인 상권정보시스템 : sg.sbiz.or.kr

경매에서 상가 등을 낙찰받을 때 유용한 사이트다. 상권의 개요나 업종분석, 인구와 지역분석을 통한 상권분석을 포함하여 지역/업종 경기현황 지표는 물론 입지분석과 수익분석 그리고 상권현황 등도 제공한다.

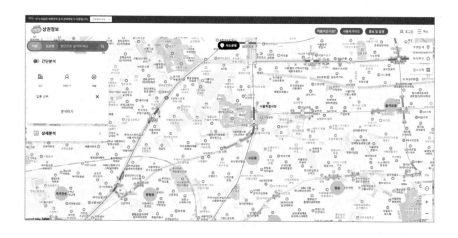

경매 관련 법원서류제출

11. 대법원 전자소송 : ecfs.scourt.go.kr

전자소송을 할 수 있는 사이트로, 법원을 방문하여 종이로 제출하던 민사집행사건 서류를 인터넷으로 제출할 수 있다. 경매 신청서는 물론, 낙찰자의 인도명령 신청서, 채권자의 매각기일 연기 신청서, 매각불허가 신청서 등을 온라인으로 제출할 수 있다. 관할법원 찾기 등의 정보도 제공한다.

초보 경매 투자자,
경매 용어부터 알고 가자!

낯선 분야의 책을 읽을 때 가장 힘든 부분 중 하나가 용어다. 그래서 경매를 처음 접하는 독자들을 위해 꼭 알아야 하는 경매 용어를 선별했다. 이 용어만 제대로 알아도 경매를 반 정도는 아는 것이다.

- **강제경매 vs. 임의경매** : 강제경매는 채권자가 판결문이나 공정증서 등 집행권원을 가지고 경매를 신청하는 것을 말한다. 그리고 임의경매는 채권자가 근저당권이나 전세권 등 담보권을 가지고 경매를 신청하는 것을 말한다. 절차상 차이는 거의 없지만 차후 채무자가 돈을 변제하고 경매를 취소하는 방법이 다르다.

- **경매 vs. 온비드공매** : 경매는 법원에서 하지만 온비드공매는 한국자산관리공사, 즉 캠코에서 한다. 경매는 돈을 갚아야 할 사람(채무자)이 돈을 갚지 않을 때 돈을 빌려준 사람(채권자)이 판결문이나 근저당권 등을 가지고 법원에 신청해서 진행한다. 그리고 온비드공매는 세금을 내지 않은 사람(체납자)의 재산 등에 대해서 온비드라는 사이트를 통해 강제로 매각하는 것이다.

- **경매개시결정기입등기** : 경매개시결정기입등기를 줄여서 경매등기라고

한다. 경매 신청 채권자의 경매 신청에 대해 집행법원이 경매하기로 결정하는 것을 경매개시결정이라고 한다. 이후에 그 개시결정에 의해 경매를 당하는 채무자 소유의 부동산등기부에 경매등기가 된다. 등기부에 보면 강제경매개시결정 또는 임의경매개시결정으로 경매등기가 되어 있다.

- **경매법원 vs. 집행법원** : 경매법원과 집행법원은 같은 말이다. 경매는 경매를 당하는 채무자의 부동산을 관할하는 법원에서 진행된다. 예를 들어 경매로 나온 부동산이 서울 구로구의 아파트라면 서울남부지방법원에서, 서울 강남구의 빌라라면 서울중앙지방법원에서 경매가 진행된다.

- **공동입찰** : 하나의 경매 물건에 2인 이상(지분으로)이 공동으로 입찰하는 것을 말한다. 예를 들어 한 아파트를 남편과 아내가 각각 1/2 지분으로 입찰하는 것 등을 말한다. 친구끼리 공동입찰하는 경우도 있다.

- **공유자우선매수신청권** : 등기부에 소유권이 단독 소유가 아닌 지분으로 되어 있을 때 이를 공동 소유라고 한다. 이때 모든 지분이 경매로 나오지 않고 일부 지분만 경매로 나온 경우, 경매로 나오지 않은 다른 지분의 공유자에게 경매로 나온 공유지분을 우선해서 매수할 수 있는 기회를 주는 것이다. 매각기일에 그 사건의 매각이 종료될 때까지 신청해야 한다.

- **근저당권** : 은행에서 아파트를 담보로 돈을 빌리면 은행도 채무자가 돈을 갚지 않았을 때를 대비해서 아파트를 담보로 잡는다. 이때 아파트 등기부에 저당권의 일종인 근저당권을 설정한다. 근저당권을 설정하면 이후 다른 채권자 또는 후순위 권리자보다 우선해서 변제를 받을 수 있다. 사실상 지금은 저당권을 거의 사용하지 않는다.

- **기일입찰** : 경매 매각 방법의 하나로, 정해진 매각기일에 출석해서 입찰표와 매수 신청 보증금을 제출하는 방식으로 진행되는 경매 방식을 말한다.

- **낙찰 vs. 유찰 vs. 패찰** : 경매는 공정하게 입찰을 한다. 즉 누구나 공평하게 입찰에 참여할 수 있다. 이때 낙찰은 경매 입찰 절차에서 1등을 한 것이고, 유찰은 경매 입찰자가 한 명도 없다는 것이다. 패찰은 경매 입찰 절차에서 탈락했음을 말한다. 즉 내가 입찰을 했는데 제3자가 낙찰을 받고, 나는 낙찰을 받지 못한 것을 말한다.

- **농지취득자격증명원** : 농지(지목이 전, 답, 과)를 취득하려는 자는 농지취득자격증명을 발급받아 매각결정기일까지 경매법원에 제출해야 한다. 일반법인은 농지를 매수하거나 낙찰받을 수 없고, 개인(자연인)과 영농조합, 영농법인 등만 농지를 매수하거나 또는 낙찰받을 수 있다.

- **대납** : 낙찰자가 잔대금을 납부함으로써 사실상 경매 절차가 종료되는 것을 말한다.

- **대지권 미등기** : 집합건물(아파트나 빌라 오피스텔 등)에서만 언급되는 것이다. 즉 집합건물이 다 지어지면 집합건물등기부가 작성된다. 그런데 어떤 사정이 있어서 대지권, 즉 토지지분이 집합건물등기부에 등재되지 못한 것을 말한다.

- **말소기준권리** : 낙찰자가 낙찰을 받은 후 잔금을 납부하면 어떤 권리상의 하자들은 말소가 되고, 어떤 권리상의 하자들은 인수되는지 그 기준이 되는 권리를 말소기준권리라고 한다. 말소기준권리가 될 수 있는 권리로는 가압류, 압류, 근저당권, 저당권, 담보가등기, 경매개시결정기입등기(경매등기)가 있다. 이 6가지 권리 중 등기부상에 가장 먼저 기입된

것이 그 사건의 말소기준권리가 된다. 아주 가끔 전세권도 말소기준권리가 되기도 한다.

- **매각기일 vs. 입찰기일** : 매각기일과 입찰기일은 같은 말이다. 법원에서 입찰하는 날을 매각기일이라 한다.

- **매각물건명세서** : 권리분석을 할 때 가장 중요한 서류 중 하나로, 권리분석의 최종 검수 자료다. 사실상 경매법원이 작성한 경매 물건에 대한 상품 설명서라고 할 수 있다. 입찰하는 자들은 매각기일이 7일 정도 남았을 때 누구나 대법원경매정보 사이트에서 온라인으로, 또는 법원에서 오프라인으로 매각물건명세서를 열람할 수 있다.

- **배당요구종기일** : 경매 절차에서 배당요구를 해야 배당을 받는 채권자들이 배당요구를 할 수 있는 마지막 날을 말한다. 특히 임차인들은 배당요구종기일까지 꼭 배당요구를 해야만 한다.

- **변경 vs. 연기** : 변경과 연기는 사실상 같은 말이다. 말 그대로 매각기일이 변경 내지는 연기되는 것이다. 법원이 직권으로 변경하거나 또는 채권자의 변경이나 연기신청에 의해 매각기일은 변경되거나 연기된다.

- **사건번호 vs. 물건번호** : 사건번호는 채권자가 경매 신청을 할 때 법원에서 붙이는 번호다. 보통 연도와 사건부호, 접수번호의 순서대로 사건번호가 만들어진다. 예를 들어 2023타경 9920호 등으로 된 것이 사건번호다. 물건번호는 물건마다 개별적으로 붙이는 번호로써 통상 (1), (2), (3)으로 붙여진다. 입찰표를 기재할 때는 사건번호와 물건번호를 기재해야 한다.

- **소멸주의** : 경매를 통해 낙찰받고 이후 낙찰자가 잔금을 모두 납부하면 그 사건의 말소기준권리를 포함해서 뒤의 권리상 하자들은 모두 말소

된다는 의미다. 등기부상에 하자가 많아도 낙찰받을 수 있는 이유다. 즉 경매에 입찰하려는 부동산의 등기부를 발급받아 보면 부동산 가격 대비 빚이 많은 경우가 있는데, 이 경우에도 낙찰되면 그 빚은 모두 말소된다.

- **이중경매 vs. 중복경매** : 이중경매와 중복경매는 같은 말이다. 하나의 부동산에 2개 이상의 경매가 신청된 것을 말한다. 예를 들어 A 소유의 아파트에 채권자 B가 판결을 받아서 경매를 신청했는데, 이후에 A의 다른 채권자 C가 A의 아파트에 또 경매를 신청하는 것을 말한다.

- **이해관계인** : 경매 사건과 관련된 법률상의 이해관계를 가진 자를 말한다. 일반적으로 경매를 신청한 채권자, 채무자, 근저당권자, 배당요구를 한 임차인, 낙찰자 등을 말한다.

- **일괄매각 vs. 개별매각** : 경매를 신청한 하나의 사건에 2개 이상의 부동산이 있을 때 이것을 하나로 묶어서 매각하는 것을 일괄매각이라 한다. 그리고 하나씩 따로따로 매각하는 것을 개별매각이라고 한다.

- **입찰보증금** : 경매에 입찰할 때 입찰 참가자들이 일종의 계약금으로 납부하는 금액이다. 일반적으로 최저매각가격의 10%다. 입찰하는 가격의 10%가 아니다. 재매각이 되면 보증금은 20% 등으로 할증되기도 한다.

- **잉여주의** : 경매는 몇 번까지 유찰이 될까? 낙찰될 때까지일까? 경매는 낙찰 대금으로 배당할 때 경매를 신청한 채권자에게 1원이라도 배당되어야만 경매 절차가 유효하게 진행된다. 즉 경매를 신청한 채권자가 한 푼도 배당받지 못한다면 무익한 경매라고 하여 경매는 취소된다.

- **잔대금 납부기한** : 낙찰자가 낙찰 대금에서 입찰보증금을 뺀 금액을 납부하는 기한을 말한다. 잔대금 납부기한은 일반적으로 낙찰을 받고 2주가

지나 매각이 확정되어야만 잡힌다. 일반 매매는 매수인이 소유권이전 등기를 해야 소유권을 취득하지만, 경매는 낙찰자가 잔금을 납부하면 소유권을 취득한다.

- **재매각(재경매) vs. 신매각(신경매)** : 재경매는 낙찰자가 낙찰을 받고 잔금을 납부하지 않아 다시 경매를 실시하는 것을 말한다. 신경매는 유찰된 후 가격을 저감해서 다시 경매를 진행하는 것을 말한다.

- **집행관** : 집행관은 과거 법원과 검찰 공무원이었던 자로서, 입찰법정에서 경매의 매각 절차를 진행한다. 또한 차후 인도명령 등에 따른 강제집행을 하는 자를 말한다. 입찰법정에 가면 맨 앞 가운데 앉아 경매 절차를 주도하는 사람이 바로 집행관이다.

- **차순위매수신고** : 경매 절차를 신속하게 끝내기 위한 제도이다. 낙찰자 이외의 입찰자가 신고할 수 있다. 만약 낙찰자가 잔금을 납부하지 않는 경우 다시 매각을 실시하지 않고 차순위매수신고인에게 잔금을 납부하게 한 후 신속하게 경매를 신속하게 끝내기 위해서 실시한다.

- **최고가매수신고인 vs. 낙찰자** : 경매에서 낙찰을 받은 사람을 낙찰자라고 하는데, 법률상 용어로는 최고가매수신고인이라고 한다. 즉 최고가매수신고인과 낙찰자는 같은 말이다. 나중에 낙찰자가 잔금을 납부하면 소유권을 취득하는데, 돈을 낸 이후에는 매수인이라고 부른다.

- **최저매각가격** : 각 매각기일의 입찰 하한선을 정한 가격이다. 입찰자는 최소 이 금액 이상으로 입찰해야 유효한 입찰이 된다.

이 경매 용어를 먼저 찬찬히 읽고 익혀두는 것이 좋다. 지금 당장 이해되지 않더라도 걱정할 필요는 없다. 이제부터 경매 이론과 사례를 통해 충분히 이해할 수 있을 것이다.

하나만 더! 이번 경매 책을 읽으면서 경매 물건을 보면 가끔 나오는 단어 중 하나가 '제시 외 건물(제시 외 면적)'이 있다. 제시 외 건물은 건물등기부등본이나 건축물대장에 등재되지 아니한 건물이다. 채권자가 경매를 신청한 건물 이외에 다른 미등기 건물 또는 미등기 건물 일부분이 있는 것이다. 대표적으로 미등기 창고나 화장실, 사무실 등이 있다. 이럴 때 일반적으로 감정평가하고 일괄매각하면 일반적으로 낙찰자가 그 제시 외 건물의 소유권을 취득한다.

REAL ESTATE AUCTION

수익 내는 경매 프로세스

공부만 하는 경매는 NO!
돈 버는 경매는 YES!

물건검색

▼

현장분석

▼

권리분석

▼

입찰 & 낙찰

▼

명도

▼

임대/매매

법원 경매 절차

경매신청(1.1)

▼

경매개시결정(1.5)

▼

경매개시결정기입등기(1.7)

▼

경매개시결정문 채권자 채무자 송달(1.8)

▼

배당요구종기일 지정 및 공고(1.8)

▼

현황조사 및 감정평가(1.30)

▼

배당요구종기일(3.25)

▼

매각기일(6.1-신건 통상 유찰, 7.11-낙찰)

▼

매각결정기일(7.18)

▼

즉시항고(7.25)

▼

확정(7.26)

▼

잔대금납부기한(8.30)

▼ ←──── 〈잔금 납부 후 낙찰자가 임의적으로
하는 것〉
1. 소유권이전등기 및 말소등기촉탁
2. 부동산인도명령 및 강제집행

배당기일(9.30)

* ( )는 개략적인 날짜 예시

현장 체크 리스트
부동산, 답은 현장에 있다

	조사일	

경매 사건내역		경매 물건내역			
관할법원		물건 종류			
사건번호 (물건번호)		물건 소재지			
감정평가액		물건 면적	토지	㎡(평)	
최저매각가			건물	㎡(평)	
입찰보증금		보존등기			
매각기일		기타			

등기부, 매각물건명세서, 임차인

말소기준권리		등기부상 인수	
임차인		점유자	
인수사항			

지역분석

교통	지하철		버스	
학교	초등학교		학원	
	중학교			
	고등학교			
편의시설			호재	
혐오시설			악재	

물건분석

브랜드		관리상태	
총 세대수		새시 교체 여부	
층/총 층수		제시 외 건물	
향/일조/조망		동네 분위기	
방/화장실 수		가시성/접근성	
복도식/계단식		용도지역	
E/L 여부		진입로	
주차대수 (지하주차장)		체납관리비 (관리사무소 전화)	
특이사항			

시세, 비용, 자금, 수익

시세	매매		전세			
			월세			
수요	매매수요		임대수요		공실률	
중개 업소	상호				KB시세	
	전화					
비용	명도예상금액		수리비용		취득세	
	중개수수료		관리비체납 (공과금)		기타	
자금	자본금		대출예상금		수익률	
최종 나의 의견			낙찰예상가			

1교시

경매 물건의
지역분석과 물건분석

부동산 투자에서 가장 중요한 그 부동산의 현재와 미래의 컨디션을 확인하는 것이다. 그 시발점이 바로 지역분석과 물건분석이고, 이를 다른 말로 현장분석이라고 한다. 경매 투자도 부동산 투자의 한 가지 방법이기 때문에 현장분석은 중요하다. 현장분석을 제대로 했을 때 성공하는 투자가 되고, 반대로 제대로 하지 못했을 때 실패하는 투자가 된다.

부동산에 투자할 때 가장 핵심적으로 체크해야 할 것은 무엇일까? 부동산 공부를 하다 보면 '입지분석'이라는 말을 많이 들어보았을 것이다. 여러분에게 이런 질문을 한 번 해보려고 한다.

부동산 투자에서 핵심적으로 고려해야 할 3가지 사항은 무엇일까

첫 번째는 입지location이고, 두 번째도 입지, 세 번째도 입지이다.

부동산 가격을 결정하는 요인 중 가장 중요한 것이 바로 입지다. 그만큼 입지가 중요하다. 입지분석은 경매 투자에서만 중요한 게 아니라 부동산을 매매할 때에도, 분양권을 투자할 때에도 중요하다. 입지가 좋으면 당연히 부동산 가격도 높고, 입지가 좋지 않으면 부동산 가격도 높지 않다. 부동산에 대한 분석에서 중요한 입지분석은 현장분석을 통해서 하게 되는데, 그렇다면 제대로 된 현장분석은 어떻게 해야 할까?

아파트를 낙찰받기 위해 현장분석을 한다면 무엇을 준비해야 할까

첫째, 체크 리스트를 준비한다.

둘째, 네이버지도나 다음지도를 통해 그 지역으로부터 반경 1~2km 내 지역의 상황을 체크한다. 예를 들어 아파트에 투자한다면 단지 크기는 어느 정도인지, 지하철역은 어디에 있는지, 주위 초등학교나 중학교, 고등학교는 있는지, 대형 할인마트나 백화점은 어디에 있는지, 도로망은 어떻게 되어 있는지, 산이나 강 또는 공원이 있는지 등을 확인해서 체크 리스트에 옮겨 적는다.

셋째, 그 지역에 관한 부동산 소식을 인터넷 뉴스나 지역이나 아파트 카페 등을 통해 확인한다.

넷째, 그 지역의 대장 아파트를 확인한 후 원하는 아파트 단지의 1~2년 동안의 가격흐름과 현재의 매물을 확인한다(국토부실거래가와 네이버부동산 참고).

다섯째, 임장을 가기 전 지도를 보고 나만의 지도를 그려본다.

현장분석을 할 때 중요한 점은 '지역분석에서 핵심은 선호도가 높은 지역인지, 물건분석에서 핵심은 선호도가 높은 물건인지'의 여부다. 얼마 전 100여 명의 부동산 관련 수강생들에게 두 가지 질문을 한 적이 있다.

첫째, 아파트를 살 때 가장 고민하는 지역분석은 무엇인가? 거의 모든 수강생이 지하철 역세권을 꼽았다. 역세권이면 모든 것을 감내할 수 있다고 했다. 그렇다. 아파트를 떠나 부동산 투자에서 가장 중요한 지역분석은 교통, 그중에서도 지하철, 즉 역세권인지의 여부다.

둘째, 아파트를 살 때 가장 고민하는 물건분석은 무엇인가? 이 부분에서는 의견이 약간 갈렸다. 브랜드와 세대수, 일조와 조망(뷰), 신축 여부와 주차장 등 사람들의 보는 눈과 생각은 거의 비슷하다. 실수요자라면 나만의 개성도 중요하지만 차후 매매나 임대를 고려한다면 누구나가 선호하는 부동산을 선택해야 한다.

01 부동산 투자, 입지가 가장 중요하다

REAL ESTATE AUCTION

부동산 투자 시, 가장 중요한 체크 포인트는 무엇일까? 첫째도 입지, 둘째도 입지, 셋째도 입지다. 입지는 원칙적으로 불변이고, 이동이 불가능하기 때문에 입지는 매우 중요하다.

부동산에 대한 지역분석과 물건분석에서 먼저 확인해야 할 것은 단연코 입지다. 입지가 좋은지 여부를 확인하기 위해서는 지도를 봐야 한다. 네이버지도나 다음지도 등을 통해서 해당 부동산에 대한 입지를 간접적으로 확인할 수 있다. 하지만 경매에 입찰하고 낙찰을 받기 위해서는 반드시 현장에

부동산 투자 공부에서 핵심은 지도다.

지도를 자주 보고 많이 보라. 부동산 고수가 되는 첫걸음은 지도다. 지도와 친해지는 것이다.

가서 최종적으로 확인해야 한다. 단, 이때는 그냥 무작정 가는 것이 아니라 체크 리스트를 가지고 가야 한다. 각 종목별 물건마다 확인해야 하는 내용에는 조금씩 차이는 있겠지만, 크게 본다면 비슷한 부분이 많다. 체크 리스트를 가지고 가야만 뭔가 빠뜨리는 실수를 하지 않을 수 있다. 사전에 체크 리스트 중 중요한 것들을 중심으로 50~60%는 확인한 후 가는 것이 좋다. 왜냐하면 현장에 가서 모든 것을 확인하는 것은 쉽지 않기 때문이다.

예를 들어 아파트에 대한 지역분석과 물건분석을 할 때에는 온라인을 통해 그 아파트의 교통 여건, 교육 여건, 편의시설은 물론 단지의 크기, 브랜드, 보존등기, 층 등을 확인할 수 있다. 이런 내용을 일단 기재하고, 이후 현장에 가서 다시 제대로 확인하는 습관을 길러야 한다. 또한 현장에 가기 전에 그 지역과 관련된 임장 후기 등을 찾아서 보고 가는 것도 효율적이다.

부동산의 답은 현장에 있다. 부동산은 말 그대로 움직일 수 없는 것이기 때문에 현장에 가서 확인하는 것이 매우 중요하다. 경매로 나온 부동산이 좋은 물건인지 아닌지는 그 물건이 있는 곳의 지역분석과 물건분석을 통해서 판단해야 한다.

경매 투자에서 핵심은 가성비, 즉 수익률이다. 1,000만 원짜리 아파트보다는 1억 원짜리 아파트가, 1억 원짜리 아파트보다는 10억 원짜리 아파트가 좋을 것이다. 하지만 투자의 관점에서는 그렇지 않을 수 있다.

- 1,000만 원짜리를 낙찰받아서 100만 원의 수익을 올렸다.
- 1억 원짜리를 낙찰받아서 500만 원의 수익을 올렸다.
- 10억 원짜리를 낙찰받아서 3,000만 원의 수익을 올렸다.

앞 페이지의 세 가지 경우 중 어느 것이 가장 잘한 투자일까? 물론 수익률도 중요하지만 수익의 볼륨도 중요하다. 이 세 가지 중 가장 좋은 수익률은 1,000만 원짜리를 낙찰받아서 100만 원의 수익을 올린 것이다. 이 경우의 수익률은 10%로 가장 높다. 다른 경우의 수익률은 5%, 3%에 불과하다. 그러나 10억 원짜리를 낙찰받은 경우 3%의 낮은 수익률이지만 수익금은 3,000만 원으로 수익 볼륨이 가장 크다.

이런 높은 수익률과 수익금을 올리기 위해 가장 중요한 것은 해당 부동산의 지역분석과 물건분석이다. 다시 한번 강조하지만 부동산은 입지가 가장 중요하다. 그 입지가 좋은지 아닌지를 바로 지역분석과 물건분석을 통해 판단하게 되는 것이다. 경매로 나온 부동산을 매수할 때에는 지역분석과 함께 물건분석을 함으로써 적정한 매수 가격을 산정할 수 있다. 그리고 어떤 부동산을 매수할 때는 매수하는 목적이 분명해야 한다. 즉 다음과 같이 뚜렷한 목적이 있어야 한다.

- 나는 실수요자인가, 아니면 그냥 투자자인가?
- 나는 임대수익을 노릴 것인가, 아니면 매매차익을 노릴 것인가?
- 나는 직접 사용할 것인가, 아니면 임대를 줄 것인가?
- 나는 단기 투자인가, 아니면 장기 투자인가?

자, 그럼 부동산별로 지역분석과 물건분석의 내용을 알아보고, 그 내용 중 선호도가 좋은 것과 그렇지 않은 부분들을 구별하는 법을 알아보자.

02 아파트의 지역분석과 물건분석은 어떻게 해야 할까

REAL ESTATE AUCTION

일반 투자자들이 가장 많은 관심을 보이는 부동산은 아파트다. 경매시장에서도 초보자부터 중급자까지 아파트에 가장 관심이 많다. 실수요자 입장에서 직접 낙찰받는 사람도 있고, 투자용으로 낙찰받는 사람이 있다. 부동산 중에서 아파트는 지역분석과 물건분석을 하는 데 가장 쉽다. 또한 아파트는 낙찰받은 다음 매매나 임대가 쉬운 편이다. 매매나 임대가 잘 안 된다고 해도 주위 시세보다 조금만 내려도 매매가 잘 되는 편이다. 그렇다면 아파트를 낙찰받을 때 가장 중요하게 고려해야 하는 점은 무엇일까? 바로 지역과 크기, 자금이다.

• **지역** : 아파트 실수요자라면 지역을 바꾸기 어렵다. 아파트를 살 때나 낙찰받을 때 실수요자라면 지금 살고 있는 지역에서 멀리 떨어진 곳을 고려하지 않는다. 배우자도 있고, 자녀들의 학교와 교육 여건도 고려해야 하기

아파트 가격 상승을 견인하는 3요소 : 역세권 + 대단지 + 신축

- 역세권 : 지하철역에서 도보 15분 거리 이내
- 대단지 : 1,000세대 이상
- 신축 : 신축한 지 10년 이내

   +

- 초품아 : 초등학교를 품고 있는 아파트

때문이다. 반면에 투자자라면 얘기가 달라진다. 전국 어디나 미래가치만 있다면 매수하거나 낙찰을 받을 수 있다.

• **크기** : 20~30대 100명의 수강생들에게 '몇 평형대에 살고 싶은가?'라는 질문을 했다. 수강생들의 70%가 40평형대에 살고 싶다고 답하였다. 또 '몇 평형대 아파트를 사서 투자를 하고 싶은가?'라고 묻자, 70%가 24평 이하의 아파트를 사서 투자를 하고 싶다고 답하였다. 이를 통해 자신은 큰 평수의 아파트에 살고 싶어 하지만, 투자용으로는 소형 아파트를 선호한다는 것을 알 수 있다. 대가족화에서 핵가족화에 이어 1~2인 가구의 증가 등 여러 가지 복합 요인이 작용한 것으로 보인다.

• **자금** : 아파트를 일반 매수하거나 경매를 통해서 낙찰을 받는 사람 중에 오롯이 100% 자신의 돈으로 투자하는 사람은 거의 없다. 약 99% 정도가 일부라도 대출을 받는다. 경매 낙찰자들을 보면 낙찰가의 60~70%를 대출받는 경우가 많았다. 다만 최근에는 대출의 규제가 심해져서 30~40%를 받는 경우

가 많다.

지역분석 중요 포인트

지역분석에서 가장 중요한 것은 뭐니 뭐니 해도 교통이다. 그중에서도 지하철역이 핵심이다. 특히 직장인이라면 교통이 가장 중요한데, 지하철이나 도로망이 중요한 포인트가 될 것 같다. 지역분석을 할 때는 교통, 교육, 편의시설 등도 살펴봐야 한다.

교통에서 살펴야 할 점

• **지하철** : 부동산 투자자들은 거의 대부분 교통에 초점을 맞춘다. 그중에서도 지하철, 즉 역세권에 대한 선호도가 높은 편이다. 그렇다면 역세권이란 과연 어느 정도의 시간과 거리를 말하는 걸까? 역세권은 사실상 주관적이지만, 일반적으로 도보로 15분 거리 이내, 500m 이내이다.

서울의 한 아파트의 경우에는 단지가 2,500세대인데 지하철역과 가장 가까운 동은 도보로 3분 거리인데 반해, 가장 멀리 있는 동은 도보로 15분 거리에 있었다. 15분 거리라면 역세권이다. 다만 15분 거리의 동보다는 10분이, 10분 거리의 동보다는 5분 거리의 동이 선호도가 높고, 가격도 조금 더 높은 편이다. 일명 로열 동이 될 수 있다.

다음 지도는 서울의 5호선 중 우장산역을 중심으로 우장산아이파크 & 대림e편한세상, 강서힐스테이트, 화곡푸르지오, 세 단지를 보면서 이해해보자. 먼저 세 개의 단지에 대한 선호도를 확인해보자.

첫째, 브랜드는 어떤가? 세 개 단지 모두 1군 브랜드로 비슷하다.

둘째, 세대수는 어떤가? 우장산아이파크&대림e편한세상은 약 2,500세대, 강서힐스테이트는 약 2,600세대, 화곡푸르지오는 약 2,100세대이다. 세대수가 2,000세대 이상이라면 특별히 우열을 가리기 어렵다. 그러나 한 단지가 500세대 이하라면 2,000세대와는 우열이 있다. 아무래도 아파트는 대단지에 대한 선호도가 높다. 대장 아파트는 대부분 그 지역에서 단지의 크기가 큰 편으로 1,000세대 이상이다.

셋째, 지하철역을 놓고 보면 어떤가? 같은 단지라도 지하철역까지의 도보 거리가 다르다. 우장산아이파크&대림e편한세상은 도보로 가장 가까운 동은 1분에서 가장 먼 동은 10분 정도이다. 강서힐스테이트는 도보로 가장 가까운 동은 3분에서 가장 먼 동은 15분 정도이다. 화곡푸르지오는 도보로 가장 가까운 동은 10분에서 가장 먼 동은 20분 정도이다. 이 정도면 우열이 있다. 우장산아이파크&대림e편한세상이 가장 선호도가 높고, 그다음으로는 강서힐스테이트, 화곡푸르지오 순이다.

넷째, 신축연도(준공년도)를 놓고 보면 어떤가? 우장산아이파크&대림e편

우장산역 주변 아파트 비교

한세상은 2008년도, 강서힐스테이트는 2015년도, 화곡푸르지오는 2002년도에 신축되었다. 일반적으로 사람들은 5~10년 이내에 신축된 아파트를 선호한다. 이 정도면 우열이 있다. 강서힐스테이트가 가장 선호도가 높고, 그다음으로는 우장산아이파크&대림e편한세상이, 그다음으로 화곡푸르지오다.

그러면 현재 동일 평수의 가격은 어떨까? 2023년 11월 현재 강서힐스테이가 가장 높고, 우장산아이파크&대림e편한세상과 화곡푸르지오 순이다.

• **버스** : 요즘은 버스노선이 잘 정비되어 있어서 오히려 버스노선을 선호하는 사람들이 상당히 많다. 버스노선이 다양하고, 배차 시간도 짧다면 선호도가 높은 편이다.

• **KTX와 BRT** : 장거리로 이동하는 경우가 많은 분들은 KTX역과 BRT 노선을 쉽게 이용할 수 있는 곳을 선호한다.

• **공항** : 일반 여객공항과 전투비행장이 있는 곳은 비선호 지역이다. 특히 전투비행장이 있는 곳은 소음이 심한 편이다. 전투비행장이 이전하는 지역의 아파트 가격 등은 상승하고, 전투비행장이 들어오는 지역의 아파트 가격 등은 하락한다.

교육에서 살펴봐야 할 점

아파트를 살 때 교통을 중요하게 생각하지만 그만큼 중요하게 생각하는 부분이 바로 교육 부분이다. 교육 프리미엄도 만만치 않다. 좋은 학교와 좋은 학원가 근처의 아파트 가격은 탄탄한 편이다.

• **초등학교** : '초품아'라는 말이 모든 것을 대변한다. 초등학교가 집에서 가까이 있는 것은 가장 큰 강점이다. 어린 자녀의 안전을 가장 중요하게 생각하기 때문이다. 다만 초등학교에 너무 가깝게 있는 아파트 동은 비선호 동이 될 수도 있다. 학교 종소리와 학생들의 소리를 소음으로 느끼는 사람에게는 말이다.

• 중학교와 고등학교 : 사실 초등학교는 가까운 것이 무조건 좋다고 할 수 있지만, 중학교와 고등학교는 그렇지 않다. 학업 성취도가 높은 곳이 어디인지 그리고 얼마나 좋은 고등학교(특목고 포함)로 진학률이 높은지, 또 좋은 대학교로 진학률이 높은지가 중요한 판단 기준이다.

초등학교 때문에 이사를 가는 경우는 드물지만, 선호도가 높은 중학교와 고등학교로 가기 위해 이사를 가는 경우는 상당히 많은 편이다. 입시에서 검증된 학교 근처로 말이다. 특히 우리나라는 학력과 학벌에 대해 강한 애착을 보이기 때문에 앞으로도 아파트를 선정할 때 좋은 중학교와 좋은 고등학교에 갈 수 있느냐가 중요한 잣대가 될 것이다.

평준화 지역에서는 추첨제로 아파트 위치에 따라 가는 학교가 거의 정해져 있기 때문에 선호도 높은 학교 주위의 아파트 가격이 높은 편이다. 반면 비평준화 지역이라면, 예를 들어 외국어고등학교나 과학고가 가까이 있더라도 그 학교는 시험을 별도로 봐서 가야 하기 때문에 그런 학교와 가깝게 있다는 이유만으로 아파트 가격에는 영향을 미치지 않는다.

참고로 선호도가 높은 고등학교는 어디일까? 누가 뭐래도 대한민국에서는 SKY 대학을 가장 많이 보내는 학교라고 해도 과언이 아니다. 얼마 전 어떤 수강생이 관악구가 학군으로는 가장 좋다고 말한 적이 있다. 왜 그러냐고 물었더니 서울대학교가 관악구에 있기 때문이라고 했다. 여러분의 생각은 어떤가? 시험을 봐서 가는 학교 근처 아파트의 선호도는 높은 편이 아니다. 즉 평준화 지역으로 그 아파트에 살면 갈 수 있는 학교가 선호도가 높다면 아파트의 선호도도 함께 올라가기 때문에 다른 아파트보다는 가격도 높은 편이다.

• **학원가** : 학군이 좋은 곳은 학원가의 평판도 좋은 편이다. 양질의 대형 학원가 근처의 아파트 가격이 강세를 나타내는 이유다. 대표적으로 서울에는 대치동, 목동, 중계동, 반포동, 잠실 학원가 등이 인기가 높은 편이다. 그리고 경기도에서는 평촌과 일산 후곡마을 학원가 등이 상당히 선호도가 높은 편이다. 이런 학원가 주위 아파트 가격이 실제로 그 지역에서 높은 것도 확인된 사실이다.

편의시설

• **대형마트나 백화점** : 대형마트나 백화점에 슬리퍼를 신고 갈 수 있을 정도의 거리라면 좋고, 차로 10분 이내에 갈 수 있다면 선호도가 높다. 코스트코나 홈플러스 또는 롯데마트, 롯데백화점, 현대백화점, 신세계백화점이나 프리미엄 아울렛 매장도 말이다.

• **도서관이나 대형서점** : 도서관이나 대형서점이 도보로 10분 거리 이내에 있다면 가장 선호도가 높다.

• **대형 병원** : 대형 병원 역시 자동차로 10분 이내의 거리에 있다면 선호도가 높다.

쾌적성

• **공원** : 요즘 젊은 주부들이나 직장인들은 아파트 단지 근처에 공원이 있는 곳을 선호한다. 바쁜 생활 속에 힐링이나 조깅 등을 할 수 있는 공간을 선호하는 것이다. 강서구 마곡에는 대형 식물원인 서울 보타닉 공원이 들어왔는데, 아침 저녁으로 조깅과 운동을 할 수 있다는 점이 강점이고, 더불어 주말에는 많은 관람객이 유입되면서 주변 상권도 활력을 얻었다.

• **산과 강** : 나이가 젊은 층이 공원을 선호한다면 나이가 조금 드신 분들이 선호하는 것은 산과 강이다. 물론 나이를 떠나서 공원과 산, 강을 싫어할 사람은 없을 것이다. 또한 한강이 보이느냐에 따라 아파트 가격이 천차만별이다.

물건분석 중요 포인트

지역분석도 중요하지만 그 아파트 물건 자체의 분석도 중요하다. 마음에 드는 아파트가 있다면 그 아파트 단지와 근처 중개업소를 많이 가보길 권한다.

단지 크기

대단지 아파트가 가격이 오를 때에는 더 많이 오르는 편이고, 가격이 떨어질 때에는 덜 떨어지는 편이기 때문에 대단지 아파트를 선호한다. 요즘에는 2,000세대 이상의 아파트가 많아지고 있지만 1,000세대 이상이라면 대단지라고 할 수 있다. 그렇다면 어떤 장점이 있기에 대단지 아파트의 선호도가 높을까?

첫째, 저렴한 관리비다. 입주민이 많기 때문에 공용 관리비가 저렴하게 나오는 편이고, 관리도 잘 되는 편이다. 둘째는 좋은 인프라다. 아파트 단지 내의 운동시설이나 커뮤니티 시설을 쉽게 이용할 수 있고, 주위 상가나 학원가도 활성화되어 있다. 더불어 교통도 편리한 편이다. 셋째, 그 지역의 랜드마크, 즉 대장 아파트가 될 수 있다는 점이다.

브랜드

지금은 브랜드 시대다. 아파트 시장도 예외는 아니다. 많은 사람이 선호하는 브랜드는 1군 건설사의 브랜드다. 자이, 래미안, 힐스테이트, 아이파크, 롯데캐슬, 푸르지오, e편한세상 등이 선호도가 높다. 최근에는 각 건설사들은 이러한 브랜드를 더욱 고급화하는 전략을 펼치려 하고 있다. 브랜드에 따라 가격 차이는 천차만별이기 때문에 브랜드로 이름을 바꾸는 경우도 종종 있었다. 과거 현대홈타운 아파트를 이름만 힐스테이트로 바꾸거나 삼성아파트를 래미안아파트로, 롯데아파트를 롯데캐슬로 바꾼 것이다. 이처럼 아파트의 브랜드를 중요하게 생각한다.

층과 향

일단 사람들은 중간 층(로열 층)을 가장 선호하고 1층을 가장 싫어한다.

얼마 전 50여 명의 수강생들에게 '만약 20층의 아파트라면 몇 층에 살고 싶은가요?'라는 질문을 했다. 8~12층이 약 70%를 차지했고, 13층 이상이

20%, 7층 이하가 10% 정도를 차지했다. 실제로 로열 층과 1층 간의 가격 차이는 대략 10% 정도 차이가 난다. 로열층이 5억 원이라면 1층의 가격은 4억 5,000만 원 정도다. 차후에 매도나 전세를 감안한다면 누구나 보편적으로 선호하는 층을 매수하거나 낙찰받는 것이 좋다.

또한 사람들은 남향을 선호한다. 남동향이나 남서향도 선호도가 좋은 편이다. 남향보다는 동향에 대한 선호도가 낮고, 동향보다는 서향에 대한 선호도가 낮은 편이다. 남향과 동향의 가격 차이는 3~5% 정도 차이가 나고, 남향과 서향의 가격 차이는 5~8% 정도까지 차이가 나는 경우도 있다.

면적과 구조

요즘 대부분 한 가구의 가구원 수는 3~4명이다. 이런 가구가 가장 선호하는 평수는 공급면적 33평형의 아파트다. 1~2인 가구라면 24평형 이하를 가장 선호할 것이다. 요즘 나오는 아파트들은 서비스 면적도 넓고 확장도 많이 하는 편이어서 과거 같은 공급면적 대비 넓게 보인다. 구조는 주부들이 선호하는 구조가 좋다. 최근에는 거실과 주방 구조에 대한 관심이 그 어느 때보다 높다.

얼마 전 아는 선배가 마포에 아파트를 매수한다고 구경을 가자고 했다.

선배 포함 남자 셋이서 마포의 한 중개업소에 들렀다. 중개업소 사장님과 매물로 나온 아파트를 본 선배는 마음에 든다고 내일 계약을 하겠다고 했다. 그러자 중개업소 사장님은 "잔소리 말고 아내 분을 데리고 와라. 당신은 아무런 권한도 없지 않냐"고 해서 얼마나 웃었는지 모른다. 아파트는 주부가 봐야지 남편이 보고 아무리 좋다고 해봤자 아내가 싫다고 하면 절대로 살 수 없다는 중개업소 사장님의 말씀에 공감이 갔다.

보존 상태

아파트를 경매로 낙찰받을 때 일반 매매보다 싸게 살 수 있는 이유 중 하나가 바로 아파트 내부 상태를 확인할 수 없기 때문이다. 즉 아파트 외관만 보고 입찰해야 한다. 내부는 감정평가서의 도면을 통해서 어떻게 이루어져 있는지 확인하거나, 중개업소를 통해 다른 호수의 내부를 보며 대략적으로

■ 아파트 면적에 대한 설명

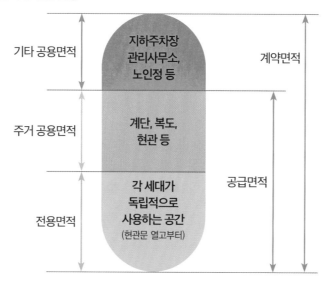

확인할 수 있다. 그러나 아주 가끔은 점유자가 내부를 보여주는 경우도 있다.

주차장

요즘 서울과 경기도, 인천의 주공아파트를 가보면 거의 주차전쟁이다. 꼭 주공아파트가 아니라도 30여 년 된 아파트 등은 거의 주차가 문제인데, 지하주차장이 없기 때문이다. 아마도 아파트가 건축될 당시에는 주차장의 중요성은 크지 않았을 수도 있다. 자가용을 소유하고 있는 사람도 많지 않았던 시대가 아닌가. 그러나 지금은 달라졌다. 아파트를 낙찰받을 때 주차장, 즉 가구당 주차 대수의 확인도 중요하다. 새 아파트를 선호하는 이유 중 하나도 넉넉한 주차장 때문이다.

계단식과 복도식

아무래도 복도식보다는 계단식을 선호한다. 이유는 첫째, 프라이버시 측면에서 계단식이 우수하다. 둘째, 엘리베이터도 복도식보다는 계단식이 보다 신속하게 이동할 수 있다. 셋째, 계단식과 달리 복도식은 방범창을 설치해야 한다. 넷째, 계단식은 전면과 후면의 발코니를 모두 확장할 수 있는 장점이 있다.

녹지비율

아파트를 낙찰받을 때 가장 중요하게 생각하는 부분이 쾌적성이다. 특히 아파트 단지 내의 조경도 중요하고, 아파트가 산이나 강 또는 공원을 끼고 있으면 역시 선호도가 높다.

판상형과 타워형

선호도는 판상형이 높다. 그 이유는 판상형 아파트가 타워형보다는 남향 배치로 일조권에서 유리하고, 주부들이 가장 예민하게 생각하는 것 중 하나인 환기 및 통풍이 잘 되는 편이기 때문이다. 타워형은 아파트 용적률 등을 잘 활용할 수 있어 입주민보다는 시행사나 시공사가 더 선호하기도 한다.

체납관리비

경매에 들어간 아파트의 체납관리비는 관리사무소에 직접 가서 확인하거나, 관리사무소에 전화해서 확인한다. 체납관리비 중 3년 치 공용 부분의 체납관리비를 낙찰자가 인수한다. 하지만 실무적으로는 큰 고려 대상이 아니다. 그 이유는 무엇일까? 대부분의 아파트의 체납관리비는 50만~200만 원선이기 때문에 낙찰가 대비 큰 고려의 대상이 되지 않는다.

시세 확인

아파트 시세 확인은 중요하다. 시세 확인은 첫째, 국토부실거래가 사이트를 통해 확인한다. 실제로 거래가 된 것이기 때문에 가장 중요한 기준이 된다. 둘째, 대출의 기준이 되기도 하는 KB부동산 시세도 중요한 기준이 된다. 셋째, 네이버부동산 사이트의 매물도 중요한 기준이 된다.

특히 매물과 관련해서는 네이버부동산 사이트를 통해서 지속적으로 모니터링하는 것이 좋다. 가장 중요한 것은 현재의 시세인데, 아파트 근처 중개업소 3~4군데를 들러 매매가, 전세가 등을 확인하는 것도 중요하다. 그리고 최근 1~2년 동안의 가격 흐름 등을 잘 확인하고, 마지막으로 그 아파트 단지의 호재나 악재 등도 꼭 확인한다.

중개업소에 가서 호재와 악재를 물어볼 때는 특히 그 지역이나 아파트 단지의 악재를 꼭 물어봐야 한다. 어차피 호재는 물어보지 않아도 가르쳐주기 때문이다.

더불어 중개업소에서 시세를 확인할 때에는 신건이나 예정 물건일 때 가면 좋다. 이미 한두 번 유찰된 경우라면 많은 사람이 시세 등을 확인하기 위해 들렀을 것이다. 그렇다면 이미 중개업자들도 그 물건에 대한 피로감이 크다. 그러나 신건이나 예정 물건에 가면 중개업소에서도 좋은 정보를 얻게 되는 것이어서 시세 파악 등에 유리하다.

실제 사례로 보는
문제없는 아파트 vs. 문제 있는 아파트

일단 지역분석과 물건분석을 끝낸 아파트를 입찰할 것인지 아닌지는 권리분석을 해봐야 한다. 경매 입문자가 가장 어렵게 느끼는 것이 권리분석이지만 막상 권리분석상에 문제가 있는 아파트는 100건 중에 1~2건 정도이다. 권리분석의 핵심은 매각물건명세서다. 뒤에서도 살펴보겠지만 등기부, 건축물 대장, 임차인, 부동산 현황 등에 대한 모든 권리분석을 정리해둔 서류가 바로 매각물건명세서다. 매각물건명세서를 꼼꼼히 확인하는 습관을 가져야 한다.

아파트를 입찰하기 위해서 다시 정리해보자.

첫째, 지역분석과 물건분석을 제대로 한다.

둘째, 시세와 매물도 제대로 확인한다.

셋째, 중개업소를 통해 같은 단지 아파트의 구조를 확인한다.

넷째, 권리분석을 확인한다.

다섯째, 문제없으면 적정한 가격에 입찰해서 낙찰을 받는다.

문제없는 아파트

다음 물건은 온라인상으로 특별히 문제가 없는 아파트다. 매각물건명세서상에도 특별한 문제가 없고, 낙찰자가 추가로 인수할 부담도 없는 아파트다. 그래도 현장에 가서 현장분석은 스스로 꼼꼼히 해야 한다.

■ 서울 안심 아파트 – 매각물건명세서상의 특별한 부담이 없다

[서울북부지방법원 2022타경109414호 노원구 중계동 중계무지개아파트]

노원구 중계동에 있는 중계무지개아파트로 공급면적은 18평형(전용면적 12.09평)이다. 감정평가액은 5억 3,500만 원인데, 두 번 유찰되어서 이번 최저경매가격은 3억 4,240만 원이다. 직관적으로 두 번 유찰되어 최저매각가격은 상당히 매력적이다.

다만, 국토부실거래와 현장의 중개사무소 등을 통해 현재의 시세 등을 정확하게 확인하는 것이 중요하다.

■ 등기부상 권리 확인

❷감정평가서 요약/진행결과/임차관계/등기권리 ㅤㅤㅤㅤㅤㅤㅤㅤ 감정평가서 ㅤ 법원기일내역 ㅤ 등기(집합)

소재지/감정서	면적(단위:㎡)	진행결과	임차관계/관리비	등기권리
(01781) [목록1] 서울 노원구 중계동 513 중계무지개아파트 ***동 *중***호 [동일로208길 19] SEE REAL 등기 토지이용 [구분건물] ·본건은 서울특별시 노원구 중계동 소재 지하철7호선 중계역 남동측 인근에 위치하며, 주변은 대단위 아파트단지, 근린생활시설, 학교 및 공원 등이 소재하는 지역으로 주변환경은 보통임. ·본건 소재 건물까지 차량출입이 가능하고, 인근에 버스정류장 및 지하철 7호선 중계역이 소재하는 등 대중교통사정은 보통임. ·철근콘크리트벽식조 철근콘크리트 평슬래브지붕 15층 중 3층 315호로서,(사용승인일 1991.11.15)외벽: 몰탈위 페인트 마감 등.내벽: 벽지 등 마감.창호: 샷시 창호 등임. ·본건은 아파트로 이용중임. ·본건은 위생 및 급·배수설비, 도시가스설비, 난방설비, 승강기 설비 등이 되어 있음.	대지 · 81,133.2㎡ 중 25.4㎡ (7.67평) 건물 · 39.96㎡ (12.09평) 총 15층 중 3층 보존등기 1991.12.31 감정지가 16,850,394 토지감정 428,000,000 평당가격 55,801,830 건물감정 107,000,000 평당가격 8,850,290 감정기관 준경감정	감정 535,000,000 100% 535,000,000 유찰 2023.09.19 80% 428,000,000 유찰 2023.10.24 64% 342,400,000 진행 2023.11.28 법원기일내역	▶ 법원임차조사 조사된 임차내역 없음 ▶ 전입세대 직접열람 🔟 서 ** 2018.01.15 열람일 2023.09.06 ▶ 관리비체납내역 ·체납액:1,050,000 ·확인일자:2023.09.05 ·기간미상 ·전기수도포함가스별도 ☎ 02-948-7737 ▶ 관할주민센터 노원구 중계2.3동 ☎ 02-2116-2673	* 집합건물등기 소유권 서 ** 이 전 2021.04.26 전소유자: 장 ** 증여(2021.04.24) 근저당 푸본현대생명보험 2021.05.10 120,000,000 [말소기준권리] 근저당 **** 파이낸스대부 2021.05.29 403,000,000 (한 ***** 의 근저이전) 압 류 노원세무서장 2022.03.02 임 의 한 ***** 2022.10.11 (2022타경109414) 청구액 332,912,029원 [등기부채권총액] 523,000,000원 열람일 2023.06.30

낙찰 후 말소기준권리
포함 모두 말소

　등기권리를 보면 이 아파트 경매의 말소기준권리는 2021년 5월 10일 푸본현대생명보험의 근저당권이다. 경매 낙찰 후 낙찰자가 잔금을 모두 납부하면 등기부상의 하자는 모두 소멸한다. 또한 조사된 임차내역이 없다고 하는걸 보면 특별히 인수해야 할 임차인은 없는 것으로 보인다. 입찰시 금액만 잘 고려해서 낙찰을 받으면 될 것 같다.

　경매에서 최종 권리분석은 매각물건명세서다. 이 매각물건명세서는 매각기일이 7일 이내로 남았을 때만 볼 수 있다. 그럼 매각물건명세서에서 권리분석을 위주로 살펴보도록 하자.

■ 매각물건 명세서 : 권리분석 시 가장 중요한 검수 자료

서 울 북 부 지 방 법 원

2022타경109414

매각물건명세서

사 건	2022타경109414 부동산임의경매	매각물건번호	1	작성일자	2023.09.20	담임법관(사법보좌관)	한**	珍華信賴
부동산 및 감정평가액 최저매각가격의 표시	별지기재와 같음	최선순위설정		2021.05.10. 근저당권		배당요구종기	2022.12.22	

부동산의 점유자와 점유의 권원, 점유할 수 있는 기간, 차임 또는 보증금에 관한 관계인의 진술 및 임차인이 있는 경우 배당요구 여부와 그 일자, 전입신고일자 또는 사업자등록신청일자와 확정일자의 유무와 그 일자

점유자의 성 명	점유부분	정보출처 구 분	점유의 권 원	임대차기간 (점유기간)	보증금	차임	전입신고일자·외국인등록(체류지변경신고)일자·사업자등록 신청일자	확정일자	배당요구여부 (배당요구일자)
					조사된 임차내역없음				

※ 최선순위 설정일자보다 대항요건을 먼저 갖춘 주택·상가건물 임차인의 임차보증금은 매수인에게 인수되는 경우가 발생 할 수 있고, 대항력과 우선변제권이 있는 주택·상가건물 임차인이 배당요구를 하였으나 보증금 전액에 관하여 배당을 받지 아니한 경우에는 배당받지 못한 잔액이 매수인에게 인수되게 됨을 주의하시기 바랍니다.

등기된 부동산에 관한 권리 또는 가처분으로 매각으로 그 효력이 소멸되지 아니하는 것
✓

매각에 따라 설정된 것으로 보는 지상권의 개요
✓

비고란
✓

먼저 최선순위설정은 이 사건의 말소기준권리인데, 2021년 5월 10일자 근저당권이 바로 이 사건의 말소기준권리다. 또 임대차 부분에는 조사된 임차내역은 '없음'으로, 특별히 낙찰자가 인수해야 할 임차인은 없다. '등기된 부동산에 관한 권리 또는 가처분으로 매각으로 그 효력이 소멸하지 아니하는 것'에 아무런 내용이 없으니 특별히 등기부상에 인수할 것도 없다. 매각에 따라 설정된 것으로 보는 지상권의 개요와 비고란에 아무 표시가 없으므로 특별한 문제가 없다. 사실상 권리분석상의 문제가 없으니 금액만 고민해서 입찰을 하면 될 것 같다.

아파트는 시세 확인이 중요하다. 온라인으로는 국토부실거래가를 확인

하고, 오프라인으로는 3~4군데의 중개업소를 들러 같은 단지의 같은 평형대 아파트의 가격을 확인한다.

국토부실거래가에서 보면 2023년 1월경 실거래가는 3억 9,400만 원을 기록하고, 2023년 10월에는 4억 2,000만 원과 4억 3,000만 원의 매매 사례가 있었다. 따라서 두 번 유찰된 이번 최저매각가격은 상당히 매력적이다.

■ 시세 확인 : 국토부실거래가

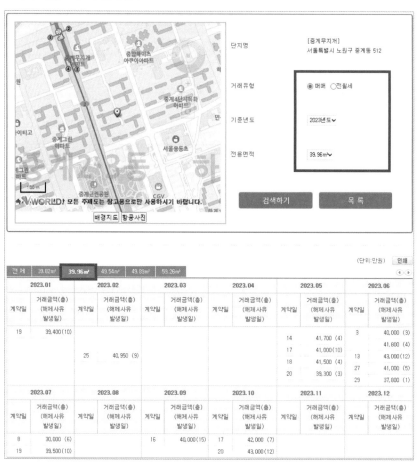

	2023.01		2023.02		2023.03		2023.04		2023.05		2023.06
계약일	거래금액(층) (해제사유 발생일)	계약일	거래금액(층) (해제사유 발생일)	계약일	거래금액(층) (해제사유 발생일)	계약일	거래금액(층) (해제사유 발생일)	계약일	거래금액(층) (해제사유 발생일)	계약일	거래금액(층) (해제사유 발생일)
19	39,400 (10)							14	41,700 (4)	3	40,000 (3)
		25	40,950 (9)					17	41,000(10)		41,600 (4)
								18	41,500 (4)	13	43,000(12)
								20	39,300 (3)	27	41,000 (5)
										29	37,800 (1)

	2023.07		2023.08		2023.09		2023.10		2023.11		2023.12
계약일	거래금액(층) (해제사유 발생일)	계약일	거래금액(층) (해제사유 발생일)	계약일	거래금액(층) (해제사유 발생일)	계약일	거래금액(층) (해제사유 발생일)	계약일	거래금액(층) (해제사유 발생일)	계약일	거래금액(층) (해제사유 발생일)
8	30,000 (6)			16	40,000(15)	17	42,000 (7)				
19	39,500(10)					20	43,000(12)				

다음으로 지도를 통해 이 아파트의 위치와 주변 상황을 확인해본다. 교통은 7호선 중계역에서 도보로 1분 거리도 안 되는 초역세권의 대단지 아파트다. 서울청계초등학교를 품고 있어 대표적인 초품아 아파트이기도 하다. 북동쪽으로 도보 15~20분 거리에 중계동 학원가도 있어 교육 여건도 상당히 좋아 선호도가 높은 아파트다. 편의시설로는 도보 5분 거리에 롯데마트가 있고, 차량 5분 거리 이내에 롯데백화점 노원점이 있다. 추후 재건축 이야기가 나온다면 입지적으로는 가장 선호도 높은 아파트가 될 것이다.

■ 지도로 주변 지역 확인

■ 인천 안심 아파트 − 매각물건명세서상의 특별한 부담이 없다

[인천지방법원 2018타경 390호 서구 연희동의 청라힐데스하임 아파트]

인천 서구 연희동에 위치한 청라힐데스하임 아파트다. 전용면적은 18.13평으로 공급면적은 24평형이다. 감정평가액은 3억 3,500만 원이고, 한 번 유찰되어서 최저경매가격은 2억 3,450만 원이다. 감정평가액과 시세가 비슷하다면 최저경매가격은 상당히 매력적이다.

부동산 등기부상의 권리를 살펴보면 이 아파트의 말소기준권리는 2017년 9월 8일에 설정된 근저당권이다. 낙찰 후 낙찰자가 잔금을 모두 납부하면 등기

상의 이런 하자는 모두 소멸한다. 법원임차 조사에 원모 씨가 있는데 전입신고

가 말소기준권리보다 늦기 때문에 특별히 인수해야 할 임차인은 없다. 입찰 금

액만 고민해서 낙찰받으면 될 것으로 보인다.

■ 등기부상 권리 확인

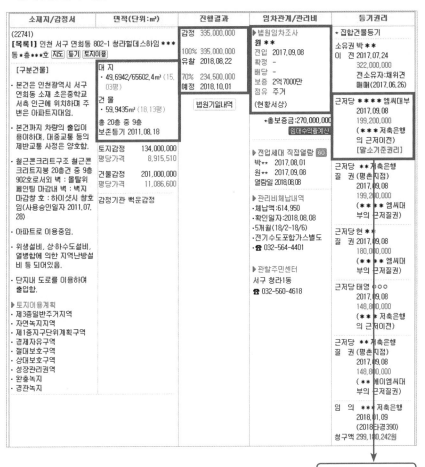

소재지/감정서	면적(단위:㎡)	진행결과	임차관계/관리비	등기권리
(22741) [목록1] 인천 서구 연희동 802-1 청라힐데스하임 *** 동*층***호 [지도] [등기] [토지이용] [구분건물] · 본건은 인천광역시 서구 연희동 소재 초은중학교 서측 인근에 위치하며 주변은 아파트지대임. · 본건까지 차량의 출입이 용이하며, 대중교통 등의 제반교통 사정은 양호함. · 철근콘크리트구조 철근콘크리트지붕 20층건 중 9층 902호로서외 벽 : 몰탈위 페인팅 마감내 벽 : 벽지 마감창 호 : 하이샷시 창호임(사용승인일자 2011.07.28) · 아파트로 이용중임. · 위생설비, 상하수도설비, 열병합에 의한 지역난방설비 등 되어있음. · 단지내 도로를 이용하여 출입함. ▶토지이용계획 · 제3종일반주거지역 · 자연녹지지역 · 제1종지구단위계획구역 · 경제자유구역 · 절대보호구역 · 상대보호구역 · 성장관리권역 · 완충녹지 · 경관녹지	대 지 · 49.6942/65602.4㎡ (15.03평) 건 물 · 59.9435㎡ (18.13평) 총 20층 중 9층 보존등기 2011.08.18 토지감정 134,000,000 평당가격 8,915,510 건물감정 201,000,000 평당가격 11,086,600 감정기관 벽운감정	감정 335,000,000 100% 335,000,000 유찰 2018.08.22 70% 234,500,000 예정 2018.10.01 법원기일내역	▶법원임차조사 원 ** 전입 2017.09.08 확정 - 배당 - 보증 2억7000만 점유 주거 (현황서상) *총보증금:270,000,000 [임대수익률계산] ▶전입세대 직접열람 [GO] 박** 2017.08.01 원** 2017.09.08 열람일 2018.08.08 ▶관리비체납내역 ·체납액:614,950 ·확인일자:2018.08.08 ·5개월(18/2-18/6) ·전기수도포함가스별도 ·☎ 032-564-4401 ▶관할주민센터 서구 청라1동 ☎ 032-560-4618	*집합건물등기 소유권 박** 이 전 2017.07.24 322,000,000 전소유자:채위건 매매(2017.06.26) 근저당 ****엠씨대부 2017.09.08 199,200,000 (***저축은행의 근저이전) [말소기준권리] 근저당 ***저축은행 질 권 (평촌지점) 2017.09.08 199,200,000 (****엠씨대부의 근저질권) 근저당 현 ** 질 권 2017.09.08 180,000,000 (****엠씨대부의 근저질권) 근저당 태영 ◇◇◇ 2017.09.08 148,800,000 (** 저축은행의 근저이전) 근저당 **저축은행 질 권 (평촌지점) 2017.09.08 148,800,000 (**케이엠씨대부의 근저질권) 임 의 ***저축은행 2018.01.09 (2018타경390) 청구액 299,100,242원

> 낙찰 후 말소기준권리 포함 모두 말소

<table>
<tr><td colspan="9" align="center">인 천 지 방 법 원
매각물건명세서</td><td align="right">2018타경390</td></tr>
</table>

사 건	2018타경390 부동산임의경매		매각 물건번호	1	작성 일자	2018.08.08	담임법관 (사법보좌관)		(인)
부동산 및 감정평가액 최저매각가격의 표시	별지기재와 같음		최선순위 설정	2017.9.8.근저당권			배당요구종기		2018.03.27

부동산의 점유자와 점유의 권원, 점유할 수 있는 기간, 차임 또는 보증금에 관한 관계인의 진술 및 임차인이 있는 경우 배당요구 여부와 그 일자, 전입신고일자 또는 사업자등록신청일자와 확정일자의 유무와 그 일자

점유자 성 명	점유 부분	정보출처 구 분	점유의 권 원	임대차기간 (점유기간)	보 증 금	차 임	전입신고 일자, 사업자등록 신청일자	확정일자	배당 요구여부 (배당요구일자)
원○○		현황조사	주거 임차인		270,000,000		2017.09.08		

〈비고〉

※ 최선순위 설정일자보다 대항요건을 먼저 갖춘 주택·상가건물 임차인의 임차보증금은 매수인에게 인수되는 경우가 발생 할 수 있고, 대항력과 우선변제권이 있는 주택·상가건물 임차인이 배당요구를 하였으나 보증금 전액에 관하여 배당을 받지 아니한 경우에는 배당받지 못한 잔액이 매수인에게 인수되게 됨을 주의하시기 바랍니다.

등기된 부동산에 관한 권리 또는 가처분으로 매각으로 그 효력이 소멸되지 아니하는 것

✓

매각에 따라 설정된 것으로 보는 지상권의 개요

✓

비고란

등기부 상 매각목적물의 소재지번이 행정관할구역변경으로 "인천 서구 청라동 185-1"로 변경됨.

경매에서 최종 권리분석은 매각물건명세서다. 최선순위설정, 즉 이 사건의 말소기준권리는 2017년 9월 8일에 설정된 근저당권이다. 임차 내역란에 원모 씨가 있으나 전입신고가 근저당권보다 늦기 때문에 특별히 낙찰자가 인수해야 할 임차인은 없다. '등기된 부동산에 관한 권리 또는 가처분으로 매각으로 그 효력이 소멸하지 아니하는 것'에 아무런 내용이 없으니 특별히 등기부상에 인수할 것도 없다.

'매각에 따라 설정된 것으로 보는 지상권의 개요'에 아무 표시가 없는 것을 보니 특별한 문제가 없다. 비고란에 소재지번이 변경되었다는 것은 특별한 문제가 아니다. 이 물건 또한 사실상 권리분석상의 문제가 없으니 금액만 고

민해서 입찰을 하면 될 것 같다.

이 아파트의 시세를 확인하기 위해 국토부실거래가를 보니 2018년 당시 2~3개월의 매매 사례 가격은 3억 1,000만~3억 3,900만 원이었다. 이후 3~4군데의 중개업소를 통해 같은 단지의 같은 평형 아파트의 시세를 다시 확인한다.

지도를 통해 이 아파트를 살펴보니 교통은 버스를 통해 인천 2호선 가정역이나 공항철도역인 청라국제도시역을 이용 가능하다.

주위에 초·중·고등학교가 있어 교육 선호도도 좋을 것 같다. 편의시설은 차량으로 5분 이내에 홈플러스와 롯데마트 등이 있다. 녹지비율도 좋고, 아파트 정면으로 심곡천이 있는 것도 강점이다.

■ 경기 안심 아파트 – 매각물건명세서상의 특별한 부담이 없다

[수원지방법원 2017타경 31684호 용인시 성복동 성복아이파크 아파트]

용인시 수지구 성복동에 있는 아이파크 아파트다. 공급면적은 34평형(전용면적 25.68평)으로, 감정평가액은 4억 5,000만 원이다. 한 번 유찰되어서 최저경매가격은 3억 1,500만 원이다. 감정평가액과 시세가 비슷하다면 최저경매가격은 상당히 매력적이다.

부동산 등기부상의 권리를 살펴보면 이 아파트의 말소기준권리는 2014년 9월 3일에 설정된 근저당권이다. 낙찰 후 낙찰자가 잔금을 모두 납부하면 등기상의 하자는 모두 소멸한다.

법원임차조사에 강모 씨가 있다. 임차인의 전입신고가 말소기준권리인 근저당권보다 빨라 선순위임차인이다. 선순위임차인이 받지 못한 보증금은 낙찰자가 인수해야 한다. 다만, 현재의 임차인인 강모 씨는 전입신고와 확정

일자가 빠르고 배당요구를 해서 최저매각가격에 낙찰된다면 임차인은 모두 배당을 받게 되는 것이다. 그러므로 낙찰자가 특별히 인수해야할 부담은 없어 보인다.

매각물건명세서를 보면 최선순위설정, 즉 이 사건의 말소기준권리는 2014년 9월 3일에 설정된 근저당권이다.

조사된 임차내역에 강모 씨가 있는데 선순위임차인 요건을 갖추고 있다. 그러나 이 임차인은 전입신고와 확정일자가 빠르고, 배당요구도 배당요구종기일까지 적법하게 했기 때문에 경매 절차에서 모두 배당을 받을 것으로 보인다. 혹시라도 이 임차인이 배당받지 못하는 보증금은 낙찰자가 인수해야

소재지/감정서	면적(단위:㎡)	진행결과	임차관계/관리비	등기권리
(16807) **[목록1]** 경기 용인시 수지구 성복동 780 용인성복아이파크***동***층***호 [성복1로 222] 지도 등기 토지이용 **[구분건물]** ・ 본건은 경기도 용인시 수지구 성복동 소재 "성복고등학교" 남측 인근에 위치하며 부근은 아파트단지와 근린생활시설 등이 혼재하는 지역입니다. ・ 본건까지 차량출입 용이하고 노선버스정류장이 인근에 소재하는바 대중교통사정은 무난시됩니다. ・ 2012.07.17일자에 사용승인된 철근콘크리트구조 금속기와경사지붕 지하2층/지상16층 건물 내 제15층 제1503호로서,외벽 : 몰탈위페인팅내벽 : 벽지도배, 타일붙임 등(표준마감)창호 : 샷시 창호로 치장 또는 마감하였습니다. ・ 아파트로 이용중인 것으로 조사되었습니다. (상세 이용내용은 후면 건물이용 및 임대상황 참조)	**대 지** ・ 55.8/22861.7㎡ (16.87평) **건 물** ・ 84.891㎡ (25.68평) 총 16층 중 15층 보존등기 2012.08.02 토지감정 225,000,000 평당가격 13,337,290 건물감정 225,000,000 평당가격 8,761,690 감정기관 프라임감정	감정 450,000,000 100% 450,000,000 유찰 2018.08.17 70% 315,000,000 진행 2018.09.19 법원기일내역	▶ 법원임차조사 **강**** 전입 2014.02.24 확정 2013.12.26 배당 2017.12.28 보증 2억9500만 점유 주거 (신청채권자) *총보증금:295,000,000 임대수익률계산 ▶ 전입세대 직접열람 GO 강** 2014.02.24 열람일 2018.08.03 ▶ 관리비체납내역 ・체납액:0 ・확인일자:2018.08.03 ・18년6월까지미납없음 ・☎ 031-264-6705 ▶ 관할주민센터 용인시 수지구 성복동 ☎ 031-324-8765	* 집합건물등기 소유권 이 ** 이 전 2012.11.02 전소유자:(주)동훈 매매(2011.01.13) 근저당 ***캐피탈 2014.09.03 240,000,000 [말소기준권리] 근저당 ***캐피탈 2014.09.03 177,600,000 근저당 ***캐피탈 2015.09.25 51,600,000 근저당 김 ** 2017.05.08 30,000,000 강 제강 ** 2017.12.29 (2017타경31684) 청구액 295,000,000원 [등기부채권총액] 499,200,000원 열람일 2018.07.30

> 낙찰 후 말소기준권리
> 포함 모두 말소

한다.

비고에 임차인 강모 씨가 이 경매 사건을 신청했음을 볼 수 있다.

'등기된 부동산에 관한 권리 또는 가처분으로 매각으로 그 효력이 소멸하지 아니하는 것'에 '토지 별도 등기 있음'이라고 되어 있다. 이는 아파트 집합건물등기부와 그 아파트가 있는 토지등기부에 다른 내용이 있다는 것을 의미한다. 그러므로 입찰 전에 토지등기부를 발급받아서 문제가 있는지 여부를 확인해야 한다. '매각에 따라 설정된 것으로 보는 지상권의 개요와 비고란'에 아무 표시가 없다. 선순위임차인이기에 임차인이 배당을 모두 받는지와 토지별도등기가 있기 때문에 토지등기부를 열람해서 확인한 후 입찰에

수 원 지 방 법 원

2017타경31684

매각물건명세서

사 건	2017타경31684 부동산강제경매		매각 물건번호	1	작성 일자	2018.07.26	담임법관 (사법보좌관)		
부동산 및 감정평가액 최저매각가격의 표시	별지기재와 같음	최선순위 설정		2014.9.3.근저당권			배당요구종기		2018.03.16

부동산의 점유자와 점유의 권원, 점유할 수 있는 기간, 차임 또는 보증금에 관한 관계인의 진술 및 임차인이 있는 경우 배당요구 여부와 그 일자, 전입신고일자 또는 사업자등록신청일자와 확정일자의 유무와 그 일자

점유자 성 명	점유 부분	정보출처 구 분	점유의 권 원	임대차기간 (점유기간)	보 증 금	차 임	전입신고 일자, 사업자등록 신청일자	확정일자	배당 요구여부 (배당요구일자)
강＊＊		현황조사	주거 임차인		295,000,000		2014.02.24	2013.12.26	
		권리신고	주거 임차인		295,000,000		2014.02.24.	2013.12.26.	2017.12.28

〈비고〉

강＊＊ :이 사건 경매신청채권자임.

☀ 최선순위 설정일자보다 대항요건을 먼저 갖춘 주택·상가건물 임차인의 임차보증금은 매수인에게 인수되는 경우가 발생 할 수 있고, 대항력과 우선변제권이 있는 주택·상가건물 임차인이 배당요구를 하였으나 보증금 전액에 관하여 배당을 받지 아니한 경우에는 배당받지 못한 잔액이 매수인에게 인수되게 됨을 주의하시기 바랍니다.

등기된 부동산에 관한 권리 또는 가처분으로 매각으로 그 효력이 소멸되지 아니하는 것

토지 별도등기 있음

매각에 따라 설정된 것으로 보는 지상권의 개요

비고란

참여하는 것이 좋다.

이 아파트의 시세를 확인하기 위해 국토부실거래가로 보니 2018년도에는 거래가 많지는 않지만 시세는 4억 6,000만~4억 7,000만 원이다. 차후 3~4군데의 중개업소를 들러 현재 시세를 다시 확인해보는 것이 좋다.

이 아파트는 버스를 이용해 신분당선 성복역 이용이 가능하고, 서수지 IC가 인접해 있어 서울과의 통행은 양호했다. 고등학교가 초인접해 있고, 나머지 초·중학교가 도보 10분 거리에 있어서 교육 선호도도 좋아 보였다. 편의시설은 차량으로 5분 거리 이내에 롯데몰 등이 있고, 쾌적성도 강점이다.

문제 있는 아파트

온라인 분석 사례를 통해 문제가 있거나 경매에 참여할 때 조심해야 할 아파트들을 살펴보자. 특히 경매에서 최종 권리분석인 매각물건명세서상의 하자를 체크하고 어떤 문제가 있는지를 확인한다. 낙찰받고 혹시 소유권을 빼앗길 수도 있는지, 아니면 낙찰 후 추가로 부담해야 할 금액이 있는지 등을 제대로 확인해야 한다.

■ 서울 조심 아파트 – 매각물건명세서상에 낙찰자가 인수할지도 모를 선순위임차인 요건을 갖춘 자가 있다

[서울중앙지방법원 2022타경 112763호 강남구 개포동 디에이치아너힐즈아파트]

2020년도에 지어진 강남구 개포동의 새 아파트다. 공급면적 38평형(전용면적 28.52평)으로 감정평가액은 34억 2,000만 원이다. 네 번 유찰되어서 이번 최저매각가격은 14억 83만 2천 원이다. 아파트 경매가 통상 4번 유찰되었다는 것은 물건자체에 하자가 있거나 권리분석상의 문제가 있는 경우가 대부분이다.

이 아파트의 말소기준권리는 2020년 5월 29일에 설정된 ***대부의 근저당권이다. 낙찰 후 낙찰자가 잔금을 모두 납부하면 등기상의 하자는 모두 소멸한다. 법원임차조사에서 이모 씨의 전입신고가 이 사건 말소기준권리보다 빨라서 선순위임차인 요건을 갖추었다. 다만 그 임차인이 법원에 권리신고나 배당요구를 하지 않아 실제로 임차인인지 여부와 임차인이라면 그 보증금이 얼마인지를 알아야 한다. 왜냐하면 선순위임차인이라면 배당을 받지 못한 보증금은 낙찰자가 낙찰 금액 외 추가로 떠안아야 하기 때문이다. 반드

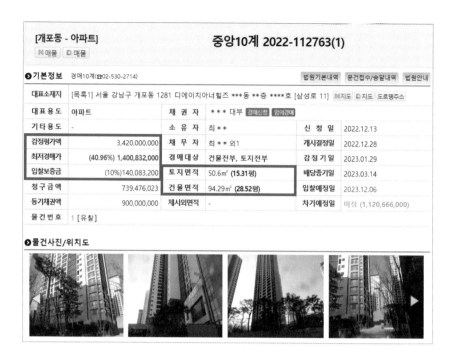

[개포동 - 아파트] N매물 D매물	중앙10계 2022-112763(1)			

◑기본정보 경매10계(☎02-530-2714)

법원기본내역 문건접수/송달내역 법원안내

대표소재지	[목록1] 서울 강남구 개포동 1281 디에이치아너힐즈 ***동 **층 ****호 [삼성로 11] N지도 D지도 도로명주소				
대표용도	아파트	채 권 자	*** 대부 경매신청 임의경매	신 청 일	2022.12.13
기타용도	-	소 유 자	최**	개시결정일	2022.12.28
감정평가액	3,420,000,000	채 무 자	최** 외1	감 정 기 일	2023.01.29
최저경매가	(40.96%) 1,400,832,000	경매대상	건물전부, 토지전부	배당종기일	2023.03.14
입찰보증금	(10%)140,083,200	토지면적	50.6㎡ (15.31평)	입찰예정일	2023.12.06
청구금액	739,476,023	건물면적	94.29㎡ (28.52평)	차기예정일	미정 (1,120,666,000)
등기채권액	900,000,000	제시외면적	-		
물건번호	1 [유찰]				

◑물건사진/위치도

시 선순위임차인처럼 보이는 이모 씨의 보증금 등을 확인하고, 그 금액을 감안해서 입찰에 참여해야 한다. 확인을 못한다면 원칙적으로 입찰에 참여하면 안 된다.

더불어, 이런 물건은 은행에서 대출도 제한된다.

매각물건명세서에서 최선순위설정을 보면 이 사건의 말소기준권리는 2020년 5월 29일에 설정된 근저당권이다. 조사된 임차내역에는 이모 씨가 있는데 전입신고가 말소기준권리보다 빨라서 선순위임차인 요건을 갖추고 있다. 그러나 그 이모 씨가 법원에 권리신고나 배당요구를 하지 않았다. 적법한 임차인이라도 배당요구를 하지 않으면 배당을 받을 수 없다. 만약 이모 씨가 진정한 임차인이라면 낙찰자는 낙찰 대금 외에 추가로 이모 씨의 임차보증금을 인수해야 한다.

❶감정평가서 요약/진행결과/임차관계/등기권리					감정평가서　법원기일내역　등기(집합)
소재지/감정서	면적(단위:㎡)		진행결과	임차관계/관리비	등기권리

소재지/감정서

(06327)
[목록1] 서울 강남구 개포동 1281 디에이치아너힐즈 ***동**층****호 [삼성로 11] SEE:REAL 등기 토지이용

[구분건물]

· 본건은 서울특별시 강남구 개포동 소재 경기여자고등학교 남측 인근에 위치함. 주위는 대단위 아파트단지 및 재건축아파트단지,근린생활시설, 각급 학교 등이 소재하는 지역으로서 제반 주위환경은 보통인편임.

· 본건까지 차량출입 및 주차가 용이하며, 인근에 노선버스정류장 및 개포동역(수인분당선) 이 위치하는 바, 정류장까지의 거리 및 운행 상태 등으로 보아 제반 대중교통상황은 양호한 편임.

· 철근콘크리트구조 (철근)콘크리트지붕 33층 건물 내 29층 2902호로서 외벽:물탈위페인트 및 일부 인조석붙임마감 등,내벽:벽지 및 일부 타일 마감,창호:샷시창호임.

· 2019.08.29일자로 사용승인되고, 방3,거실,주방/식당,욕실2,드레스룸,다용도실,발코니,현관 등으로 이용중임.

· 위생설비 및 급배수설비,승강기설비,소화설비,개별난방설비 등이 되어 있음.

면적(단위:㎡)

대 지
· 57,329.7㎡ 중 50.6㎡ (15.29평)
건 물
· 94.29㎡ (28.52평)
총 33층 중 29층
보존등기 2020.04.08

감정지가 20,276,680
토지감정 1,026,000,000
평당가격 67,102,690
건물감정 2,394,000,000
평당가격 83,941,100
감정기관 서전감정

진행결과

감정	3,420,000,000	
100%	3,420,000,000	
유찰	2023.07.19	
80%	2,736,000,000	
유찰	2023.08.23	
64%	2,188,800,000	
유찰	2023.09.13	
51%	1,751,040,000	
유찰	2023.11.01	
41%	1,400,832,000	
예정	2023.12.06	

법원기일내역

임차관계/관리비

▶ 법원임차조사
이 **
전입 2020.03.02
확정 -
배당 -
보증 -
점유 주거
(현황서상)

▶ 전입세대 직접열람 56
이 **
2020.03.02
열람일 2023.07.05

▶ 관리비체납내역
·비공개
☎ 02-572-3340

▶ 관할주민센터
강남구 개포2동
☎ 02-3423-7770

등기권리

* 집합건물등기
소유권 최 **
이 전 2020.04.08
보존

근저당 *** 대부
2020.05.29
325,000,000
[말소기준권리]

근저당 *** 대부
2021.07.14
65,000,000

근저당 *** 대부
2021.12.31
130,000,000

근저당 *** 대부
2022.01.18
180,000,000

근저당 *** 대부
2022.09.26
200,000,000

임 의 *** 대부 (경매신청)
2022.12.28
(2022타경112763)
청구액 739,476,023원

근저당 (주)*** 에셋
질 권 2023.03.02
325,000,000
(*** 대부의 근저질권)

> 낙찰 후 말소기준권리 포함 모두 말소

'등기된 부동산에 관한 권리 또는 가처분으로 매각으로 그 효력이 소멸하지 아니하는 것'에 아무런 내용이 없으니 특별히 등기부상에 인수할 것은 없다. '매각에 따라 설정된 것으로 보는 지상권의 개요'와 '비고란'에 아무 표시가 없다. 선순위임차인처럼 보이는 이모 씨의 보증금 등을 꼭 확인한 후 그 금액을 감안해서 입찰에 참여해야 한다. 만약 선순위임차인 요건을 갖춘 이모 씨가 임차인인지 또는 그 보증금이 얼마인지 확인하지 못한다면 이러한 물건은 입찰을 포기하는 것이 낫다.

이 아파트의 경우 단지 내에 같은 평형대 세대수가 많지 않은 듯하다. 다

서 울 중 앙 지 방 법 원

2022타경112763

매각물건명세서

사 건	2022타경112763 부동산임의경매		매각 물건번호	1	작성 일자	2023.10.17	담임법관 (사법보좌관)	이 * *	
부동산 및 감정평가액 최저매각가격의 표시	별지기재와 같음		최선순위 설정	2020. 5. 29. 근저당권			배당요구종기	2023.03.14	

부동산의 점유자와 점유의 권원, 점유할 수 있는 기간, 차임 또는 보증금에 관한 관계인의 진술 및 임차인이 있는 경우 배당요구 여부와 그 일자, 전입신고일자 또는 사업자등록신청일자와 확정일자의 유무와 그 일자

점유자 성 명	점유 부분	정보출처 구 분	점유의 권 원	임대차기간 (점유기간)	보 증 금	차 임	전입신고 일자·외국인 등록(체류지 변경신고)일 자·사업자등 록신청일자	확정일자	배당 요구여부 (배당요구일자)
이 * *		현황조사	주거 임차인				2020.03.02		

〈비고〉

※ 최선순위 설정일자보다 대항요건을 먼저 갖춘 주택·상가건물 임차인의 임차보증금은 매수인에게 인수되는 경우가 발생 할 수 있고, 대항력과 우선변제권이 있는 주택·상가건물 임차인이 배당요구를 하였으나 보증금 전액에 관하여 배당을 받지 아니한 경우에는 배당받지 못한 잔액이 매수인에게 인수되게 됨을 주의하시기 바랍니다.

등기된 부동산에 관한 권리 또는 가처분으로 매각으로 그 효력이 소멸되지 아니하는 것
✓

매각에 따라 설정된 것으로 보는 지상권의 개요
✓

비고란
✓

만, 국토부실거래가로 보면 2023년 10월 이 아파트보다 작은 전용 25평 아파트의 매매 사례 가격이 30억 9,000만 원인 것을 보면 이 아파트의 시세는 감정평가액과 비슷한 34억 원 이상이 될 것 같다. 그러나 현장 3~4군데의 중개업소를 통해 현재의 시세를 다시 확인해야 한다.

지도를 통해 주변 지역을 살펴보니 수인분당선 개포동역에서 도보 5분 거리 이내에 위치해 있다. 주위에 초·중학교가 있고, 고등학교도 그리 멀지 않은 곳에 있어 선호도가 좋을 것 같고 주위의 녹지비율 또한 좋다. 편의시설로는 차량으로 10분 이내에 현대백화점, 코엑스몰, 롯데백화점 등이 있다.

■ 인천 조심 아파트 – 매각물건명세서상에 낙찰자가 인수할지도 모를 선순위임차인 요건을 갖춘 자가 있다

[인천지방법원 2017타경 513318호 서구 가좌동 한신휴플러스아파트]

인천 서구 가좌동에 있는 한신휴플러스아파트다. 공급면적은 43평형(전용면적 34.75평)으로 감정평가액은 3억 7,500만 원이다. 한 번 유찰되어서 최저경매가격은 2억 6,250만 원이다. 감정평가액이 시세와 비슷하다면 최저경매가격은 상당히 매력적으로 보인다.

이 아파트의 말소기준권리는 2014년 11월 24일에 설정된 근저당권이다. 물론 낙찰 후 낙찰자가 잔금을 모두 납부하면 등기상의 하자는 모두 소멸한

인천16계 2017-513318 (1)

[가좌동] 아파트
경매16계(☎032-860-1616) 법원안내

⊕ 관심사건등록 ⊜ 인쇄

구분	당일조회	누적조회	관심등록	경매대행
부동산태인	2	49	1	문의하기
대 법 원	0	11	5	

본 물건은 매각기일 1주일 전에 공개되는 법원의 매각물건명세서가 아직 공고되지 않은 상태입니다. 정확한 권리분석을 위해서 09월 27일 공개예정인 매각물건명세서를 꼭 확인하시기 바랍니다. 특히, 이미 1회 이상 유찰 또는 변경이 되었거나 재매각이 되는 물건의 경우에도 기존 매각물건명세서의 내용이 갱신되는 경우가 많으니 주의하시기 바랍니다.

대표소재지	[목록1] 인천 서구 가좌동 7 가좌한신휴플러스아파트 ***동 · 총 ***호				
대 표 용 도	아파트 (43평형)	채 권 자	비엔**	임의경매	
기 타 용 도	-	소 유 자	김**	신 청 일	2017.11.10
감정평가액	375,000,000원	채 무 자	김**	개시결정일	2017.11.13
최저경매가	(70%) 262,500,000원	경 매 대 상	건물전부, 토지전부	감 정 기 일	2017.11.22
입찰보증금	(10%) 26,250,000원	토 지 면 적	47.4㎡ (14.34평)	배당종기일	2018.02.02
청 구 금 액	32,709,674원	건 물 면 적	114.87㎡ (34.75평)	입찰예정일	2018.10.04
등기채권액	487,321,564원	제시외면적	0㎡	차기예정일	미정 (183,750,000원)
물 건 번 호	1 [유찰]				

■ 부동산 등기부 확인

소재지/감정서	면적(단위:㎡)	진행결과	임차관계/관리비	등기권리
(22810) [목록1] 인천 서구 가좌동 7 가좌한신휴플러스아파트 ***동 *층 ***호 [구분건물] · 대상물건은 인천광역시 서구 가좌동 소재, 가정초등학교 북서측 인근에 위치하며 주위는 아파트단지, 단독주택, 다세대주택 및 근린생활시설 등이 혼재하는 지역으로서 제반 주위 환경은 보통임. · 대상물건까지 제반차량 출입 및 주.정차 용이하며 인근에 버스정류장이 소재하는 바, 대중교통사정은 보통임. · 철근콘크리트구조 (철근)콘크리트지붕 25층건내 2층　로서,외벽: 몰탈위 페인트 마감,내벽: 벽지도배 및 타일붙임,창호: 하이샷시 창호임. · 아파트로 이용중임. · 도시가스에 의한 난방설비, 급배수설비,위생설비, 승강기설비 등의 부대설비가 되어있음. · 단지내 포장도로를 이용하며 인접 공도와 연계되어 있음. ▶ 토지이용계획	감정 375,000,000 [지도][등기][토지이용] 대 지 · 47.4/87063㎡ (14.33평) 건 물 · 114.87㎡ (34.75평) 총 25층 중 2층 보존등기 2008.03.31 토지감정　78,750,000 평당가격　5,495,470 건물감정　296,250,000 평당가격　8,525,180 감정기관 제일감정	감정 375,000,000 100% 375,000,000 유찰 2018.08.24 70% 262,500,000 예정 2018.10.04 [법원기일내역]	▶ 법원임차조사 이 ** 전입 2014.05.07 확정 - 배당 - 보증 - 점유 주거 (현황서상) ▶ 전입세대 직접열람 [GO] 김** 2008.02.26 이** 2014.05.07 열람일 2018.08.10 ▶ 관리비체납내역 · 체납액:0 · 확인일자:2018.08.10 · 18년6월까지미납없음 · ☎ 032-571-0936	* 집합건물등기 소유권 김 ** 보 존 2008.05.09 근저당 전북은행 (부평지점) 2014.11.24 289,200,000 [말소기준권리] 근저당 전북은행 (부평지점) 2014.11.24 66,000,000 근저당 **** 캐피탈 2016.01.21 40,000,000 가압류 인천신용보증재단 (서인천지점) 2017.06.07 20,312,503 가압류 우리은행 (여신관리부) 2017.06.27 46,188,841 가압류 ** 캐피탈 2017.08.18 25,620,220 임 의 **** 캐피탈 2017.11.13 (2017타경513318) 청구액 32,709,674원

낙찰 후 말소기준권리
포함 모두 말소

다. 법원임차조사에서는 이모 씨의 전입신고가 이 사건 말소기준권리보다 빨라서 선순위임차인 요건을 갖추었다. 다만 그 임차인이 법원에 권리신고나 배당요구를 하지 않아 실제로 임차인인지 여부와 임차인이라면 그 보증금이 얼마인지를 알아야 한다. 왜냐하면 선순위임차인이라면 배당받지 못한 보증금은 낙찰자가 낙찰 금액 외로 추가로 떠안아야 하기 때문이다. 반드시 선순위임차인처럼 보이는 이모 씨의 보증금 등을 확인하고, 그 금액을 감안해서 입찰에 참여해야 한다. 더불어 이런 물건은 은행에서 대출도 제한된다. 매각물건명세서에서 보면 이 사건 최선순위설정, 즉 이 사건 말소기준권리는 2014년 11월 24일에 설정된 근저당권이다. 조사된 임차내역에는 이모 씨

■ 매각물건명세서 확인 : 권리분석 시 가장 중요한 검수 자료

인 천 지 방 법 원

2017타경513318

매각물건명세서

| 사 건 | 2017타경513318 부동산임의경매 2017타경38763(중복) | | 매각 물건번호 | 1 | 작성 일자 | 2018.08.10 | 담임법관 (사법보좌관) | | | |

| 부동산 및 감정평가액 최저매각가격의 표시 | 별지기재와 같음 | 최선순위 설정 | 2014. 11. 24. 근저당권 | 배당요구종기 | 2018.02.02 |

부동산의 점유자와 점유의 권원, 점유할 수 있는 기간, 차임 또는 보증금에 관한 관계인의 진술 및 임차인이 있는 경우 배당요구 여부와 그 일자, 전입신고일자 또는 사업자등록신청일자와 확정일자의 유무와 그 일자

점유자 성 명	점유 부분	정보출처 구 분	점유의 권 원	임대차기간 (점유기간)	보 증 금	차 임	전입신고 일자, 사업자등록 신청일자	확정일자	배당 요구여부 (배당요구일자)
이 **		현황조사	주거 임차인				2014.05.07		

〈비고〉

※ 최선순위 설정일자보다 대항요건을 먼저 갖춘 주택·상가건물 임차인의 임차보증금은 매수인에게 인수되는 경우가 발생 할 수 있고, 대항력과 우선변제권이 있는 주택·상가건물 임차인이 배당요구를 하였으나 보증금 전액에 관하여 배당을 받지 아니한 경우에는 배당받지 못한 잔액이 매수인에게 인수되게 됨을 주의하시기 바랍니다.

등기된 부동산에 관한 권리 또는 가처분으로 매각으로 그 효력이 소멸되지 아니하는 것

✓

매각에 따라 설정된 것으로 보는 지상권의 개요

✓

비고란

- 최선순위 근저당권 설정일보다 전입일자가 빠른 전입사유 및 임대차관계 불명의 전입인이 있음

가 있는데 전입신고가 말소기준권리보다 빨라서 선순위임차인 요건을 갖추고 있다. 그러나 이모 씨는 법원에 권리신고가 배당요구를 하지 않았다. 적법한 임차인이라도 배당요구를 하지 않으면 배당을 받을 수 없다. 만약 이모 씨가 진정한 임차인이라면 낙찰자는 낙찰 대금 외에 추가로 이모 씨의 임차보증금을 인수해야 한다.

'등기된 부동산에 관한 권리 또는 가처분으로 매각으로 그 효력이 소멸하지 아니하는 것'에 아무런 내용이 없으니 특별히 등기부상에 인수할 것은 없다. '매각에 따라 설정된 것으로 보는 지상권의 개요'에도 아무런 표시가 없다.

비고란에 '최선순위 근저당권 설정일보다 전입일자가 빠른 전입사유 및 임대차 관계 불명의 전입인이 있음'이라는 것은 선순위임차인처럼 보이는

이모 씨의 보증금 등을 꼭 확인하고 그 금액을 감안해서 입찰에 참여해야 한다는 것이다. 만약 선순위임차인 요건을 갖춘 이모 씨가 임차인인지 또는 그 보증금이 얼마인지를 확인하지 못한다면 이러한 물건은 그냥 입찰을 포기하는 수밖에 없다.

이 아파트의 시세 확인을 위해 국토부실거래가를 살펴보니, 2018년 당시 매매 사례 가격은 3억 5,000만~3억 9,000만 원이다. 이 또한 3~4군데의 중개업소를 통해 현재의 시세를 다시 확인해야 한다.

지도를 통해 이 아파트의 주변 지역을 살펴보니 인천 2호선 서부여성회관역에서 도보 10분 거리에 위치해 있다. 주위에 초·중·고등학교가 있어 교육 선호도도 좋아 보인다. 편의시설로는 차량으로 10분 이내의 거리에 홈플러스 등이 있다.

■ 경기 조심 아파트 – 낙찰자가 낙찰을 받아도 추가로 선순위임차인이 권리신고한 임차보증금을 추가로 인수해야 한다

[부천지원 2018타경 71319호 부천시 송내동 부천중동역푸르지오 아파트]

부천시 송내동에 있는 부천중동역푸르지오 아파트다. 공급면적 33평형(전용면적 25.67평)으로 감정평가액은 4억 3,000만 원이다. 한 번 유찰되어서 최저경매가격은 3억 660만 원이다. 감정평가액이 시세와 비슷하다면 최저경매가격은 상당히 매력적이다.

이 아파트의 말소기준권리는 2018년 2월 9일에 설정된 신모 씨의 근저당권이다. 물론 낙찰 후 낙찰자가 잔금을 모두 납부하면 등기상의 하자는 모두 소멸한다. 법원임차조사에서는 오모 씨의 전입신고가 이 사건의 말소기준권리보다 빨라서 선순위임차인 요건을 갖추었다. 그 오모 씨는 말소기준권리보다 전입신고가 빠르고, 보증 금액은 증액분을 포함해 총 3억 4,500만 원이

부천1계 2018-71319 (1)

경매1계(☎032-320-1131) 법원안내

⊕ 관심사건등록 ⊜ 인쇄

구분	당일조회	누적조회	관심등록	경매대행	
부동산태인	5	375	13	선우	문의하기
대 법 원	2	37	37		

대표소재지	[목록1] 경기 부천시 송내동 372 부천중동역푸르지오 ***동 *층 ***호			
대 표 용 도	아파트 (33평형)	채 권 자	신** 임의경매	
기 타 용 도	-	소 유 자	정**	신 청 일	2018.03.19
감정평가액	438,000,000원	채 무 자	김**	개시결정일	2018.03.20
최저경매가	(70%) 306,600,000원	경 매 대 상	건물전부, 토지전부	감 정 기 일	2018.03.27
입찰보증금	(10%) 30,660,000원	토 지 면 적	34.2m² (10.35평)	배당종기일	2018.05.30
청 구 금 액	300,000,000원	건 물 면 적	84.87m² (25.67평)	입 찰 일	2018.09.04(화)10:00
등기채권액	321,294,739원	제시외면적	0m³	차기예정일	미정 (214,620,000원)
물 건 번 호	1 [진행]			

다. 그러나 오모 씨는 배당요구를 하지 않아 배당을 받을 수 없다. 다만 선순위임차인이어서 낙찰자가 낙찰 대금 외에 추가로 그 3억 4,500만 원을 인수해야 한다.

선순위임차인의 보증금을 인수할 것을 전제로 낙찰을 받아야 하기 때문에 사실상 많은 유찰이 될 것으로 보인다. 만약 1억 원에 낙찰을 받아도 사실상 3억 4,500만 원까지 인수해야 하기 때문에 4억 4,500만 원에 낙찰받는 것과 같다. 이런 물건은 또한 은행에서 대출도 제한된다.

최종 권리분석을 위해 매각물건명세서에서 권리분석 위주로 살펴보자. 다시 한번 강조하지만 매각물건명세서는 매각 기일이 7일 이내로 남았을 때만 볼 수 있다. 최선순위설정을 보면 이 사건 말소기준권리는 2018년 2월 9일에 설정된 근저당권이다. 조사된 임차내역에는 오모 씨가 있는데 전입신

소재지/감정서	면적(단위:㎡)	진행결과	임차관계/관리비	등기권리
(14722) [목록1] 경기 부천시 송내동 372 부천중동역푸르지오 ***동 *층 ***호 [구분건물] • 본건은 경기도 부천시 송내동 소재 중동역 남동측 인근에 위치하며, 주위는 아파트단지, 주택 및 근린생활시설 등이 소재하는 지역으로 주위환경은 보통 • 본건까지 제반차량 출입이 가능하며, 인근에 버스정류장 및 전철중동역이 소재하여 제반교통여건은 보통임. • 철근콘크리트구조(철근)콘크리트(평슬라브)지붕 24층 건물내 7층 701호로서, 외벽 : 시멘트 몰탈위 페인트 마감, 내벽 : 벽지도배 및 일부 타일 붙임 마감, 창호 : 샷시 창호임. • 본건은 아파트로 이용 중임.	[지도] [등기] [토지이용] 대지 • 34.2/32010.8㎡ (10.36평) 건물 • 84.874㎡ (25.67평) 총 24층 중 7층 보존등기 2005.10.26 토지감정 175,200,000 평당가격 16,911,200 건물감정 262,800,000 평당가격 10,237,640 감정기관 선영감정	감정 438,000,000 100% 438,000,000 유찰 2018.08.07 70% 306,600,000 진행 2018.09.04 법원기일내역	▶법원임차조사 오 ** 전입 2013.01.28 확정 2013.01.25 배당 - 보증 2억2000만 점유 전부/주거 (점유: 2013.01.25.~2019.02.24.) 오 ** (증액분) 전입 2015.01.27 확정 2015.01.27 배당 - 보증 4500만 점유 전부/주거 오 ** (증액분) 전입 2017.01.25 확정 2017.01.25 배당 - 보증 8000만 점유 전부/주거 *총보증금:345,000,000 [임대수익률계산]	*집합건물등기 소유권 정 ** 이 전 2017.08.25 393,000,000 전소유자:김만식 매매(2017.08.02) 근저당 신 ** 2018.02.09 300,000,000 [말소기준권리] 임 의신 ** 2018.03.20 (2018타경71319) 청구액 300,000,000원 가압류 **대부 2018.05.29 21,294,739 [등기부채권총액] 321,294,739원 열람일 2018.01.20

> 낙찰 후 말소기준권리 포함 모두 말소

고가 말소기준권리보다 빨라 선순위임차인 요건을 갖추고 있다. 그러나 그 오모 씨가 법원에 권리신고는 했지만 배당요구를 하지 않았다. 그렇다면 배당은 없지만 선순위임차인이라서 그 보증금을 낙찰자가 인수해야 한다. 그 금액이 총 3억 4,500만 원이다.

'등기된 부동산에 관한 권리 또는 가처분으로 매각으로 그 효력이 소멸하지 아니하는 것'에 아무런 내용이 없으니 특별히 등기부상에 인수할 것은 없다. 또한 '매각에 따라 설정된 것으로 보는 지상권의 개요'에 아무런 표시가 없다. 비고란에 '임차인 오모 씨는 2018년 5월 8일자로 권리신고서를 제출하였으나, 배당요구를 하지 않았고, 대항력 여지가 있으므로 매수인이 임차보증금을 인수할 가능성이 있음'이라고 명시되어 있다. 이는 앞서 언급한 바와 같이 선순위임차인 오모 씨의 보증금을 인수하는 것을 감안해서 입찰에 참

인천지방법원 부천지원

2018타경71319

매각물건명세서

사 건	2018타경71319 부동산임의경매		매각물건번호	1	작성일자	2018.07.24	담임법관 (사법보좌관)	이 **	
부동산 및 감정평가액 최저매각가격의 표시	별지기재와 같음		최선순위 설정	2018.2.9. 근저당권			배당요구종기	2018.05.30	

부동산의 점유자와 점유의 권원, 점유할 수 있는 기간, 차임 또는 보증금에 관한 관계인의 진술 및 임차인이 있는 경우 배당요구 여부와 그 일자, 전입신고일자 또는 사업자등록신청일자와 확정일자의 유무와 그 일자

점유자 성 명	점유 부분	정보출처 구 분	점유의 권 원	임대차기간 (점유기간)	보 증 금	차 임	전입신고일자, 사업자등록 신청일자	확정일자	배당 요구여부 (배당요구일자)
오 **	전부	현황조사	주거 임차인	2013년 1월경부터~	3억 4,500만원		2013.01.28		
	전부	권리신고	주거 임차인	2013.01.25. - 2019.02.24.	345,000,000		2013.01.28.	비고란에 기재	

〈비고〉
오 ** :2018.05.08.자로 권리신고서를 제출하였으나 배당요구는 하지 않았음.
확정일자[2013.01.25.(220,000,000원), 2015.01.27.(265,000,000원), 2017.01.25.(345,000,000원)]
대항력 여지 있음.

※ 최선순위 설정일자보다 대항요건을 먼저 갖춘 주택·상가건물 임차인의 임차보증금은 매수인에게 인수되는 경우가 발생 할 수 있고, 대항력과 우선변제권이 있는 주택·상가건물 임차인이 배당요구를 하였으나 보증금 전액에 관하여 배당을 받지 아니한 경우에는 배당받지 못한 잔액이 매수인에게 인수되게 됨을 주의하시기 바랍니다.

등기된 부동산에 관한 권리 또는 가처분으로 매각으로 그 효력이 소멸되지 아니하는 것
✓

매각에 따라 설정된 것으로 보는 지상권의 개요
✓

비고란
임차인 오 **은 2018.5.8.자로 권리신고서를 제출하였으나 배당요구는 하지 않았고 대항력여지 있으므로 매수인이 임차보증금을 인수할 가능성이 있음

여해야 한다는 것이다.

아파트 시세를 확인하기 위해 국토부실거래가를 확인해보았다. 2018년 당시 매매 사례 가격은 3억 7,000만~4억 4,500만 원이다. 차후 3~4군데의 중개업소를 통해 현재 시세를 확인해봐야 한다.

지도를 통해 이 아파트의 주변 지역을 살펴보니, 지하철 1호선 중동역까지 도보 2~3분 거리다. 또한 주위에 초·중·고등학교가 있어 교육적 선호도도 좋아 보인다. 편의시설은 차량으로 10분 이내 거리에 롯데백화점과 롯데마트 등이 있다.

03 상가의 지역분석과 물건분석은 어떻게 해야 할까

REAL ESTATE AUCTION

상가에서 핵심은 상권과 입지다. 상권의 크기도 중요하지만 무엇보다 상권이 살아있느냐 죽었느냐, 또한 앞으로 더욱 번성할 것인지 쇠퇴할 것인지 등의 분석이 중요하다. 그중에서 그 상가가 위치한 입지는 중요하다. 피해야 할 상가는 첫째, 상권도 좋지 않고, 입지도 좋지 않은 상가이다. 둘째, 상권은 좋은데 입지가 안 좋은 상가이다. 셋째, 상권은 좋지 않은데 입지가 좋은 상가이다. 적극적으로 투자해야 할 상가는 상권과 입지가 둘 다 좋은 상가다. 또한 상가를 낙찰받을 때 가장 중요한 포인트는 임대 수요와 임대료 수준이다.

특히 상가는 수익형 부동산이기 때문에 차후 매매차익을 기대한다기보다는 현재의 임대 수익률을 보고 낙찰을 받는 경우가 많다. 기대수익률은 저금리일 때와 고금리일 때가 다르다. 예를 들어 현재의 예금이자가 연 2%일 때, 임대 수익률이 연 4%라면 낙찰을 받는다. 반면에 예금이자가 연 4%일 때, 임대 수익률이 연 4%라면 낙찰을 받지 않는다. 상가를 보유했을 때의 세금 등 비용의 부담과 공실의 염려까지 감안하면서 낙찰을 받을 이유는 없다.

그런데 예금이자에 비해 임대 수익률이 낮아도 낙찰을 받는 경우가 있다. 그것은 그 상가가 있는 지역에 특별한 개발호재가 있어 차후 매매차익이 기대될 때다. 그런 특별한 경우가 아니라면 임대 수익률이 예금이자의 2배 정도가 되지 않는다면 낙찰을 받기는 어렵다.

지역분석 중요 포인트

배후지

상가의 핵심은 배후지다. 배후지가 넓고 크면 그만큼 상가 영업을 하는 데 유리하다. 더불어 유동인구가 많아도 좋다. 아파트 대단지의 배후지를 둔 상권, 대단위 공장 단지나 대단위 오피스 단지를 배후지로 둔 상권 등이 선호도가 높다. 이유는 잠재적인 소비자가 많고, 그에 따라 임차인 유치도 수월하기 때문이다. 또 임대 수요가 많고 임대료 수준도 원하는 만큼 도달할 가능성이 높다.

상권과 입지

상권은 넓고 크면 좋다. 볼륨이 큰 상권이 손님을 끌어들이는 유인력이 더 크다. 상권은 인구와 인구밀도, 인구의 연령과 직업, 인구의 소득과 소비 수준, 유입 인구, 교통량, 도시계획 등을 보고 파악한다. 이렇게 상권을 파악하는 이유는 이 상권 안에서 어떠한 업종을 할 것인지, 어느 정도의 규모로 할 것인지 등을 판단하기 위해서다.

상권은 Boundary(특정한 지역)의 개념이고, 입지는 Point(특정한 장소)의 개념이다. 상가건물을 낙찰받을 때 가장 중요한 것은 상권과 입지가 둘 다 좋아야 한다. 예를 들어 상권은 좋은데 입지가 좋지 않다면, 즉 가시성과 접근성이 좋지 않다면 상가로서의 매력은 떨어진다. 더불어 입지는 좋은데 상권이 좋지 않다면 역시 상가로서의 매력은 떨어진다. 상권과 입지가 둘 다 좋아야 한다.

상권과 입지를 분석할 때에는 먼저 상권을 분석하고 이후에 입지를 분석한다. 상권과 입지는 유기적이기 때문에 만약 상권이 좋지 않다면 굳이 입지를 분석할 필요가 없다. 상권 먼저 다음에 입지다. 더불어 상권도 흥망성쇠가 있다. 따라서 소유자 또는 임차인의 경우에는 그 상권의 흐름을 잘 파악해서 적절한 타이밍에 빠지는 전략을 갖추어야 한다.

교통

좋은 상권은 아무래도 교통이 편리하다. 연남동 상권, 가로수길 상권, 대학로 상권, 홍대 상권 등은 모두 교통이 편리하다. 지하철에서 두보로 15분 거리 이내의 상권이라면 선호도는 높다. 또한 지하철의 접근이 어려운 시외 인근 상권은 차량으로 이동하기 때문에 도로망이 잘 되어 있는 곳이 선호도가 높다.

물건분석 중요 포인트

가시성과 접근성

상가는 뭐니 뭐니 해도 가시성과 접근성이 중요하다. 잘 보여야 하고, 손님들의 접근이 용이해야 한다. 코너 상가라면 금상첨화다. 좁은 도로 양쪽으로 상가가 나열된 경우가 있는데, 그럴 때에는 2층과 3층 상가는 가시성의 측면에서는 고민해봐야 한다. 도로가 넓으면 2층과 3층에 어떤 상가가 있는지 쉽게 알 수 있지만, 도로가 좁으면 2층 또는 3층에 어떤 상가가 있는지 거의 보이지 않는 경우도 있다. 육교나 고가도로 또는 전봇대 등이 가시성을 떨어뜨리는 경우도 많다.

층과 향

상가에서 가장 선호도가 높은 층은 1층이다. 다만 비싼 것이 문제다. 굳이 1층이 아니어도 되는 업종들(예를 들어 당구장, 학원, 병원 등), 엘리베이터만 있다면 1층이 아니어도 큰 무리가 없다. 향은 북향만 아니라면 특별히 비선호하지 않는 편이다.

상가의 면적

1층이라면 전용면적이 10평 내외가 좋다. 그래야만 업종의 변경이 편리하다. 중개업소, 커피숍, 미용실, 식당, 빵집 등을 자유롭게 유치할 수 있기 때문이다. 2층 이상이라면 전용면적이 20평 내외가 좋다. 학원, 병원, 호프집, 식당 등을 자유롭게 유치할 수 있기 때문이다.

보존 상태

상가의 외부와 내부의 상태를 파악한다. 물론 외부와 내부의 보존 상태가 모두 좋아야 하지만 내부가 좋지 않은 것은 크게 고려하지 않아도 된다. 낙찰 후 매도나 임대할 때 임차인이 새롭게 인테리어를 하기 때문이다. 다만 현재의 임차인에게 재임대를 고려할 때는 내부 인테리어 상태가 중요하다. 얼마 전에 다녀온 광명의 학원이나 안산의 식당 같은 경우에는 내부 인테리어가 아주 잘 되어 있었고, 학원에는 수강생도 많았다. 그리고 식당에는 손님도 많아 재임대에 대한 확신이 있어서 높은 가격으로 낙찰되었다. 경매로 나온 상가인 경우에 영업을 하고 있다면 임장 시 꼭 그 상가에 들러 장사의 현황이나 내부 인테리어 상태 등을 확인해야 한다.

아파트 등 주거용 부동산을 매도하거나 임대할 때에는 임대인이 일정 부분 인테리어 등을 하면 매도나 임대가 잘 되는 편이다. 반면에 상가는 매도나 임대할 때 인테리어를 하지 않는다. 청소만 깨끗이 해놓으면 된다. 어차피 상가에서 장사할 사람이 다시 업종에 맞게 인테리어를 하기 때문이다.

상가의 용도

상가에서 무엇을 할 것이냐에 따른 상가의 용도가 중요하다. 건축물대장을 통해서 현재 건물의 용도가 무엇인지 확인한다. 상가의 용도가 커피숍을 하기에 적합한지 또는 학원을 하기에 적합한지, 지금은 불가하지만 용도 변경이 가능한지 등을 꼭 확인해야 한다.

상가의 모양

더불어 상가의 모양은 도로에 좁게 접해 있는 세장형보다는 도로에 넓게 접해 있어 가시성이 좋은 가장형의 선호도가 높다.

동선

상권에서 가장 핵심은 주동선이다. 주동선에 있는 상가가 선호도가 높다. 더불어 상가 내에서도 동선은 중요하다. 쇼핑몰이나 백화점 등 오픈 상가에

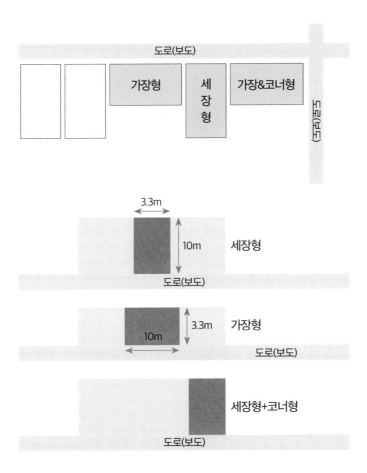

서도 동선에 따라 상가의 가격 차이가 천차만별이다. 에를 들어 오픈 상가에서는 에스컬레이터를 내리고 오를 때 정면에 있는 상가가 가장 선호도가 높다. 더불어 대로변 상가인 경우에는 퇴근길 상권이 유리하다. 대부분 물건은 퇴근할 때 물건을 사기 때문이다.

엘리베이터 유무

상가가 1층이나 2층인 경우에는 엘리베이터의 필요성이 꼭 느껴지지 않는다. 다만 3층 이상이라면 엘리베이터가 반드시 필요하다. 용산의 어떤 상가에 지인 한 분이 5층짜리 건물 중 4층에 있었던 호프집을 인수해서 장사를 한 적이 있다. 그런데 그 건물에는 엘리베이터가 없었다. 당연히 매출이 오르지 않았고 결국에는 폐업을 하였다. 그분에게 4층에 엘리베이터가 없는데 호프집을 인수한 이유는 무엇인지(즉 4층에 엘리베이터가 없는데 호프집으로 성공할 거라고 생각했나?) 물었다. 그러자 그분은 시설 권리금이 없었고, 임대료도 주변보다 많이 싸서 한 번 해볼 만하다고 생각했다고 한다.

설교수TIP

상가 임차 시 권리금이 없다는 것은 강점이자 단점이다. 위 4층의 경우에는 기존의 임차인이 호프집을 오픈할 당시 인테리어 비용, 냉장고, 테이블, 의자 등 시설비용을 많이 지출했다. 그럼에도 불구하고 아무런 권리금을 받지 않고 넘겨주었다면 그만한 이유가 있는 것이다. 바로 장사가 안되기 때문에, 그리고 앞으로도 안 될 것으로 판단했기 때문에 권리금을 받지 않았던 것이다. 더불어 4층인데 엘리베이터가 없다는 것은 무조건 단점이다.

화장실

상가가 살아있는지 않은지를 판단할 때 가장 중요한 것이 공용 화장실이다. 화장실 상태가 깨끗하고 양호하다면 그 상가의 다른 임차인들의 인식도 좋은 상태고, 그 상가도 살아있을 가능성이 높다. 반면에 화장실의 상태가 더럽고 지저분하고 악취가 난다면 그 상가는 이미 상가로서의 매력이 소멸된 상태일 가능성이 높다. 그러므로 상가 임장 시 화장실 상태를 가장 먼저 확인해보자.

시세 확인

상가의 시세 확인은 국토부실거래가 사이트나 밸류맵 사이트를 이용하기도 하지만, 개별성이 크기 때문에 정확한 시세를 파악하기가 어렵다. 그래서 근처 중개업소에 들러서 확인하는 것이 중요하다. 사실상 상가는 시세보다는 임대 수요와 임대료 수준을 통해 원하는 수익률에 맞출 수 있는 금액으로 낙찰을 받는 게 중요하다. 예를 들어 시세는 1억 원인데 보증금 1,000만 원에 월세가 20만 원이라면 수익률이 좋지 않기 때문에 그 금액을 기준으로 입찰해서는 안 된다.

수익률 구하는 방법을 알아보자!

감정평가액 4억 원인 상가를 2억 5,000만 원에 낙찰을 받았다고 가정해보자. 이때 감정평가액은 아무 의미가 없다. 낙찰받은 2억 5,000만 원이 중요하다.

그런데 다음과 같은 경우에 각각 연수익률은 몇 %가 될까?

1) 보증금 5,000만 원, 월세가 80만 원

2) 보증금 5,000만 원, 월세가 100만 원

3) 보증금 5,000만 원, 월세가 120만 원

위 3가지 경우는 모두 보증금이 5,000만 원이기 때문에 실제로 투자 금액은 2억 원이다 (낙찰가 2억 5,000만 원-보증금 5,000만 원).

그럼 각각의 연간 수익은 어떻게 될까?

1)은 월세가 80만 원이니 년세는 960만 원(80만 원 × 12개월)

2)는 월세가 100만 원이니 년세는 1,200만 원(100만 원 × 12개월)

3)은 월세가 150만 원이니 년세는 1,800만 원(150만 원 × 12개월)

그렇다면 투자금 2억 원일 때의 연수익률은 다음과 같다.

1)의 경우 연수익률은 4.8%(960만 원 ÷ 2억 원 × 100)

2)의 경우 연수익률은 6%(1,200만 원 ÷ 2억 원 × 100)

3)의 경우 연수익률은 9%(1,800만 원 ÷ 2억 원 × 100)

현재의 저금리 시대에 서울의 상가라면 아마도 1)과 2) 그리고 3)의 경우를 모두 선호할 수 있다. 그러나 서울이 아니고 경기도 김포나 부천이라면 1)은 선호하지 않을 것 같고, 2)와 3)은 선호할 수도 있을 것이다. 지금의 저금리 시대에는 그렇다는 것이다. 만약에 차후에 예금이자가 연 6% 정도 나온다면 1)과 2)의 매력은 크게 떨어지고, 그나마 3)을 선택할 수 있을 것이다.

더불어 상가에서 가장 큰 적은 공실이다. 공실이 난다면 이러한 수익률의 계산은 아무런 의미가 없어진다. 공실이 나지 않으려면 좋은 임차인을 만나야 한다. 하지만 그것이 결코 쉬운 일이 아니다. 따라서 임대 수요가 탄탄한 곳의 상가를 매수해야 하는 이유이다.

실제 사례로 보는
문제없는 상가 vs. 문제 있는 상가

상가의 핵심은 수익률이다. 그러나 수익률도 권리분석상의 문제가 없다는 전제하에서 중요한 것이다. 권리상의 하자가 있다면 올바른 재산권도 행사할 수 없게 될 수 있다.

문제없는 상가

상가에 투자하기 위해서는 지역분석과 물건분석 후 입찰 전 권리분석을 제대로 해야 한다. 다음 상가는 특별한 권리상의 문제가 없다.

■ 서울 안심상가 – 매각물건명세서상의 특별한 부담이 없다

[서울남부지방법원 2018타경 524호 강서구 내발산동 근린상가]

강서구 내발산동에 있는 전용면적 31.04평의 근린상가다.

감정평가액은 3억 8,600만 원이고, 한 번 유찰되어서 최저경매가격은 3억 880만 원이다. 감정평가액이 시세와 비슷하다면 이번 최저경매가격은 상당히 매력적인 가격이다.

등기부상의 권리를 확인해보니 이 근린상가의 말소기준권리는 2016년 11월 23일에 설정된 근저당권이다. 이는 낙찰 후 낙찰자가 잔금을 모두 납부하면 등기상의 하자는 모두 소멸한다.

남부9계 2018-524 (1)

경매9계(☎02-2192-1339) 법원안내

⊕ 관심사건등록 ⊕ 인쇄

구분	당일조회	누적조회	관심등록	경매대행
부동산태인	4	96	7	문의하기
대 법 원	0	11	8	

본 물건은 매각기일 1주일 전에 공개되는 법원의 매각물건명세서가 아직 공고되지 않은 상태입니다. 정확한 권리분석을 위해서 10월 03일 공개예정인 매각물건명세서를 꼭 확인하시기 바랍니다. 특히, 이미 1회 이상 유찰 또는 변경이 되었거나 재매각이 되는 물건의 경우에도 기존 매각물건명세서의 내용이 경신되는 경우가 많으니 주의하시기 바랍니다.

대표소재지	[목록1] 서울 강서구 내발산동 ●●●-● ●●● 아카데미 ●층				
대 표 용 도	근린상가	채 권 자	●● 농협 임의경매		
기 타 용 도	-	소 유 자	●●	신 청 일	2018.01.15
감정평가액	386,000,000원	채 무 자	●●	개시결정일	2018.01.16
최저경매가	(80%) 308,800,000원	경매대상	건물전부, 토지전부	감 정 기 일	2018.01.21
입찰보증금	(10%) 30,880,000원	토 지 면 적	32.9㎡ (9.95평)	배당종기일	2018.04.17
청 구 금 액	223,931,316원	건 물 면 적	102.6㎡ (31.04평)	입찰예정일	2018.10.10
등기채권액	2,207,357,319원	제시외면적	0㎡	차기예정일	미정 (247,040,000원)
물 건 변 호	1 [유찰] 2 [유찰]				

법원임차조사에서 네오●●가 있지만 사업자등록을 하지 않았다면 특별히 인수해야 할 임차인은 없다. 입찰 금액만 고민해서 낙찰받으면 될 것으로 보인다.

매각물건명세서를 이 사건 말소기준권리는 2016년 11월 23일에 설정된 근저당권이다. 조사된 임차내역에는 네오●●가 있지만 전입신고나 사업자등록이 없기 때문에 특별히 낙찰자가 인수해야 할 임차인은 없다. '등기된 부동산에 관한 권리 또는 가처분으로 매각으로 그 효력이 소멸하지 아니하는 것'에 아무런 내용이 없으니 특별히 등기부상에 인수할 것도 없다. '매각에 따라 설정된 것으로 보는 지상권의 개요'와 비고란에 아무 표시가 없는 것을 보니

소재지/감정서	면적(단위:㎡)	진행결과	임차관계/관리비	등기권리
(07644) [목록1] 서울 강서구 내발산동 ***-****아카데미 *층 [지도] [등기] [토지이용] [구분건물] · 본건은 서울특별시 강서구 내발산동 소재 수명고등학교 서측 인근에 소재하는 근린생활시설로서, 인근은 아파트 단지가 밀집되어 있으며 노변을 따라서 근린생활시설 등이 소재하며 제반 주위환경은 보통인 편임. · 본건까지 차량출입이 가능하고 인근에 노선버스정류장 및 도보 약 20분거리에 지하철역(5호선:마곡역)이 소재하는 등 제반 교통상황은 보통시됨. · 철근콘크리트구조 (철근) 콘크리트지붕 7층 건물 내 제2층 제201호로서,(사용승인일: 2009.07.24)외벽: 석재붙임마감 등,내벽: -, 창호: 샷시창호 등임. · 제2층 제201호는 NEOVITA(네오비타)의 사무실로 이용중임. · 기본적인 위생설비, 급배수설비, 승강기, 주차장, 소화설비 등이 구비되어 있음. · 북동측으로 노폭 약 20미터, 남동측으로 노폭 약 38미터의 포장도로에 접함. ▶ 토지이용계획 · 도시지역 · 준주거지역 · 도로(접합) · 고도지구 · 중요시설물보호지구 · 제1종지구단위계획구역 · 가축사육제한구역 · 상대보호구역 · 대공방어협조구역 · 수평표면구역 · 과밀억제권역	대지 · 32.9/955.7㎡ (9.95평) 건물 · 사무실 102.6㎡ (31.04평) 총 7층 중 2층 보존등기 2009.07.31 토지감정 115,800,000 평당가격 11,638,200 건물감정 270,200,000 평당가격 8,704,900 감정기관 엘에스감정	감정 386,000,000 100% 386,000,000 유찰 2018.08.22 80% 308,800,000 예정 2018.10.10 법원기일내역	▶ 법원임차조사 네오 ** 사업 - 확정 - 배당 - 보증 2500만 차임 월154만 환산 1억7900만 점유 본건 부동산전부/ 점포 (현황서상) *총보증금:25,000,000 *총월세: 1,540,000 [임대수익률계산] ▶ 관할주민센터 강서구 발산제1동 ☎ 02)2600-7895	* 집합건물등기 소유권 ** 이 전 2013.06.14 300,000,000 전소유자: :(주) **** 개발 매매(2013.05.09) 근저당 **농협 (등촌시장지점) 2016.11.23 360,000,000 [말소기준권리] 가압류 임 ** 2017.09.22 300,000,000 가압류 신용보증기금 (강서지점) 2017.11.16 570,000,000 가압류 **농협 2017.11.29 329,342,217 가압류 신한 ** 2017.11.30 331,195,018 근저당 황 ** 2017.12.08 78,000,000 가압류 우리카드 (채권관리부) 2017.12.12 94,380,861 가압류 *** 캐피탈 2017.12.22 115,493,060 임 의 **농협 2018.01.16 (2018타경524) 청구액 223,981,316원

낙찰 후 말소기준권리
포함 모두 말소

특별한 문제가 없다. 사실상 권리분석상의 문제가 없으니 금액만 고민해서 입찰을 하면 될 것 같다.

서 울 남 부 지 방 법 원

2018타경524

매각물건명세서

사 건	2018타경524 부동산임의경매		매각 물건번호	1	작성 일자	2018.06.19	담임법관 (사법보좌관)		
부동산 및 감정평가액 최저매각가격의 표시	별지기재와 같음		최선순위 설정	2016.11.23. 근저당(공 동담보)			배당요구종기	2018.04.17	

부동산의 점유자와 점유의 권원, 점유할 수 있는 기간, 차임 또는 보증금에 관한 관계인의 진술 및 임차인이 있는 경우 배당요구 여부와 그 일자, 전입신고일자 또는 사업자등록신청일자와 확정일자의 유무와 그 일자

점유자 성 명	점유 부분	정보출처 구 분	점유의 권 원	임대차기간 (점유기간)	보 증 금	차 임	전입신고 일자, 사업자등록 신청일자	확정일자	배당 요구여부 (배당요구일자)
네오**	본건 부동산 전부	현황조사	점포 임차인		2,500만원	월154만원			

〈비고〉

❀ 최선순위 설정일자보다 대항요건을 먼저 갖춘 주택·상가건물 임차인의 임차보증금은 매수인에게 인수되는 경우가 발생 할 수 있고, 대항력과 우선변제권이 있는 주택·상가건물 임차인이 배당요구를 하였으나 보증금 전액에 관하여 배당을 받지 아니한 경우에는 배당받지 못한 잔액이 매수인에게 인수되게 됨을 주의하시기 바랍니다.

등기된 부동산에 관한 권리 또는 가처분으로 매각으로 그 효력이 소멸되지 아니하는 것
✓

매각에 따라 설정된 것으로 보는 지상권의 개요
✓

비고란
✓

문제 있는 상가

다음 상가는 권리분석상 하자와 더불어 이 상가건물의 상권력이 살아있는지 그렇지 않은지도 꼭 확인해야 한다. 이 상가는 오픈 상가로서 월드코아라는 상가건물 자체의 상권이 좋지 않다면 입찰 포기를 고려해야 한다.

■ **대전 조심상가 – 매각물건명세서상에 낙찰자가 인수할지도 모를 선순위임차인 요건을 갖춘 자가 있다**

[대전지방법원 2017타경 12295호 대전 유성구 지족동 근린상가]

대전 유성구 지족동에 있는 전용면적 5.68평의 근린상가다. 감정평가액은 1억 700만 원이다. 여섯 번 유찰되어서 최저경매가격은 3,670만 1,000원이다. 감정평가액이 시세와 비슷하다면 최저경매가격은 상당히 매력적이다.

등기부상 권리를 확인해보면 이 근린상가의 말소기준권리는 2016년 12월 27일에 설정된 근저당권이다. 하지만 낙찰 후 낙찰자가 잔금을 모두 납부하면 등기상의 하자는 모두 소멸한다.

[지족동] 근린상가	대전6계 2017-12295 (1) 경매6계(☎042-470-1806) [법원안내]			⊕관심사건등록 ⏚인쇄
구분	당일조회	누적조회	관심등록	경매대행
부동산태인	1	276	1	
대 법 원	0	68	14	

본 물건은 매각기일 1주일 전에 공개되는 법원의 매각물건명세서가 아직 공고되지 않은 상태입니다. 정확한 권리분석을 위해서 09월 12일 공개예정인 매각물건명세서를 꼭 확인하시기 바랍니다. 특히, 이미 1회 이상 유찰 또는 변경이 되었거나 재매각이 되는 물건의 경우에도 기존 매각물건명세서의 내용이 갱신되는 경우가 많으니 주의하시기 바랍니다.

대표소재지	[목록1] 대전 유성구 지족동 ***-* 월드코아 *층 ***호				
대 표 용 도	근린상가	채 권 자	**** 임의경매		
가 타 용 도	-	소 유 자	최**	신 청 일	2017.08.23
감정평가액	107,000,000원	채 무 자	최**	개시결정일	2017.08.24
최저경매가	(34.3%) 36,701,000원	경 매 대 상	건물전부, 토지전부	감 정 기 일	2017.09.07
입찰보증금	(10%) 3,670,100원	토 지 면 적	8.1㎡ (2.45평)	배당종기일	2017.11.13
청 구 금 액	42,179,052원	건 물 면 적	18.79㎡ (5.68평)	입찰예정일	2018.09.19
등기채권액	52,000,000원	제시외면적	0㎡	차기예정일	미정 (25,691,000원)
물 건 변 호	1 [유찰]				

소재지/감정서	면적(단위:㎡)	진행결과	임차관계/관리비	등기권리
(34086) [목록1] 대전 유성구 지족동***-* 월드코아 *층 ***호 지도 등기 토지이용 [구분건물] · 본건은 대전광역시 유성구 지족동 소재 노은역 북동측 인근에 위치하며, 주위는 주택 및 상가 혼용지대로서 인근에 아파트단지, 각종 근린생활시설, 주상용건물 등이 혼재하는 바, 제반 주위환경은 보통임. · 본건까지 차량출입 가능하며, 인근에 시내버스정류장 및 지하철노은역이 소재하는 바, 제반 대중교통 여건은 양호한 편임. · 철골철근콘크리트구조 (철근)콘크리트지붕 8층 중 제2층 제215-비호로서외 벽 : 법랑판넬, 강화유리 및 드라이비트 마감 등내 벽 : 페인팅 및 내부 인테리어 마감바닥 : 타일깔기 창호 : 새시창호임.	감정 107,000,000 대 지 · 8.1/2256.1㎡ (2.44평) 건 물 · 미용관련매장 18.79㎡ (5.68평) 총 8층 중 2층 보존등기 2003.02.11 토지감정 32,100,000 평당가격 13,155,740 건물감정 74,900,000 평당가격 13,186,620 감정기관 삼일감정	감정 107,000,000 100% 107,000,000 유찰 2018.02.20 70% 74,900,000 유찰 2018.03.27 49% 52,430,000 유찰 2018.05.02 100% 107,000,000 유찰 2018.06.05 70% 74,900,000 유찰 2018.07.11 49% 52,430,000 유찰 2018.08.16 34% 36,701,000 예정 2018.09.19 법원기일내역	▶ 법원임차조사 서 ** 사업 2015.11.23 확정 - 배당 - 보증 500만 차임 월10만 환산 1500만 점유 점포 (점유: 2015/12/01~2016/11/30) (현황서상) 송 ** 사업 2016.10.11 확정 - 배당 - 보증 200만 차임 월7만 환산 900만 점유 점포 (점유: 2016/09/26~2017/09/25) (현황서상) *총보증금:7,000,000 *총월세: 170,000 임대수익률계산	*집합건물등기 소유권 최 ** 이 전 2016.12.27 100,000,000 전소유자:이호형 매매(2016.12.14) 근저당 **축협 (자양동지점) 2016.12.27 52,000,000 [말소기준권리] 소유권 송 ** 가등기 2017.03.20 임 의 **축협 (자양동지점) 2017.08.25 (2017타경12295) 청구액 42,170,052원 [등기부채권총액] 52,000,000원 열람일 2018.02.02

낙찰 후 말소기준권리
포함 모두 말소

법원임차조사에 서모 씨와 송모 씨가 말소기준권리보다 사업자등록이 빨라서 선순위 요건을 갖추고 있다. 다만 두 사람 모두 배당요구를 하지 않아 낙찰자가 임차인들의 보증금을 추가로 인수해야 한다. 다만 선순위임차인들로 보이는 임차인들의 보증금이 크지 않아 그 금액을 감안하고 입찰할 수 있다. 확인되지 않았지만, 6번 유찰된 것은 아마도 오픈 상가이고, 그 상가의 활기가 죽었기 때문이 아닐까 생각해볼 수도 있다. 이후 제대로 된 권리분석은 최종 현장답사를 통해서 확인해야 한다.

매각물건명세서를 보면 이 사건 말소기준권리는 2016년 12월 27일에 설정된 근저당권이다. 조사된 임차내역에 서모 씨와 송모 씨가 있는데 말소기준권리보다 사업자등록이 빨라서 선순위임차인으로 보인다. 하지만 배당요

대 전 지 방 법 원

2017타경12295

매각물건명세서

사 건	2017타경12295 부동산임의경매		매각 물건번호	1	작성 일자	2018.05.18		담임법관 (판사)			(인)
부동산 및 감정평가액 최저매각가격의 표시		별지기재와 같음	최선순위 설정		2016.12.27.근저당권			배당요구종기		2017.11.13	

부동산의 점유자와 점유의 권원, 점유할 수 있는 기간, 차임 또는 보증금에 관한 관계인의 진술 및 임차인이 있는 경우 배당요구 여부와 그 일자, 전입신고일자 또는 사업자등록신청일자와 확정일자의 유무와 그 일자

점유자 성 명	점유 부분	정보출처 구 분	점유의 권 원	임대차기간 (점유기간)	보 증 금	차 임	전입신고 일자, 사업자등록 신청일자	확정일자	배당 요구여부 (배당요구일자)
서**		현황조사	- 임차인	2015/12/01~2 016/11/30	5,000,000	100,000	2015.11.23		
송**		현황조사	- 임차인	2016/09/26~2 017/09/25	2,000,000	70,000	2016.10.11		

〈비고〉
서** :2015. 11. 23. 사업자등록되어 있으나, 대항력 및 임대차관계는 불분명.
송** :2016. 10. 11. 사업자등록되어 있으나, 대항력 및 임대차관계는 불분명

※ 최선순위 설정일자보다 대항요건을 먼저 갖춘 주택·상가건물 임차인의 임차보증금은 매수인에게 인수되는 경우가 발생 할 수 있고, 대항력과 우선변제권이 있는 주택·상가건물 임차인이 배당요구를 하였으나 보증금 전액에 관하여 배당을 받지 아니한 경우에는 배당받지 못한 잔액이 매수인에게 인수되게 됨을 주의하시기 바랍니다.

등기된 부동산에 관한 권리 또는 가처분으로 매각으로 그 효력이 소멸되지 아니하는 것

✓

매각에 따라 설정된 것으로 보는 지상권의 개요

✓

비고란

현황 조사 당시에는 서** : 2015.11.23. 송** : 2016.10.11. 각 사업자등록되어 있었으나, 2018. 5. 9. 기준으로는 임대차관계 없음.

구를 하지 않았기 때문에 낙찰자가 그 보증금을 인수해야 한다. 다만 그 보증금이 크지는 않다. 바로 밑에 비고란에 임차인 두 명의 사업자등록이 선순위임차인 요건을 갖추고 있기 때문에 잘 조사해봐야 한다.

'등기된 부동산에 관한 권리 또는 가처분으로 매각으로 그 효력이 소멸하지 아니하는 것'에 아무런 내용이 없으니 특별히 등기부상에 인수할 것도 없다. '매각에 따라 설정된 것으로 보는 지상권의 개요'에도 아무 표시가 없다.

비고란을 보면 현황조사 당시에 확인한 임차인 두 명의 사업자등록이 되어 있다. 하지만 2018년 5월 9일에 임대차 관계가 없다고 되어 있다. 그러므

로 다시 선순위임차인 존재 여부를 확인해야 한다. 많은 유찰되었음에도 낙찰이 되지 않은 이유는 첫째로 권리상의 문제이거나, 둘째로 물건 자체의 문제일 수도 있다.

04 오피스텔의 지역분석과 물건분석은 어떻게 해야 할까

REAL ESTATE AUCTION

오피스텔은 주택이 아니기 때문에 오피스텔을 낙찰받을 때 가장 고려하는 것은 가격, 교통, 편의시설, 신축, 미래가치 등이다. 임대수익을 거두기 위해서 낙찰을 받는 경우가 많기 때문에 임대 수요가 많아야 한다. 그러나 오피스텔은 일반적으로 매매차익이 크지 않은 편이다.

오피스텔은 역세권의 신축, 대단지 오피스텔의 선호도가 가장 높은 편이며, 그 지역의 랜드마크 오피스텔의 선호도가 가장 높다. 또한 대형 평수보다는 소형 평수의 선호도가 더 높다. 특히 1~2인 가구의 증가로 더욱 소형 평수가 대세를 이룰 것으로 보인다.

지역분석 중요 포인트

오피스텔 지역분석에서 핵심은 교통이다. 특히 지하철 역세권인지 여부가 중요하다. 더불어 주위 편의시설도 중요한 포인트가 된다.

교통

지하철, 즉 역세권에 대한 선호도가 높다. 인기가 많은 오피스텔은 모두 역세권에 위치해 있다. 차선책으로 버스 노선이 많은 정류장이 근처에 있는 것도 좋다.

임대 수요와 임대료 수준

오피스텔은 전형적인 임대수익형 부동산으로, 매매차익을 노리는 부동산이 아니다. 따라서 오피스텔은 임대 수요가 많아야 한다. 대형 병원, 지식산업센터 또는 대형 오피스, 대학교, 일자리 등 배후지가 큰 곳에 대한 선호도가 높다. 배후지가 크면 클수록 그만큼 임대 수요는 많아지기 때문이다. 더불어 수요와 공급의 원리에 따라 임대료도 적정 수준까지 올라갈 수 있다.

경쟁 상품이 있는지 여부

고시원이나 원룸텔이 있는지 확인한다. 아무래도 임대 수요가 일정한데 주위에 고시원이나 원룸텔이 있다면 보다 저렴한 곳으로 수요가 이동할 수도 있다. 특히 대학가 오피스텔은 기숙사가 지어진다면 상당한 타격을 입을 수도 있다. 만약 사전에 그러한 정보를 얻는다면 빠르게 매도하는 것이 타당해 보인다.

물건분석 중요 포인트

오피스텔 물건분석에서 가장 중요한 것은 신축연도와 볼륨이다. 예전에 삼송역 임장을 다녀왔는데, 삼송역에 있는 힐스테이트 오피스텔의 가격이 높게 책정되어 있었다. 이유는 신축이고, 더불어 오피스텔로서는 4개 동으로 이루어져 있으며, 세대수도 많은 대단지이기 때문이다.

층과 향

오피스텔도 일조와 조망이 좋은 곳에 대한 선호도가 더 높은 편이다.

면적

오피스텔은 주거용으로 사용하거나 업무용으로 사용한다. 요즘에는 과거와 달리 원룸보다는 1.5룸이나 투룸을 선호하기도 하고, 복층의 선호도가 높은 경우도 있다. 오피스텔은 전용률이 중요하다. 오피스텔은 일반적으로 외관적으로 '몇 평형대'라고 하는데, 이것은 계약면적을 말한다. 오피스텔은 계약면적 대비 전용률이 50%인 것도 있고, 전용률이 60%인 것도 있다. 당연히 계약면적 대비 전용면적(실제 사용하는 내부면적)의 전용률이 높은 오피스텔이 가치가 더 높다.

주차장

요즘은 웬만하면 차량을 한 대씩은 보유하고 있다. 어떤 오피스텔은 차량 한 대만 무료 주차인 곳도 있고, 어떤 곳은 오피스텔 면적에 따라 무료이거나 유료인 곳도 있다. 또 면적과 상관없이 주차비를 받는 곳도 있다. 한 달에 주차비가 10만 원이 넘는다면 역시 차후 임차인을 구할 때 부담이 된다. 차량 한 대의 주차가 무료인 오피스텔이 선호도가 높다.

보존 상태

신축 오피스텔의 선호도가 가장 높다. 신축 5년 차가 가장 인기가 많고, 그다음에는 10년 차, 15년 차 이내의 오피스텔이 인기가 높다.

전자제품 상태

오피스텔은 풀옵션이 인기가 많다. 경매로 낙찰받는 오피스텔도 풀옵션인 경우가 많다. 하지만 전자제품은 수명이 있기 때문에 약 6~7년 정도 지나면 세탁기, 에어컨 등 전자제품이 고장 나기 시작한다. 1~2년 안에 고장 나는 전자제품은 수리해도 괜찮지만, 6~7년이 지나 고장 난 전자제품은 신제품으

로 교체하는 것이 보다 효율적이다.

관리비

오피스텔의 관리비는 같은 면적의 아파트보다는 1.5~2배 정도 비싼 편이다. 오피스텔도 소규모보다는 대규모, 즉 대단지 오피스텔의 관리비가 더 싼 편이다. 가끔은 관리비가 월세만큼 비싼 경우도 있다. 따라서 오피스텔을 낙찰받을 때는 관리비가 어느 정도인지를 확인해야 한다.

시세 확인

오피스텔의 시세 확인도 국토부실거래가 사이트를 통해서 확인하고 이후에 오피스텔 근처 중개업소 3~4군데에 들러 매매 시세와 월세 등을 확인한다. 아파트의 시세를 확인할 때 전세가도 중요하다. 아파트는 낙찰 후 전세를 주고 차후 미래가치(매매차익)를 기대할 수 있기 때문이다. 반면에 오피스텔은 매매차익을 거의 기대할 수 없기 때문에 전세가는 중요하지 않다. 대신 보증금과 월세가 중요하다.

경매를 통해 오피스텔을 낙찰받을 때에는 시세보다 싸게 사서 보증금과 월세를 감안한 수익률을 파악한 후 현재 시세 대비 차익을 남길 수 있는 적정한 낙찰가를 산정한다. 수익률을 높게 잡을수록 입찰가는 떨어지게 되고 낙찰확률은 낮아질 것이다. 반면에 수익률을 낮게 잡을수록 입찰가는 올라가게 되고, 낙찰 확률은 더욱 높아질 것이다.

오피스텔의 핵심은 수익률이다. 사실 오피스텔을 통해 매매차익을 남기기가 쉽지 않다. 따라서 일반적으로 오피스텔에 투자하는 사람들은 임대 수익률을 본다. 물론 수익률도 권리분석상의 문제가 없다는 전제 하에서 중요하다. 권리상에 하자가 있다면 올바른 재산권을 행사할 수 없게 될 수 있다.

문제없는 오피스텔

지역분석과 물건분석 후 입찰 전에는 권리분석을 제대로 해야 한다. 다음 오피스텔은 특별한 권리상의 문제가 없다.

■ 서울 안심 오피스텔 – 매각물건명세서상의 특별한 부담이 없다

[서울남부지방법원 2017타경 8521호 구로구 구로동 오피스텔]

구로구 구로동에 있는 오피스텔로 계약면적 약 10평형(전용면적 5.25평)이다. 감정평가액은 1억 2,500만 원으로 한 번 유찰되어 최저경매가격은 1억 원이다. 감정평가액이 시세와 비슷하다면 이번 최저경매가격은 상당히 매력적이다.

등기부상의 권리를 확인해보면 이 오피스텔의 말소기준권리는 2014년 6월 10일에 설정된 근저당권이다. 하지만 낙찰 후 낙찰자가 잔금을 모두 납부

[구로동] 오피스텔

남부4계 2017-8521 (1)

경매4계(☎02-2192-1334) [법원안내]   ⊙ 관심사건등록 🖨 인쇄

구분	당일조회	누적조회	관심등록	경매대행	
부동산태인	2	159	12	***	문의하기
대 법 원	3	14	14		

본 물건은 매각기일 1주일 전에 공개되는 법원의 매각물건명세서가 아직 공고되지 않은 상태입니다. 정확한 권리분석을 위해서 09월 04일 공개예정인 매각물건명세서를 꼭 확인하시기 바랍니다. 특히, 이미 1회 이상 유찰 또는 변경이 되었거나 재매각이 되는 물건의 경우에도 기존 매각물건명세서의 내용이 갱신되는 경우가 많으니 주의하시기 바랍니다.

대표소재지	[목록1] 서울 구로구 구로동 ***-* 그린플러스*** * 총 ***호				
대 표 용 도	오피스텔	채 권 자	유아이 ***	임의경매	
기 타 용 도	-	소 유 자	서 **	신 청 일	2017.08.21
감정평가액	125,000,000원	채 무 자	서 **	개시결정일	2017.08.21
최저경매가	(80%) 100,000,000원	경 매 대 상	건물전부, 토지전부	감 정 기 일	2017.09.04
입찰보증금	(10%) 10,000,000원	토 지 면 적	3.5㎡ (1.06평)	배당종기일	2017.11.22
청 구 금 액	82,553,835원	건 물 면 적	17.35㎡ (5.25평)	입 찰 일	2018.09.11(화)10:00
등기채권액	96,000,000원	제시외면적	0㎡	차기예정일	미정 (80,000,000원)
물 건 변 호	1 [진행]				

하면 등기상의 하자는 모두 소멸한다. 법원임차조사에 김모 씨가 있지만, 전입신고가 말소기준권리보다 늦어서 낙찰자가 특별히 인수해야 할 임차인은 없다. 입찰 금액만 고민해서 낙찰받으면 될 것으로 보인다.

매각물건명세서를 보면 최선순위설정, 즉 이 사건 말소기준권리는 2014년 6월 10일에 설정된 근저당권이다. 조사된 임차내역에 김모 씨가 있지만, 후순위임차인(말소기준권리보다 대항력이 느린 임차인)이라서 특별히 낙찰자가 인수해야 할 임차인은 없다. '등기된 부동산에 관한 권리 또는 가처분으로 매각으로 그 효력이 소멸하지 아니하는 것'에 해당 사항 없음으로 되어 있으니

소재지/감정서	면적(단위 : ㎡)	진행결과	임차관계/관리비	등기권리
(08301) [목록1] 서울 구로구 구로동●●●-●그린플러스 ●●● ●층 ●●●호 [지도] [등기] [토지이용] [구분건물] · 본건은 서울특별시 구로구 구로동 영림중학교 남동측 인근에 위치하며 부근은 오피스텔, 관공서, 학교, 근린생활시설등으로 형성 되어 있음. · 본건까지 차량 진출입 가능하고 인근에 노선버스정 류장이 소재하며 지하철역 (대림 역 2호선 및 7호선) 이용가능하며 제반 교통상 황은 보통임. · 철근콘크리트구조 (철근) 콘크리트지붕 16층건 중 제9층 901호로서외벽 : 석 재붙임마감등,내벽 : 벽지 및 일부 타일 마감등,창 호 : 샷시 창호임. · 오피스텔로 이용중임.	대 지 · 3.5/506.8㎡ (1.07평) 건 물 · 17.35㎡ (5.25평) 총 16층 중 9층 보존등기 2014.03.18 토지감정 75,000,000 평당가격 70,093,460 건물감정 50,000,000 평당가격 9,523,810 감정기관 우민감정	감정 125,000,000 100% 125,000,000 유찰 2018.07.24 80% 100,000,000 진행 2018.09.11 [법원기일내역]	▶ 법원임차조사 김 ●● 전입 2015.07.14 확정 2015.07.14 배당 2017.10.25 보증 2000만 차임 월50만 점유 제901호전부/주거 (점유 : 2015.7.10.~) *총보증금 : 20,000,000 *총월세 : 500,000 [임대수익률계산] ▶ 전입세대 직접열람 [GO] 김 ●● 2015.07.14 열람일 2018.07.11 ▶ 관할주민센터 구로구 구로제5동 ☎ 02-2620-7600	*집합건물등기 소유권 서 ●● 이 전 2014.06.10 126,700,000 전소유자 : 지필근 매매 (2014.05.19) 근저당 ●● 은행 2014.06.10 96,000,000 [말소기준권리] 소유권 (주) ●● 식품 가등기 2015.06.19 임 의 ●● 은행 (여신관리부) 2017.08.22 (2017타경8521) 청구액 82,556,835원 [등기부채권총액] 96,000,000원 열람일 2018.09.04

낙찰 후 말소기준권리 포함 모두 말소

특별히 등기부상에 인수할 것도 없다. '매각에 따라 설정된 것으로 보는 지상권의 개요'에도 해당 사항 없음이므로 특별한 문제는 없다. 또한 비고란에 '오피스텔로 이용 중임'이라는 것 역시 특별히 문제될 것은 없다. 사실상 권리분석상의 문제가 없으니 금액만 고민해서 입찰을 하면 될 것 같다.

■ 매각물건명세서 확인 : 권리분석 시 가장 중요한 검수 자료

서 울 남 부 지 방 법 원

2017타경8521

매각물건명세서

사 건	2017타경8521 부동산임의경매		매각 물건번호	1	작성 일자	2018.06.19	담임법관 (사법보좌관)		
부동산 및 감정평가액 최저매각가격의 표시	별지기재와 같음		최선순위 설정		2014.6.10.근저당		배당요구종기	2017.11.22	

부동산의 점유자와 점유의 권원, 점유할 수 있는 기간, 차임 또는 보증금에 관한 관계인의 진술 및 임차인이 있는 경우 배당요구 여부와 그 일자, 전입신고일자 또는 사업자등록신청일자와 확정일자의 유무와 그 일자

점유자 성 명	점유 부분	정보출처 구 분	점유의 권 원	임대차기간 (점유기간)	보 증 금	차 임	전입신고 일자, 사업자등록 신청일자	확정일자	배당 요구여부 (배당요구일자)
김**	전부	현황조사	주거 임차인	미상	미상	미상	2015.07.14	미상	
	제901호. 전부	권리신고	주거 임차인	2015.7.10.~	20,000,000	500,000	2015.7.14.	2015.7.14.	2017.10.25

〈비고〉

※ 최선순위 설정일자보다 대항요건을 먼저 갖춘 주택·상가건물 임차인의 임차보증금은 매수인에게 인수되는 경우가 발생 할 수 있고, 대항력과 우선변제권이 있는 주택·상가건물 임차인이 배당요구를 하였으나 보증금 전액에 관하여 배당을 받지 아니한 경우에는 배당받지 못한 잔액이 매수인에게 인수되게 됨을 주의하시기 바랍니다.

등기된 부동산에 관한 권리 또는 가처분으로 매각으로 그 효력이 소멸되지 아니하는 것
해당사항없음 ✓
매각에 따라 설정된 것으로 보는 지상권의 개요
해당사항없음 ✓
비고란
오페스텔로 이용중임

문제 있는 오피스텔

권리분석을 통해 문제가 있는지 없는지를 확인해야 하는데, 다음 오피스텔은 권리분석상 하자가 있어 보인다. 그 부분을 꼭 확인하고 입찰해야 한다.

■ 서울 조심 오피스텔 – 낙찰자는 낙찰 후에도 추가로 선순위전세권 1억 1,000만 원을 인수해야 한다

[서울남부지방법원 2018타경 296호 강서구 등촌동 오피스텔]

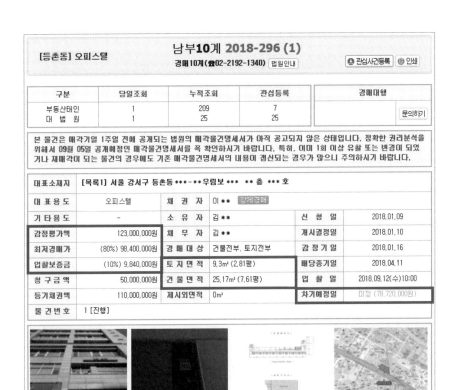

강서구 등촌동에 있는 계약면적 약 15평형(전용면적 7.61평)의 오피스텔이다. 감정평가액은 1억 2,300만 원으로 한 번 유찰되어서 최저경매가격은 9,840만 원이다. 감정평가액이 시세와 비슷하다면 최저경매가격은 상당히 매력적이다.

등기부상 권리를 확인해보면 이 오피스텔의 말소기준권리는 2018년 1월 10일에 설정된 강제경매등기다. 법원임차조사에서 **자동차의 전세권 1억 1,000만 원이 있는데, 선순위이기 때문에 낙찰자가 낙찰 대금 외에 추가로 인수해야 한다. 이 사건은 낙찰자가 잔금을 모두 납부한 후에도 추가로 1억

■ 등기부상 권리 확인

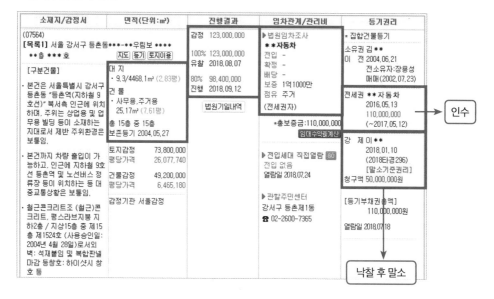

소재지/감정서	면적(단위 : ㎡)	진행결과	임차관계/관리비	등기권리
(07564) **[목록1]** 서울 강서구 등촌동 ***-**우림보 **** **층 *** 호 [지도] [등기] [토지이용] **[구분건물]** · 본건은 서울특별시 강서구 등촌동 "등촌역(지하철 9호선)" 북서측 인근에 위치하며, 주위는 상업용 및 업무용 빌딩 등이 소재하는 지대로서 제반 주위환경은 보통임. · 본건까지 차량 출입이 가능하고, 인근에 지하철 9호선 등촌역 및 노선버스 정류장 등이 위치하는 등 대중교통상황은 보통임. · 철근콘크리트조 (철근)콘크리트, 평스라브지붕 지하2층 / 지상15층 중 제15층 제1524호 (사용승인일 : 2004년 4월 28일)로서외 벽 : 석재붙임 및 복합판넬 마감 등창호 : 하이샷시 창호 등	**대 지** · 9.3/4468.1㎡ (2.83평) **건 물** · 사무용, 주거용 25.17㎡ (7.61평) 총 15층 중 15층 보존등기 2004.05.27 토지감정 73,800,000 평당가격 26,077,740 건물감정 49,200,000 평당가격 6,465,180 감정기관 서울감정	감정 123,000,000 100% 123,000,000 유찰 2018.08.07 80% 98,400,000 진행 2018.09.12 [법원기일내역]	▶ 법원임차조사 ****자동차** 전입 - 확정 - 배당 - 보증 1억1000만 점유 주거 (전세권자) *총보증금:110,000,000 [임대수익률계산] ▶ 전입세대 직접열람 60 전입 없음 열람일 2018.07.24 ▶ 관할주민센터 강서구 등촌제1동 ☎ 02-2600-7365	* 집합건물등기 소유권 김** 이 전 2004.06.21 전소유자:장용성 매매(2002.07.23) **전세권 **자동차** 2016.05.13 110,000,000 (~2017.05.12) 강 제 이** 2018.01.10 (2018타경296) [말소기준권리] 청구액 50,000,000원 [등기부채권총액] 110,000,000원 열람일 2018.07.18

인수

낙찰 후 말소

1,000만 원을 인수해야 하기 때문에 쉽게 낙찰되기는 어려울 것으로 보인다.

매각물건명세서를 보면 최선순위설정, 즉 이 사건 말소기준권리로는 2018년 1월 10일에 설정된 강제경매개시결정기입 등기다. 조사된 임차내역에 **자동차가 있으며, 전세권이 설정되어 있다. 비고란에 전세권 설정등기일을 다시 확인하고 있다.

'등기된 부동산에 관한 권리 또는 가처분으로 매각으로 그 효력이 소멸하지 아니하는 것'에 을구 순위 8번 전세권 설정등기는 말소되지 않고 낙찰자가 인수한다고 되어 있다(선순위전세권은 배당요구를 하지 않으면 낙찰자가 그 전세권을 인수하게 된다). '매각에 따라 설정된 것으로 보는 지상권의 개요'와 비고란에는 특별한 표시가 없다.

이 사건은 낙찰자가 낙찰을 받고도 추가로 선순위전세권 1억 1,000만 원

■ 매각물건명세서 확인 : 권리분석 시 가장 중요한 검수 자료

서 울 남 부 지 방 법 원

2018타경296

매각물건명세서

사 건	2018타경296 부동산강제경매	매각 물건번호	1	작성 일자	2018.06.27	담임법관 (사법보좌관)		한동욱	
부동산 및 감정평가액 최저매각가격의 표시	별지기재와 같음	최선순위 설정		2018.01.10. 강제경매개 시결정		배당요구종기		2018.04.11	

부동산의 점유자와 점유의 권원, 점유할 수 있는 기간, 차임 또는 보증금에 관한 관계인의 진술 및 임차인이 있는 경우 배당요구 여부와 그 일자, 전입신고일자 또는 사업자등록신청일자와 확정일자의 유무와 그 일자

점유자 성 명	점유 부문	정보출처 구 분	점유의 권 원	임대차기간 (점유기간)	보 증 금	차 임	전입신고 일자, 사업자등록 신청일자	확정일자	배당 요구여부 (배당요구일자)
●●자 동차(주)	본건 부동산 전무	현황조사	주거 임차인		1억1천만원				
●●자 동차주 식회사	건물전 무	등기사항 전부증명 서	조사된 내용없음 전세권자	2017.05.12까 지	110,000,000원				
		현황조사	주거 전세권자						

〈비고〉
●● 자동차주식회사:전세권자로서 전세권설정등기일은 2016.05.13.

※ 최선순위 설정일자보다 대항요건을 먼저 갖춘 주택·상가건물 임차인의 임차보증금은 매수인에게 인수되는 경우가 발생 할 수 있고, 대항력과 우선변제권이 있는 주택·상가건물 임차인이 배당요구를 하였으나 보증금 전액에 관하여 배당을 받지 아니한 경우에는 배당받지 못한 잔액이 매수인에게 인수되게 됨을 주의하시기 바랍니다.

등기된 부동산에 관한 권리 또는 가처분으로 매각으로 그 효력이 소멸되지 아니하는 것

을구 순위 8번 전세권설정등기(2016.05.13.등기)는 말소되지 않고 매수인에게 인수됨

매각에 따라 설정된 것으로 보는 지상권의 개요

✓

비고란

을 인수해야 한다. 때문에 이런 물건을 유찰되어 가격이 조금 떨어졌다고 해서 낙찰받아서는 안 된다.

05 토지의 지역분석과 물건분석은 어떻게 해야 할까

REAL ESTATE AUCTION

토지는 부동성과 부증성의 특징이 있다. 이동이 불가능하고, 생산도 불가능하다. 그로 인해 토지의 개별성과 희소성이 유발된다. 그래서 토지는 입지가 중요하고, 따라서 지역분석과 물건분석이 중요하다. 일반적으로 토지는 장기 투자 부동산 중 하나이지만 꼭 그런 것만도 아니다. 이슈가 있거나 호재가 있는 지역은 단기적으로도 충분히 수익을 낼 수 있다.

토지를 낙찰받을 때에도 가장 중요한 포인트는 지역분석으로는 미래가치, 교통 등을 중요하게 봐야 한다. 그리고 물건분석으로는 진입로 여부와 용도 지역 등이 중요하다.

지역분석 방법

토지의 지역분석에서 핵심은 교통이다. 도로망이 중요하다. 더불어 혐오시설이 있다면 상당한 부담이 된다.

교통

지하철이나 철도, GTX나 KTX역에 가까우면 좋다. 도로망이 잘 개설된 곳이 좋고, IC^{interchange} 근처라면 더욱 좋겠다.

발전 가능성(호재)

그 토지가 있는 지역에 대기업이 이전하거나. 지하철역이나 철도역이 생기거나, 새로운 도로가 개설되는 등 개발호재가 있다면 금상첨화다. 따라서 항상 정부의 정책이나 뉴스에 관심을 갖는 것도 중요하다.

혐오시설

혐오시설이 있는 곳이라면 일단 피하자. 대표적인 혐오시설은 공동묘지, 송전탑, 변전소, 화장터, 비행장, 축사 등이다.

물건분석 중요 포인트

토지의 물건분석에서 핵심은 도로가 접해 있는지 여부와 용도 지역이다. 그리고 땅의 크기와 모양 그리고 향도 중요하다.

면적과 향

토지는 투자용으로 낙찰을 받든 또는 개발을 위해 낙찰을 받든 일정한 크기여야 한다. 다만 주택이나 상가주택을 건축할 것이라면 약 40~50평 정도가 적당하다. 토지가 너무 크거나 너무 작은 것도 단점이다. 역시 적당한 크기의 토지가 차후 매도할 때도 용이하다. 더불어 토지의 향도 가급적이면 남향이면 더욱 좋다.

모양

토지의 모양은 정방형과 장방형, 부정형 등이 있다. 정방형은 정사각형 모양의 토지이고, 장방형은 가로나 세로의 길이가 더 긴 사각형 모양이다. 마지막으로 부정형은 불규칙한 모양이다. 투자자들이 가장 선호하는 모양은 정방형이고, 부정형이나 직삼각형 등은 선호하지 않는다.

■ 토지 모양

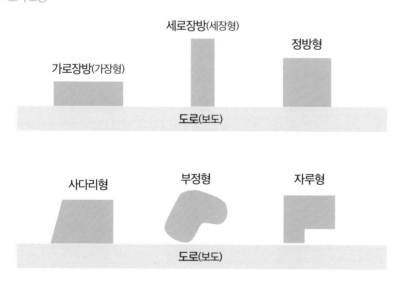

용도 지역

토지를 낙찰받을 때 가장 중요한 것 중에 하나가 바로 그 토지의 용도 지역이다. 용도 지역에 따라 건폐율과 용적률 그리고 건축할 수 있는 건축물이 달라진다. 토지의 용도 지역을 확인하는 서류는 토지이용계획확인서이고, 용도 지역에 따른 건폐율과 용적률 그리고 건축할 수 있는 건축물은 국토의 계획 및 이용에 관한 법률에 나와 있다. 더불어 그 토지의 최종 건폐율과 용적률 등은 국토의 계획 및 이용에 관한 법률에 의해 각 지자체의 조례로 최종 확정된다.

진입로

토지를 낙찰받을 때 가장 중요한 것 중 하나가 바로 진입로다. 토지는 도로가 접해 있어야 한다. 도로가 접해 있지 않는 토지를 맹지라고 하는데, 맹지는 원칙적으로 건축 행위를 할 수 없다.

지목

토지의 주된 용도에 따라 토지의 종류를 구분해서 표시한 이름으로, 지목은 28개다. 우리가 토지를 낙찰받을 때 농지를 낙찰받는 경우가 있따. 이때 농지취득자격증명원을 발급받아 매각결정기일까지 제출해야 한다. 농지는 전, 답, 과를 말한다.

시세 확인

토지의 시세는 국토부 실거래가 사이트나 밸류맵 사이트 등을 통해서 간접적으로 확인한다. 최종적으로는 토지가 있는 인근 중개업소에 들러 시세

■ 용도 지역에 따른 건폐율과 용적률

용도 지역			내용	건폐율 (%)	용적률 (%)
도시지역	주거지역	전용주거지역 제1종	단독주택 중심의 양호한 주거환경	50	100
		전용주거지역 제2종	공동주택 중심의 양호한 주거환경	50	150
		일반주거지역 제1종	저층 주택을 중심으로 편리한 주거환경 조성	60	200
		일반주거지역 제2종	중층 주택을 중심으로 편리한 주거환경 조성	60	250
		일반주거지역 제3종	중·고층 주택을 중심으로 편리한 주거환경 조성	50	300
		준주거지역	주거기능을 위주로 이를 지원하는 일부 상업기능 및 업무기능을 보완	70	500
	상업지역	중심상업지역	도심, 부도심의 상업기능 및 업무기능의 확충	90	1,500
		일반상업지역	일반적인 상업기능 및 업무기능을 담당	80	1,300
		유통상업지역	도시 내 및 지역 간 유통기능의 증진	80	1,100
		근린상업지역	근린 지역에서의 일용품 및 서비스의 공급	70	900
	공업지역	전용공업지역	주로 중화학공업, 공해성공업 등을 수용	70	300
		일반공업지역	환경을 저해하지 아니하는 공업의 배치	70	350
		준공업지역	경공업, 그 밖의 공업을 수용하되 주거, 상업, 업무기능의 보완	70	400
	녹지지역	보전녹지지역	도시의 자연환경, 경관, 산림 및 녹지공간 보전	20	80
		생산녹지지역	주로 농업적 생산 개발을 유보	20	100
		자연녹지지역	도시 녹지공간의 확보, 도시확산의 방지, 장래 도시용지의 공급 등을 위해 보전할 필요가 있는 지역으로서 불가피한 경우에 한하여 제한적인 개발이 허용되는 지역	20	100
비도시지역	관리지역	보전관리지역	자연환경보호, 산림보호, 수질오염 방지, 녹지공간 확보 및 생태계 보전 등을 위해 보전이 필요하나 주변용도 지역과의 관계 등을 고려할 때 자연환경보전지역으로 지정하여 관리하기가 곤란한 지역	20	80
		생산관리지역	농업, 임업, 어업 생산 등을 위해 관리가 필요하나 주변 용도 지역과의 관계 등을 고려할 때 자연환경보전지역으로 지정하여 관리하기가 곤란한 지역	20	80
		계획관리지역	도시지역으로의 편입이 예상되는 지역이나 자연환경을 고려하여 제한적인 이용, 개발을 하려는 지역으로서 계획적·체계적 관리가 필요한 지역	40	100
	농림지역		도시지역에 속하지 아니하는 농지법에 따른 보전산지 등으로서 농림업을 진흥시키고 산림을 보전하기 위해 필요한 지역	20	80
	자연환경보전지역		자연환경, 수자원, 해안, 생태계, 상수원 및 문화재의 보전과 수산자원의 보호, 육성 등을 위해 필요한 지역	20	80

서울시 건폐율과 용적률은 서울특별시 법무행정 서비스에서, 각 지자체 건폐율과 용적률은 자치법규정보 시스템에서 확인

를 확인해야 한다. 3~4군데 이상의 중개업소를 들러 시세와 그 지역의 개발 호재나 악재 등을 확인하는 것이 좋다.

일반적으로 토지의 시세는 공시지가의 2~3배 정도다. 그러나 꼭 그런 것만은 아니다. 맹지인 토지는 오히려 공시지가보다 시세가 낮은 경우도 있고, 주위에 최근 개발호재가 있는 곳은 시세가 공시지가의 10배가 넘는 곳도 있다.

셀교수TIP

부동산을 낙찰받을 때에는 항상 매도를 생각하면서 낙찰을 받는다. 낙찰받은 아파트, 빌라, 오피스텔, 상가, 토지를 차후에 매도할 때 다른 사람들이 매수하기 원하는 부동산인지 아닌지를 말이다. 부동산을 볼 때는 나의 주관적인 생각도 중요하지만 '역지사지', 즉 일반적인 사람들이 좋아하는 부동산이 결국에는 인기 많고 좋은 부동산이다.

토지는 통상 차후 건축 행위를 할 수 있는지가 핵심이다. 즉 원하는 건물을 지을 수 있는지도 중요하다. 더불어 주위에 개발호재 등이 있다면 더욱 좋다.

문제없는 토지

지역분석과 물건분석을 한 후 입찰하기 전에 권리분석을 제대로 해야 한다. 다음의 토지는 용인시에 있는 답(논)으로 권리분석을 해보면 권리상 특별한 문제가 없는 것으로 보인다. 좀 더 자세히 분석해보자.

■ 경기 안심 토지 – 매각물건명세서상의 특별한 부담이 없다

[수원지방법원 2017타경 21007호 (3) 용인시 처인구 남사면의 답(논)]

용인시 처인구 남사면 봉무리에 있는 토지 면적 715.11평의 답(논)이다. 감정평가액은 2억 2,221만 6,000원으로, 한 번 유찰되어서 최저경매가격은 1억 5,555만 1,000원이다. 감정평가액이 시세와 비슷하다면 이번 최저경매가격은 상당히 매력적이다. 이 사건에 경매 입찰 시 입찰표를 기재할 때 사건번호 외에 물건번호 (3)도 반드시 기재해야 한다.

등기부상 권리를 확인해보면 이 토지의 말소기준권리는 2011년 12월 13

[남사면] 답		수원5계 2017-21007 (3)			
		경매5계(☎031-210-1265) [법원안내]		⊕관심사건등록 ⊜인쇄	

구분	당일조회	누적조회	관심등록	경매대행
부동산태인	1	97	4	
대 법 원	3	14	14	문의하기

본 물건은 매각기일 1주일 전에 공개되는 법원의 매각물건명세서가 아직 공고되지 않은 상태입니다. 정확한 권리분석을 위해서 09월 07일 공개예정인 매각물건명세서를 꼭 확인하시기 바랍니다. 특히, 이미 1회 이상 유찰 또는 변경이 되었거나 재매각이 되는 물건의 경우에도 기존 매각물건명세서의 내용이 갱신되는 경우가 많으니 주의하시기 바랍니다.

대표소재지	[목록3] 경기 용인시 처인구 남사면 봉무리 ***				
대 표 용 도	답	채 권 자	**농협 [임의경매]		
기 타 용 도	-	소 유 자	이**	신 청 일	2017.08.21
감정평가액	222,216,000원	채 무 자	이**	개시결정일	2017.09.07
최저경매가	(70%) 155,551,000원	경 매 대 상	토지전부	감 정 기 일	2017.09.26
입찰보증금	(10%) 15,555,100원	토 지 면 적	2364㎡ (715.11평)	배당종기일	2017.11.23
청 구 금 액	1,893,866,036원	건 물 면 적	0㎡	입 찰 일	2018.09.14(금)10:30
등기채권액	2,030,000,000원	제시외면적	0㎡	차기예정일	미정 (108,886,000원)
물 건 번 호	1[진행] 2[진행] 3[진행] 4[진행] 5[진행] 6[진행] 7[진행] 8[진행]				

일에 설정된 근저당권이다. 하지만 낙찰 후 낙찰자가 잔금을 모두 납부하면 등기상의 하자는 모두 소멸한다. 법원임차조사에서는 조사된 임차내역은 없어서 낙찰자가 특별히 인수해야 할 임차인은 없다. 입찰 금액만 고민해서 낙찰받으면 될 것으로 보인다.

매각물건명세서를 보면 이 사건 말소기준권리는 2011년 12월 13일에 설정된 근저당권이다. 조사된 임차내역은 없어서 특별히 낙찰자가 인수해야 할 임차인은 없다.

'등기된 부동산에 관한 권리 또는 가처분으로 매각으로 그 효력이 소멸하지 아니하는 것'에 아무 표시가 없으니 문제가 없다. '매각에 따라 설정된 것

소재지/감정서	면적(단위:㎡)	진행결과	임차관계/관리비	등기권리
(17118) 【목록3】경기 용인시 처인구 남사면 봉무리 ●●● [지도] [등기] [토지이용] [토지대장] [토지] · 경기도 용인시 처인구 남사면 봉무리 소재 남사중학교 북동측 인근 또는 근거리에 위치하며 주위는 주택, 전, 답 및 임야 등이 혼재하는 지역으로 주위환경은 보통시됨. · 본건까지 차량접근 가능하며 대중교통사정은 버스정류장까지의 거리 및 운행빈도 등으로 보아 보통임. · 부정형의 평지로 답으로 이용 중임. · 남동측 및 남서측으로 노폭 약 2-3미터 내외의 포장도로에 접함. · 농지취득자격증명필요 ▶토지이용계획 · 도시지역 · 생산녹지지역 · 공장설립승인지역 · 가축사육제한구역 · 농업진흥구역 · 하천구역 · 성장관리권역	답 · 2364㎡ (715.11평) 감정지가 94,000/㎡ 토지감정 222,216,000 평당가격 310,750 감정기관 세정감정	감정 222,216,000 100% 222,216,000 유찰 2018.08.10 70% 155,551,000 진행 2018.09.14 법원기일내역	▶법원임차조사 조사된 임차내역 없음	* 토지등기 (봉무리 344-2) 근저당 ●●농협 2011.12.13 2,030,000,000 [말소기준권리] 소유권 이 ** 이 전 2017.08.31 전소유자:이우석 상속(2017.06.20) 임 의 ●●농협 2017.09.08 (2017타경21007) 청구액 1,893,866,036원 [등기부채권총액] 2,030,000,000원 열람일 2018.07.25 낙찰 후 말소기준권리 포함 모두 말소

으로 보는 지상권의 개요'에도 아무런 표시가 없어 문제가 없다. 비고란에 매각결정기일까지 농지취득자격증명 요함(미제출 시 보증금 미반환)으로 되어 있다.

농지이기 때문에 낙찰을 받으면 남사면사무소나 정부24에서 농지취득자격증명을 발급받아 매각결정기일까지 해당 경매계에 제출해야 한다. 만약 아무런 사유 없이 제출하지 못하면 매각이 불허가 되고, 입찰 보증금은 몰수된다.

수 원 지 방 법 원

2017타경21007

매각물건명세서

사 건	2017타경21007 부동산임의경매		매각물건번호	3	작성일자	2018.07.20	담임법관 (사법보좌관)		
부동산 및 감정평가액 최저매각가격의 표시	별지기재와 같음		최선순위 설정	2011.12.13.근저당권			배당요구종기	2017.11.23	

부동산의 점유자와 점유의 권원, 점유할 수 있는 기간, 차임 또는 보증금에 관한 관계인의 진술 및 임차인이 있는 경우 배당요구 여부와 그 일자, 전입신고일자 또는 사업자등록신청일자와 확정일자의 유무와 그 일자

점유자의 성 명	점유부분	정보출처 구 분	점유의 권 원	임대차기간 (점유기간)	보 증 금	차 임	전입신고일자,사업자등록 신청일자	확정일자	배당요구여부 (배당요구일자)
				조사된 임차내역없음					

※ 최선순위 설정일자보다 대항요건을 먼저 갖춘 주택·상가건물 임차인의 임차보증금은 매수인에게 인수되는 경우가 발생 할 수 있고, 대항력과 우선변제권이 있는 주택·상가건물 임차인이 배당요구를 하였으나 보증금 전액에 관하여 배당을 받지 아니한 경우에는 배당받지 못한 잔액이 매수인에게 인수되게 됨을 주의하시기 바랍니다.

등기된 부동산에 관한 권리 또는 가처분으로 매각으로 그 효력이 소멸되지 아니하는 것

✓

매각에 따라 설정된 것으로 보는 지상권의 개요

✓

비고란

매각결정기일까지 농지취득자격증명 요함(미제출시 매수신청 보증금 미반환).

문제 있는 토지

다음 토지는 권리분석상 하자가 있어 보이는데, 그 부분을 꼭 확인하고 입찰해야 한다.

■ 경기 조심 토지 – 선순위로 소유권이전청구권가등기가 되어 있어서 차후 낙찰자가 낙찰 후에도 소유권을 빼앗길 수 있다

[수원지방법원 2018타경 505915호 화성시 장지동의 전(밭)]

경기 화성시 장지동에 있는 토지 면적 258.03평의 전(밭)이다.

구분	당일조회	누적조회	관심등록	경매대행
부동산태인	1	135	4	문의하기
대 법 원	0	0	0	

본 물건은 매각기일 1주일 전에 공개되는 법원의 매각물건명세서가 아직 공고되지 않은 상태입니다. 정확한 권리분석을 위해서 09월 28일 공개예정인 매각물건명세서를 꼭 확인하시기 바랍니다. 특히, 이미 1회 이상 유찰 또는 변경이 되었거나 재매각이 되는 물건의 경우에도 기존 매각물건명세서의 내용이 경신되는 경우가 많으니 주의하시기 바랍니다.

대표소재지	[목록1] 경기 화성시 장지동 ***			
대표용도	전	채 권 자	(주)노블 *** 강제경매	
기타용도	-	소 유 자	신**	신 청 일	2018.04.30
감정평가액	260,165,000원	채 무 자	신**	개시결정일	2018.05.03
최저경매가	(70%) 182,116,000원	경매대상	토지전부	감 정 기 일	2018.05.18
입찰보증금	(10%) 18,211,600원	토지면적	853㎡ (258.03평)	배당종기일	2018.07.19
청 구 금 액	319,991,022원	건물면적	0㎡	입찰예정일	2018.10.05
등기채권액	0원	제시외면적	0㎡	차기예정일	미정 (127,481,000원)
물 건 변 호	1 [유찰]			

감정평가액은 2억 6,016만 5,000원으로 한 번 유찰되어서 이번 최저경매가격은 1억 8,211만 6,000원이다. 감정평가액이 시세와 비슷하다면 최저경매가격은 상당히 매력적이다.

토지등기권리를 살펴보면 이 전(밭)의 말소기준권리는 2018년 5월 3일에 설정된 근저당권이다. 낙찰 후 낙찰자가 잔금을 모두 납부해도 이 사건 말소기준권리보다 앞서 등기된 남모 씨의 선순위소유권이전청구권가등기는 인수하게 된다. 즉 차후 낙찰자가 소유권을 빼앗길 수도 있다.

법원임차조사에서는 조사된 임차내역이 없어서 낙찰자가 특별히 인수해야 할 임차인은 없다. 다만 소유권이전청구권기등기가 선순위인 것이 문제

■ 등기부상 권리 확인

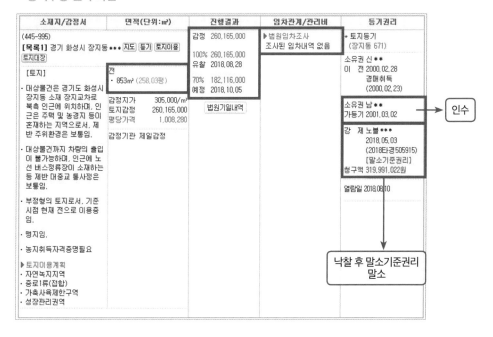

소재지/감정서	면적(단위:㎡)	진행결과	임차관계/관리비	등기권리

(445-995)
[목록1] 경기 화성시 장지동 ••• 지도 등기 토지이용
토지대장
 	
[토지]
· 대상물건은 경기도 화성시 장지동 소재 장지교차로 북측 인근에 위치하며, 인근은 주택 및 농경지 등이 혼재하는 지역으로서, 제반 주위환경은 보통임.
 	
· 대상물건까지 차량의 출입이 불가능하며, 인근에 노선 버스정류장이 소재하는 등 제반 대중교 통사정은 보통임.
 	
· 부정형의 토지로서, 기준시점 현재 전으로 이용중임.
 	
· 맹지임.
 	
· 농지취득자격증명필요
 	
▶토지이용계획
· 자연녹지지역
· 중로1류(접합)
· 가축사육제한구역
· 성장관리권역
	전
	· 853㎡ (258.03평)
	
	감정지가 305,000/㎡
	토지감정 260,165,000
	평당가격 1,008,280
	
	감정기관 제일감정
		감정 260,165,000
		
		100% 260,165,000
		유찰 2018.08.28
		
		70% 182,116,000
		예정 2018.10.05
		
		법원기일내역
			▶법원임차조사
			조사된 임차내역 없음
				* 토지등기
				(장지동 671)
				
				소유권 신 **
				이 전 2000.02.28
				  경매취득
				  (2000.02.23)
				
				소유권 남**
				가등기 2001.03.02 → 인수
				
				강 제 노블 ***
				  2018.05.03
				  (2018타경505915)
				  [말소기준권리]
				  청구액 319,991,022원
				
				열람일 2018.08.10
				
				↓
				낙찰 후 말소기준권리 말소

이다. 만약 소유권이전청구권가등기권자가 차후 본등기를 하게 되면 낙찰자는 소유권을 상실한다.

최종 권리분석을 위해 매각물건명세서를 보면 이 사건 말소기준권리는 2018년 5월 3일에 설정된 경매개시결정등기다. 조사된 임차내역은 없어서 특별히 낙찰자가 인수해야 할 임차인은 없다. '등기된 부동산에 관한 권리 또는 가처분으로 매각으로 그 효력이 소멸하지 아니하는 것'에 갑구 순위 2번 소유권이전청구권가등기라고 표시되어 있으므로 낙찰자는 그 가등기를 추가로 인수해야 한다. '매각에 따라 설정된 것으로 보는 지상권의 개요'에도 아무런 표시가 없어 문제가 없다.

비고란에 농지취득자격증명 요함(미제출 시 보증금 미반환)으로 되어 있다.

수 원 지 방 법 원

2018타경505915

매각물건명세서

사 건	2018타경505915 부동산강제경매	매각물건번호	1	작성일자	2018.08.09	담임법관(사법보좌관)		
부동산 및 감정평가액 최저매각가격의 표시	별지기재와 같음	최선순위 설정		2018.05.03. 개시결정		배당요구종기	2018.07.19	

부동산의 점유자와 점유의 권원, 점유할 수 있는 기간, 차임 또는 보증금에 관한 관계인의 진술 및 임차인이 있는 경우 배당요구 여부와 그 일자, 전입신고일자 또는 사업자등록신청일자와 확정일자의 유무와 그 일자

점유자의 성 명	점유부분	정보출처 구 분	점유의 권 원	임대차기간 (점유기간)	보증금	차 임	전입신고일자,사업자등록 신청일자	확정일자	배당요구여부 (배당요구일자)
				조사된 임차내역없음					

※ 최선순위 설정일자보다 대항요건을 먼저 갖춘 주택·상가건물 임차인의 임차보증금은 매수인에게 인수되는 경우가 발생 할 수 있고, 대항력과 우선변제권이 있는 주택·상가건물 임차인이 배당요구를 하였으나 보증금 전액에 관하여 배당을 받지 아니한 경우에는 배당받지 못한 잔액이 매수인에게 인수되게 됨을 주의하시기 바랍니다.

등기된 부동산에 관한 권리 또는 가처분으로 매각으로 그 효력이 소멸되지 아니하는 것

갑구 순위 2번 소유권이전청구권 가등기(2001. 3. 2. 등기)

매각에 따라 설정된 것으로 보는 지상권의 개요

✓

비고란

1. 농지취득자격증명 요함 (미제출시 매수보증금 반환하지 않음)
2. 갑구 순위 2번 소유권이전청구권 가등기(2001. 3. 2. 등기)는 말소되지 않고 매수인이 인수함 (만약 가등기된 매매예약이 완결되는 경우에는 매수인이 소유권을 상실하게 됨)

농지이기 때문에 낙찰받으면 화성시청이나 정부24에서 농지취득자격증명을 발급받아 매각결정기일까지 해당 경매계에 제출해야 한다. 만약 아무런 사유 없이 제출하지 못하면 입찰 보증금은 몰수된다.

또한 선순위소유권이전청구권가등기는 낙찰자가 인수하고, 차후 본등기를 하게 되면 낙찰자는 소유권을 상실하게 된다. 따라서 사실상 입찰하기 곤란한 사건이다.

Q 검색해서 경매 물건을 찾은 후 현장에 갈 때 유의사항은 뭔가요?

A 현장에 가기 전 그 지역의 정보를 많이 알고 가는 게 좋습니다. 특히 네이버지도 나 다음지도의 로드뷰 그리고 네이버부동산 등을 통해서 그 지역에 대한 정보를 개괄적으로 알고 가는 게 중요합니다. 참고로 필자는 처음 가는 곳은 지도를 꼼꼼히 보고, 네이버카페나 블로그에 나온 다른 사람의 임장 후기, 그 지역의 뉴스나 호재 등을 체크하고 갑니다.

Q 부동산의 시세와 그 지역에 대한 정보는 어디서 확인하고, 어떻게 확인하면 좋을까요?

A 부동산 소재지 근처에 가면 대부분 부동산중개업소가 있습니다. 입찰을 할 거라면 부동산 근처의 중개업소 3~4군데를 방문해서 시세와 그 지역의 부동산 정보를 확인합니다. 중개업소에 가서 유의할 것은 그 지역의 호재보다는 악재를 먼저 물어봐야 합니다. 왜냐하면 GTX가 들어온다, 경인고속도로가 지하화된다, 큰 병원이 들어와서 수요가 많아진다 등의 호재는 물어보지 않아도 잘 가르쳐주기 때문입니다. 반면에 악재는 물어보지 않으면 굳이 말해주지 않습니다. 그러므로 근처에 대형 변전소가 있다거나 조만간 근처에 비행장이 들어온다 등의 악재를 먼저 물어보세요.

Q 임장은 언제 가나요?

A 경매로 나온 물건에 대한 임장은 경매가 신건일 때 가는 것이 좋습니다. 그러면 중개업소에서도 경매에 대한 정보를 얻게 되므로 그 지역과 물건에 대한 정보를 많이 주게 됩니다. 만약 여러 번 유찰돼서 가면 이미 많은 사람이 중개업소에 다녀간 뒤라 중개업소에서 상당히 싫어하는 편입니다. 또한 아파트를 임장하러 간다면 거실 향에 맞추어서 해가 있는 날에 꼭 가셔서 일조에 대한 문제가 없는지 확인합니다. 임장은 자주 많이 가보는 게 좋습니다. 더불어 아파트 단지 내와 외부의 분위기도 어떤지 잘 확인하세요. 상가를 임장 간다면 오전, 오후, 야간, 주중, 주말로 나누어 여러 차례 가서 유동인구가 많은지, 장사를 하고 있는지, 장사가 잘되는지 등을 확인하는 것도 중요합니다.

Q 경매로 나온 부동산의 내부를 임장에서 확인할 수 있나요?

A 경매가 일반 매매보다 저렴한 이유는 내부를 꼼꼼히 볼 수 없는 점과 명도를 낙찰자가 직접 해야 하기 때문입니다. 여러분이 공부를 위해 임장을 간다면 경매로 나온 아파트의 벨을 누르면 안 됩니다. 그것은 예의가 아니지요. 그러나 입찰을 할 거라면 반드시 벨을 눌러서 현재의 점유자를 만나서 이야기해보는 게 중요합니다. 운이 좋으면 내부를 보여주는 경우도 있습니다. 필자도 여러 차례 점유자가 내부를 보여준 적이 있습니다. 그러나 대부분의 점유자는 내부를 보여주지 않습니다. 그래서 아파트인 경우 같은 단지, 같은 동이나 다른 동에 나온 매물을 통해서 간접적으로 구조 등을 확인합니다.

Q 신건에 감정가보다 높게 낙찰되는 경우도 있는데, 왜 그런가요?

A 감정가가 시세보다 저평가된 경우가 있을 수 있습니다. 또는 감정평가 후 매각 시점에 텀이 있어서 그사이에 부동산 가격이 상승한 경우도 있습니다. 또한 현장에 가보니 감정가가 현 시세와 비슷한데 매물이 하나도 없고, 더불어 차후 이 아파트 가격이 상승할 것으로 판단된다면 감정가보다 높게 낙찰을 받을 수 있습니다.

경매 성공 사례 vs. 실패 사례 1

성공사례

아파트 3건을 낙찰받아 총 7억 원의 시세차익을 내다

60세인 어떤 아주머니가 필자가 출연한 방송을 보고 연락을 해왔다. 남편이 장난삼아 던진 말에 전의를 불살랐단다. 무슨 말을 들으셨기에 그러시냐고 했더니 남편이 술을 마시고 와서는 당신은 왜 아무것도 안 하고 평생을 내가 벌어다준 돈으로만 먹고사느냐고 했다는 것이다. 정말 용감한 남편이다!

이 아주머니는 약 6개월 동안 9번이나 패찰만 했다. 아쉽게도 9등, 3등, 4등, 6등, 2등, 3등, 3등, 7등, 2등 특히 마지막 9번째 패찰은 1등과 가격 차이가 70만 원밖에 되지 않았다. 사실 9번째 패찰 후 이 아주머니는 경매를 포기하려고 했다. 그러나 그때까지의 노고와 공부한 것이 너무 아까워서 마지막으로 딱 한 번만 더 입찰을 해보자고 했다. 그게 강서구의 한 아파트다. 감정가 5억 원짜리를 4억 4,000만 원에 낙찰받았고, 이후 마포의 감정가 5억 원에 한 번 유찰된 아파트를 4억 8,000만 원에 낙찰받았다. 그리고 마지막으로 창동의 감정가 3억 원의 아파트를 2억 7,000만 원에 낙찰을 받았다. 이후 아파트 가격 상승으로 현재 시세차익만 약 7억 원을 호가하고 있다. 사실 60대 전업주부가 3년 6개월 동안 7억 원을 번다는 것은 정말 쉽지 않은 일이다.

사실 대부분 경매로 돈을 번 이야기는 이런 내용이 가장 많다. 과거 시세보다 조금 싸게 낙찰을 받고, 이후 부동산 경기가 좋아져서 매매차익을 올리는 것이다. 지인 중에는 약 6~7년 전에 대치동 아파트를 7억 5,000만 원에 아내 이름으로 그리고 그 당시 본인 이름으로 잠실 5단지 아파트를 7억 3,000만 원에 낙찰받은 분도 있다. 그분은 현재 시세차익만 무려 15억 원 정도가 될 것이다.

부동산을 싸게 낙찰받는 것이 첫 번째고, 차후 가격이 상승하는 것이 두 번째다. 경매는 싸게 낙찰받음으로써 가격 리스크를 줄여주는 장점이 있다. 경매는 낙찰을 위한 낙찰이 되어서는 안 되고, 수익을 위한 낙찰을 받아야 한다는 점을 꼭 명심하기 바란다.

실 패 사 례 ···

경매 물건을 제대로 임장하지 않아 손해를 보다

몇 년 전 강서구에서 수학학원을 운영하던 30대 후반의 원장이 찾아왔다. 학원 사업을 통해 잔뼈가 굵은 사람이었다. 이분은 인천 서구의 한 상가가 매우 싸게 경매로 나온 것을 알고 상담하러 온 것이었다. 4층 건물의 4층에 4개의 사무실로 구분되어 있었다. 그 4칸 중에 한 칸이 경매로 나온 것이었다. 전용면적은 45평이었다.

전용면적 45평으로는 어떤 학원을 해도 되는 크기이고, 더불어 감정가는 3억 원인데 3번 유찰되어서 최저매각가격은 약 1억 원이었다. 그냥 가격만 놓고 본다면 매력적인 물건처럼 보였다. 이 원장은 경매로 나온 물건을 지도로 보면서 수학학원이나 영어학원을 하면 잘될 것 같다는 느낌이 왔다고 한다. 일단 낙찰을 받아 학원을 운영하다가 이후 권리금도 받고, 매매차익도 얻는 일석이조의 효과를 얻을 수 있을 것이라고 생각했다. 현장을 가보지 않은 상태에서는 충분히 그렇게 생각할 수 있는 물건이었다. 입지도 나빠 보이지 않았다.

필자는 원장에게 현장에 가서 경매로 나온 물건에 대해 임대 수요와 임대료가 어느 정도 수준인지 확인해볼 것을 권했다. 그리고 관리사무소에 가서 체납관리비와 가급적 그 건물의 히스토리를 제대로 알아보라고 했다. 경매에서 유찰이 많이 되었다는 이야기는 일반적으로 다음 두 가지 중 하나이다. 첫째는 권리상 하자가 있거나, 둘째는 물건 자체에 하자가 있는 경우이다.

이 원장은 부푼 꿈을 안고 현장으로 갔다. 그러나 문은 잠겨 있었고, 장사는 하고 있지 않았다. 또한 건물 4층 전체가 문이 잠겨 있었다. 하지만 이 물건은 그 지역의 랜드마크로 임대 수요가 많은 편이라고 했다. 그리고 중개업소 두 군데를 들러서 확인한 내용은 경매로 나온 이 물건 정도라면 보증금 4,000만 원에 월세로 120만 원 정도를 받을 수 있다고 했다. 관리소장은 만나지 못했지만, 체납관리비는 1,000만 원 정도였다. 사실 입찰자가 체납관리비 1,000만 원을 떠안는다는 전제하에 만약 1억 3,000만 원에 낙찰을 받는다면 사실상 낙찰가는 1억 4,000만 원(낙찰가 1억 3,000만 원+체납관리비 1,000만 원)이다. 그런데 보증금 4,000만 원에 월세 120만 원을 받는다고 했을 때 연수익률은 14%가 조금 넘는다. 엄청난 수익률이다. 필자는 원장에게 차후 관리사무소에 들러 관리소장에게 그 물건에 대한 히스토리와 현재의 상황을 꼭 확인해보고 입찰할 것을 권했다. 그러나 원장은 건물의 외관도 괜찮고, 수익률도 괜찮다고 하니 조바심이 났다.

2 대 1의 경쟁률을 뚫고 이 물건을 낙찰을 받았다. 이후 명도를 하기 위해 점유자 등을 수소문하던 중 위 4층은 4개의 집합건물을 터서 사우나 겸 목욕탕과 골프연습장, 헬스장을 운영하고 있음을 알게 되었다.

원장은 명도를 하기 위해서, 그리고 앞으로 영업을 하기 위해서는 기존의 복도를 다시 복구해야 했다. 그리고 낙찰받은 부분만 별도로 칸막이를 설치하고, 내부에 있는 사우나 겸 목욕탕을 철거한 후 명도해야 했다. 그 비용은 물론, 시간도 많이 소요될 것이라는 생각에 원장은 결국 잔금 납부를 포기했다. 입찰보증금 1,000만 원을 고스란히 날린 것이다.

사전에 이런 내용은 관리소장과 주위 탐문을 통해서 충분히 확인할 수 있었음에도 불구하고 못한 것이 못내 아쉬운 사건이다. 최소한 실패하지 않고 돈 버는 경매를 하기 위해서는 집요함과 꼼꼼함이 필요하다. 제대로 된 임장을 해야 한다. 부동산 경기가 좋을 때는 현장답사를 하지 않고 묻지마 매수나 입찰을 하는 사람들이 있는데, 이는 실패로 가는 지름길이다.

2교시

경매 절차

경매에 입문하는 수강생들이 이런 질문을 해왔다.

- 입찰법정은 허가를 받아야 들어갈 수 있나요?
- 입찰을 안 하고 입찰법정을 구경만 하면 안 되나요?
- 법원에 주차를 해도 되나요?
- 입찰법정에 채권자와 채무자가 늘 나오나요?

정말 상상하지 못한 질문들이었다. 그래서 경매 초보자들을 위해 제대로 된 답을 알려주어야겠다고 생각했다. 경매를 통해 수익을 내려면 사전에 경매 관련 법률, 절차 등을 제대로 알고 있어야 한다. 더불어 경매는 살아가는 동안의 상식이기도 하다.

경매라고 하면 막연히 어렵다고 생각한다. 그러나 반복적으로 공부하고 경험해보면 그 어려움은 어느새 저 멀리 날아가버린다. 사실 초보자들이 경매를 어려워하는 이유는 처음 접해보는 분야이고, 용어도 어렵게 느껴지기 때문이다. 하지만 경매 입찰 등 직접 경험해보면 쉽게 다가올 것이다. 하지만 경매 입찰 등 실천은 하지 않으면서 공부만 한다면 뜬구름 잡는 듯 어렵게 느껴질 것이다. 결론은 반복 학습과 많은 경험이다.

01 경매 절차의 핵심 포인트

REAL ESTATE AUCTION

경매는 왜 발생할까

경매가 발생하는 이유는 무엇일까? 예를 들어 박상혜(채무자)가 설춘환(채권자)에게 돈 1억 원을 빌려갔는데 돈을 갚기로 한 날, 갚지 않았다. 그러면 채권자인 설춘환은 어떻게 할까? 일반적으로는 전화를 해서 돈을 갚으라고 할 거다. 이때 채무자 박상혜가 돈을 갚으면 끝인데, 계속 갚지 않는다. 그러면 채권자 설춘환은 부득이 법원의 힘을 빌려 소송을 제기한다. 이후에 소송에서 승소하면 판결문의 주문이 나온다. "피고 박상혜는 원고 설춘환에게 금 1억 원을 지급하라"고 말이다. 그런데도 채무자 박상혜가 돈을 안 갚으면 채권자 설춘환은 채무자 박상혜 소유의 여의도 오피스텔을 서울남부지방법원에 경매를 신청한다.

경매가 발생하는 다른 경우도 있다. 채무자 이윤창이 ○○은행에서 1억 원을 대출받았다. 대출을 받을 때 ○○은행에서 채무자 이윤창에게 담보를 제공하라고 해서 본인 소유의 마포구 빌라를 담보로 제공하고, 그 빌라의 등기부에 ○○은행의 근저당권을 설정했다. 이후에 대출해간 원금과 이자를 잘 갚으면 좋은데 못 갚으면 문제가 된다. 이자 등을 제때 갚지 못하면 은행도 처음에는 채무자 이윤창에게 독촉할 것이다. 이자 등을 언제까지 납부하라고 말이다. 그런데 끝내 납부하지 않으면 ○○은행은 설정해둔 근저당권을 가지고 곧바로 채무자 이윤창의 마포구 빌라에 대해 서울서부지방법원에 경매를 신청하게 된다. 법원에 경매를 신청해서 차후 낙찰 대금으로 배당을 해달라는 취지다.

경매 신청 후에 통상 1년이 지나면 낙찰되고 배당도 이루어진다.

경매 신청은 무엇을 가지고 할 수 있을까

첫째, 판결문이나 공정증서(집행권원)를 가지고 경매 신청을 할 수 있다. 이런 경매를 강제경매라고 한다. 둘째, 근저당권이나 전세권(담보권)을 가지고 경매 신청을 할 수 있다. 이런 경매를 임의경매라고 한다.

경매는 어느 법원에 신청할까

경매를 당하는 채무자 소유 부동산의 소재지 관할법원에서만 경매를 진행한다. 관할법원이 아니면 경매 신청을 할 수 없다. 경매를 당하는 부동산이 서울 서초구의 아파트라면 서울중앙지방법원에서, 서울 강서구 빌라라면 서울남부지방법원에서, 경기도 김포시의 토지라면 부천지원에서, 경기도 일산 오피스텔이라면 고양지원에서, 경기도 분당의 아파트라면 성남지원에서 진행된다. 이렇듯 경매 신청은 부동산 소재지의 관할법원에서만 하고, 차후 입찰도 마찬가지로 그 법원에서만 하게 된다.

경매 신청을 할 때 돈 없이도 가능할까

경매를 신청해서 경매 절차를 진행하려면 비용이 든다. 예를 들어 경매를 하게 되면 감정평가도 해야 하고, 법원에서 매각도 해야 하고, 신문 공고도 해야 한다. 이렇듯 경매를 진행하려면 비용이 들어간다. 이 경매비용은 먼저 채권자가 납부하고 차후에 낙찰되면 낙찰 대금을 가지고 배당할 때 0순위로 먼저 받게 된다. 경매비용은 개략적으로 청구금액의 1.5% 정도 들어간다.

청구 금액이란 판결문이라면 판결 금액을 말하고, 근저당권이라면 근저당권 채권 금액을 말한다. 예를 들어 판결 금액 4억 원으로 경매를 신청한다면 약 600여만 원, 근저당권 2억 원짜리 채권 금액을 가지고 경매를 신청한다면 약 300여만 원의 비용이 들어간다.

배당요구종기일의 지정 및 공고

경매가 진행되면 배당요구종기일을 지정해서 공고한다. 경매에서 자주 나오는 용어 중 하나가 바로 배당요구종기 또는 배당요구종기일이다. 배당요구종기일은 말 그대로 배당을 받는 채권자들이 배당요구를 해야만 하는 마지막 날이다. 배당요구를 해야 배당을 받는 채권자는 반드시 배당요구종기일까지 배당요구를 해야만 배당순위에 따라 배당을 받는다. 대표적으로 배당요구를 해야만 하는 채권자로는 임차인이 있다. 임차인은 반드시 배당요구를 해야만 배당을 받을 수 있다. 배당요구를 하지 않으면 전세 보증금을 한 푼도 받지 못하고 쫓겨난다(단, 선순위임차인은 예외인데 실무적으로 선순위임차인은 거의 없다. 선순위임차인은 등기부가 깨끗했을 때 임차해서 전입신고와 이사를 한 임차인을 말한다).

임차인이 배당요구를 하려면 임대차 계약서와 주민등록초본을 첨부해서 해당 경매계에 제출해야 한다. 또한 임차인이 배당요구를 해서 배당을 받으려면 반드시 배당요구종기일까지 대항력(점유 + 전입신고)을 유지해야 한다. 더불어 등기부상에 기재된 권리들 중 배당요구를 해야 하는지, 하지 않아도 되는지의 기준은 경매개시결정기입등기(경매등기)다. 즉 경매등기 전에 등기된 가압류권자나 근저당권자는 배당요구를 하지 않아도 배당순위에 따라 배당을 받게 된다. 하지만 경매등기 후에 등기된 가압류권자나 근저당권자는 배당요구를 해야만 배당순위에 따라 배당을 받을 수 있다.

감정평가와 현황조사

감정평가

감정평가는 감정평가사가 한다. 왜 감정평가를 할까? 최초매각가격의 기준을 정하기 위해서이다. 경매 매각을 시작할 때 얼마부터 팔 것인가의 기준을 정하기 위해서다. 만약 경매 신청한 아파트의 감정평가 금액이 3억 원이라면 최초매각가격은 일반적으로 3억 원이 된다. 감정평가 금액이 최초매각가격이 되는 것이다. 실무적으로 감정평가액은 감정 시점의 시세보다는 조금 높은 경향이 있다. 입찰할 때 감정평가서를 너무 신뢰하지 않되 꼼꼼하게 읽어야 한다. 그리고 감정평가서를 읽고 왜 그 감정평가액이 나오게 되었는

(부동산)감정평가표

본인은 감정평가에 관한 법규를 준수하고 감정평가이론에 따라 성실하고 공정하게 이 감정평가서를 작성하였기에 서명날인합니다.

감 정 평 가 사
김 * *
(인)

감정평가액	칠억오백만원정(₩705,000,000.-)			
의 뢰 인	인천지방법원 부천지원 사법보좌관 김**	감정평가 목 적	법원경매	
제 출 처	인천지방법원 부천지원 경매4계	기준가치	시장가치	
소 유 자 (대상업체명)	이** (2023타경37177)	감정평가 조 건	-	
목록표시 근 거	귀 제시목록	기준시점	조 사 기 간	작 성 일
기 타 참고사항	-	2023.05.19	2023.05.15 ~ 2023.05.19	2023.05.19

	공부(公簿)(의뢰)		사 정		감 정 평 가 액	
	종 류	면적(㎡) 또는 수량	종 류	면적(㎡) 또는 수량	단 가	금 액
감정평가내용	구분건물	1세대	구분건물	1세대	-	705,000,000
		이	하	여	백	
	합 계					₩705,000,000

감정평가액의 산출근거 및 결정의견

" 별 지 참 조 "

지도 확인하는 것도 중요하다. 더불어 시세는 국토부실거래가와 중개업소 등을 통해 제대로 확인해야 한다.

현황조사

　현황조사는 집행관이 한다. 현황조사는 말 그대로 부동산의 현황, 즉 누가 점유하고 있는지, 왜 그 사람이 점유하고 있는지, 그리고 보증금이나 월세는 얼마인지 등을 조사하는 것이다. 다만 아쉬운 것은 집행관이 현장에 갔을 때 점유자가 없거나 문을 열어주지 않는 경우도 많아 실질적인 현황조사가 이루어지지 않는다는 것이다. 그러나 한편으로 집행관의 현황조사는 상당한 의미가 있다. 현황조사를 할 물건이 주택이라면 그 집에 전입신고된 세대주의 주민등록등본을 집행관이 관할주민센터에서 발급받아 법원에 제출한다. 상가라면 그 상가에 사업자등록 내역을 발급받아 법원에 제출하면 차후에 입찰자가 떠안아야 할 선순위임차인 있는지 등을 대략적으로 알 수 있다는 데 의미가 있다.

□ 법원: 인천지방법원 부천지원 (사건번호: 2023타경 37177)　　　　　　　명령회차 : 1회∨ 🖶인쇄

❱ 기본정보

- **사건번호** : 2023타경37177　부동산임의경매
- **조사일시** : 2023년05월16일15시15분　2023년05월19일19시17분

부동산 임대차 정보

번호	소재지	임대차관계
1	경기도 김포시 고촌읍 수기로 67-53, ***동 *층***호 (수기마을 힐스테이트 2단지)	1명

❱ 부동산의 현황 및 점유관계 조사서

1. 부동산의 점유관계

소 재 지	1 경기도 김포시 고촌읍 수기로 67-53, ***동 *층***호 (수기마을 힐스테이트 2단지)
점 유 관 계	임차인(별지)점유
기　　타	현장에 임하였으나 이해관계인 만나지 못하여 점유관계 알 수 없었음. 다만, 전세대열람 및 주민등록등본 발급받아 확인 한 바, 소유자 아닌 사람이 세대주로 등재되어있어 이 세대주를 임차인으로 보고함. 안내문은 현관출입문에 꽂아둠

❱ 임대차관계조사서

1. 임차 목적물의 용도 및 임대차 계약등의 내용

[소재지]1.경기도 김포시 고촌읍 수기로 67-53,*동*층***호 (수기마을 힐스테이트 2단지)**

1	점 유 인	김＊＊	당사자구분	임차인
	점 유 부 분		용　　도	주거
	점 유 기 간			
	보증(전세)금		차　　임	
	점 입 일 자	2022.03.28	확 정 일 자	

매각기일과 매각 방법

현재 경매의 매각 방법은 기일입찰을 선택하고 있다. 기일입찰은 정해진 어떤 날을 매각기일(입찰기일과 동의어)로 정하고, 그날에 본인 또는 대리인이 입찰에 참여해야 한다. 일반적으로 통상 서울은 5개의 법원이 있는데 입찰 시간이 오전 10시부터 11시 10분까지다. 입찰을 한다면 그 시간 안에 입찰법정에 본인이 직접 또는 대리인이 가서 입찰을 해야 한다.

매각기일에 발생하는 다음 3가지는 꼭 알아두어야 한다.

차순위매수신고

매각 절차를 신속히 끝내려고 하는 제도다. 낙찰자가 낙찰받고 잔금을 납부하지 않으면 재매각 절차가 진행된다. 그러면 경매 절차가 지연된다. 반면에 매각기일에 낙찰자만 정하지 않고 차순위매수신고인을 정하면 낙찰자가 잔금을 잔금납부기한까지 납부하지 않으면 곧바로 차순위매수신고인에게 매각을 허가해서 잔금을 납부하게 한 후 경매 절차를 신속하게 끝낸다.

그러면 차순위매수신고는 아무나 할 수 있을까? 입찰자 중에서 아무나 할 수 있는 것은 아니고, 낙찰가에서 입찰보증금을 뺀 금액을 초과한 자만 차순위매수신고를 할 수 있다. 예를 들어 최저매각가격이 2억 원이고, 낙찰가가 3억 원이라면, 3억 원(낙찰가)-2,000만 원(입찰보증금)=2억 8,000만 원이다. 이때 이 금액을 초과해서 입찰한 사람이 차순위매수신고가 될 수 있다. 즉 2억 8,000만 원에 입찰한 사람이 아니라, 2억 8,000만 1원 이상으로 입찰한 사람이 차순위매수신고인이 된다. 만약 차순위매수신고를 한 사람이 2명 이상이라면 그중 가장 높은 가격을 입찰한 사람이 차순위매수신고인이 된다.

만약 최저매각가격이 2억 원이고, 매각기일에 입찰자와 입찰가가 다음과 같다면 누가 차순위매수신고인이 될까?

A - 3억 원

B - 2억 8,000만 원

C - 2억 7,000만 원

D - 2억 3,000만 원

이 경우 차순위매수신고를 할 수 있는 사람이 하나도 없다. 차순위매수신고 요건이 되는 사람이 하나도 없기 때문이다. 차순위매수신고를 하게 되면 낙찰자가 잔대금 납부기한까지 잔금을 납부하지 않으면 곧바로 차순위매수신고인에게 잔금기한을 통지한다. 그리고 잔금을 납부하면 경매 절차는 사실상 종료된다. 하지만 실무적으로 차순위매수신고는 거의 하지 않는 편이다. 이유는 아무래도 낙찰자가 대부분 잔금을 납부하기 때문에 차순위매수신고인에게 기회가 오지 않는다. 그리고 또한 차순위매수신고를 하게 되면 낙찰자가 잔금을 납부하기 전까지 보증금도 계속해서 묶이게 되기 때문이다.

공유자우선매수신고

부동산을 혼자 소유하는 것을 단독 소유라고 하고, 2인 이상이 함께 소유하는 것을 공동 소유(공유)라고 한다. 공유지분 중 일부만 경매로 나오게 되면 타 공유자에게 공유자우선매수신청권을 인정한다. 만약 남편과 아내가 각각 1/2씩 지분을 가지고 아파트를 소유하고 있다고 가정해보자. 이때 남편의 지분 1/2만 채권채무관계에 문제가 되어 경매가 들어갔다면 타 공유자인 아내가 경매 절차에서 우선해서 매수할 수 있다. 이때 아내의 공유자우선매수가격은, 유찰되었을 때 아내가 공유자우선매수를 하겠다고 하면 최저매각가격에 매수하는 것이다. 그리고 제3자가 낙찰을 받았을 때, 공유자우선매수를 하겠다면 낙찰 가격에 매수하게 된다. 즉 최저매각가격이 4억 원인데 유찰되었을 때, 공유자우선매수신고를 하게 되면 최저매각가격인 4억 원에 매수하는 것이다. 그리고 최저매각가격이 4억 원인데 제3자가 5억 원에 낙찰을 받았을 때 공유자우선매수신고를 하게 되면 낙찰된 가격인 5억 원에 공유자가 매수하는 것이다. 공유자는 실제로 입찰(입찰표를 작성해서 투함)에 참여하지 않는다. 이때 실제로 낙찰받은 사람은 차순위매수신고를 하거나 입찰을 포기할 수 있다.

쌤교수TIP

차순위매수신고와 공유자우선매수신고는 반드시 그 사건의 매각이 종료되기 전에 해야 한다. 이때 그 사건의 매각이 종료되기 전이란 무슨 말일까?

개찰 시 집행관은 이렇게 말한다. "2023타경 6789호는 서울에서 오신 서종녀 씨가 3억 원으로 최고가매수신고인이 되었습니다. 이 사건 매각을 종료하겠습니다"라는 말이 끝나기 전에 신청해야 한다는 것이다.

농지취득자격증명원

경매 입찰에 참여하는 사람들이 꼭 봐야 하는 서류가 있다. 바로 권리분석의 최종 검수 자료인 매각물건명세서다. 가끔 매각물건명세서 비고란에 보면 '특별매각 조건 농지취득자격증명'이라고 기재된 것을 볼 수 있다. 이것은 경매로 농지를 낙찰을 받은 사람은 농지취득자격증명원을 발급받아서 제출하라는 말이다.

그렇다면 농지란 무엇일까? 지목을 보면 전(밭), 답(논), 과(과수원)가 있는데, 이것이 바로 농지다. 농지는 아무나 매수하거나 낙찰을 받을 수 있는 것은 아니다. 개인이나 영농법인, 영농조합도 낙찰을 받을 수 있다. 그러나 일반법인은 농지를 취득할 수 없기 때문에 일반 매매로 매수하거나 경매로 낙찰을 받을 수 없다.

그럼 일반법인이 뭘까? (주) 삼성전자, (주) 현대자동차, (주) 설춘환캠퍼스 등을 말한다. 주식회사는 농지를 매수하거나 낙찰을 받을 수 없다. 꼭 기억하자. 농지를 취득하기 위해서는 농지취득자격증명원을 발급받을 수 있어야 하는데, 일반법인은 농지취득자격증명원을 발급받을 수 없다.

농지를 낙찰받게 되면 매각결정기일까지 농지취득자격증명원을 발급받아서 해당 경매계에 제출해야 한다. 농지취득자격증명원 발급은 대략적으로 2일 정도 소요된다. 서울은 각 구청에서 발급받는다. 부천시나 의정부시는 시청에서, 진안군이나 옹진군 등은 읍사무소나 면사무소에서 발급받는다. 만약 농지취득자격증명원을 제출하지 못하면 매각은 불허가 되고, 입찰보증금액이 몰수될 수도 있다.

 설교수TIP

농지취득자격증명은 2018년 7월부터는 정부24를 통해 온라인으로도 발급받을 수 있다. 또한 농지 입찰 전에 사전에 관할관청에 농지취득자격증명원 발급이 가능한지 여부를 확인하는 것도 중요하다.

법정매각 조건 vs. 특별매각 조건

경매에서 매각 조건이라고 하는 것이 있는데, 법원이 매각 목적 부동산을 매수인에게 취득시키는 조건을 말한다. 매각 조건에는 법정매각 조건과 특별매각 조건이 있다.

법정매각 조건

• **최저매각가격 미만 매각 불허** : 입찰 시 최저매각가격 이상으로 응찰해야 한다. 최저매각가격이 3억 원일 때 입찰을 3억 원 이상으로 해야 한다. 만약 입찰을 2억 9,999만 9,999원으로 했다면 입찰은 무효가 된다.

• **소멸주의** : 입찰자가 낙찰받고 잔금을 납부하면 그 사건의 말소기준권리를 포함해서 뒤에 있는 권리상의 하자들은 모두 말소된다. 소멸주의로 인해 등기부상에 빚이 많아도 낙찰을 받을 수 있다. 낙찰자가 잔금을 납부하면 사실상 등기부상에 빚은 모두 소멸되기 때문이다.

• **인수주의** : 낙찰자가 낙찰받고, 그 부동산과 관련된 하자를 인수하는 것이다. 이를 잘 파악하기 위해서는 권리분석을 철저히 공부해야 한다.

• **잉여주의** : 경매를 신청한 채권자가 낙찰 대금에서 1원이라도 배당을 받을 수 있을 때에만 경매가 유효하게 진행된다. 만약 낙찰 대금에서 경매 신청한 채권자가 단 한 푼도 배당받지 못한다면 무익한 경매라고 해서 취소된다.

특별매각 조건

• **농지취득자격증명원** : 농지를 낙찰받게 되면 농지취득자격증명원을 발급받아 매각결정기일까지 해당 경매계에 제출해야 한다는 것이다. 만약 제출

하지 않으면 매각은 불허가 되고 보증금은 몰수될 수 있다.

• **재매각 시 보증금 할증** : 재매각 사건에서는 일반적으로 보증금을 할증한다. 입찰보증금은 최저매각가격의 10%인데, 재매각이 되면 입찰보증금은 최저매각가격의 20%로 할증된다. 재매각 시에 보증금 할증은 법원마다 다르다. 할증하는 법원이 있고, 할증하지 않는 법원도 있다. 보증금이 할증되었는지 여부는 매각물건명세서 비고란에서 확인할 수 있다. 만약 매각물건명세서 비고란에 아무런 언급이 없다면 재매각이라도 보증금은 그냥 최저매각가격의 10%만 납부하면 된다. 반면에 매각물건명세서 비고란에 특별매각조건 보증금 20%라고 기재되어 있다면 입찰보증금은 최저매각가격의 20%를 납부해야 한다.

입찰할 때 보증금은 입찰가격의 10%가 아니고 최저매각가격의 10%다. 예를 들어 최저매각가격이 2억 원인데, 입찰은 3억 원에 할 거라면 입찰보증금은 누구나 똑같이 최저매각가격의 10%인 2,000만 원을 납부하면 된다.

낙찰과 잔대금 납부기한

매각기일에 낙찰을 받게 되면 낙찰자는 특별히 할일이 없다. 그냥 기다려야 한다. 굳이 할 일이 있다면 점유자를 만나 명도와 관련되어 이사를 갈 것인지, 아니면 재계약을 할 것인지 협의하거나 또는 관리사무소에 들러 관리비를 어떻게 정산해야 하는지 등 차후 명도할 때 협조 요청 등을 할 수 있다.

매각기일에 낙찰을 받고 일주일 후에 매각결정기일에 매각이 허가가 되고, 그 이후에 또 일주일까지 매각허가나 불허가에 대해 불만이 있는 이해관계 인은 이의를 할 수 있다(이것을 즉시항고라 한다). 그러나 일반적으로 즉시항고 는 거의 없다. 즉시항고 기간이 지나면 다음 날 확정이 되는데, 낙찰자는 확정이 되어야만 잔금을 납부할 수 있다. 경매법원에서 경매가 확정되고 2~3일 후에 낙찰자에게 일반적으로 한 달 이내에 잔금을 납부하라는 잔대금 납부기한을 통지한다. 입찰에 참여해서 낙찰받고 잔대금 납부기한까지의 다음 절차는 잘 알아두어야 한다.

다시 한번 정리하자면 낙찰자는 확정이 되어야만 잔금을 납부할 수 있다. 낙찰을 받았다고 곧바로 잔금을 납부할 수 없다. 매각이 확정되려면 낙찰을 받은 후 최소한 2주의 시간이 지나야만 한다. 실제로 잔금을 낙찰자가 납부하는 경우는 거의 없다. 그 이유는 무엇일까? 대부분의 낙찰자들은 잔금을 납부할 때 일부라도 대출을 받기 때문이다. 대출을 받게 되면 대출을 해주는 금융기관이 지정한 변호사나 법무사가 잔금을 납부하고, 낙찰자 명의로 소유권이전등기를 신청하고, 1순위로 대출해준 금융기관 명의로 근저당권을 설정해야 하기 때문이다. 만약 낙찰받은 자가 잔금을 모두 납부한다면 잔금 납부와 소유권이전등기 등은 스스로 할 수 있다. 그러나 셀프 등기가 거의

없다는 것은 낙찰자들이 낙찰 대금을 금융기관을 통해 일부라도 대출을 받
고 있다는 방증이다.

배당기일

경매의 목적은 채권자에 대한 배당이다. 그렇다면 채권자는 왜 경매를 신
청할까? 바로 매각 대금에서 자신의 채권 금액을 배당받기 위해서다. 경매
신청 채권자 등 채권자들이 배당기일에 얼마를 배당받는지 알기 위해서는
배당기일 3일 전에 해당 경매계에 가서 문의하면 가배당표를 확인할 수 있
다. 임차인이나 가압류권자 또는 근저당권자나 판결문에 기해 배당을 신청
한 채권자들은, 예를 들어 배당기일이 4월 9일이라면 4월 6일부터 4월 8일까
지 해당 경매계에 가서 배당기일에 얼마를 배당받는지 확인할 수 있다. 즉 4

월 1일에 간다면 배당기일에 얼마를 배당받는지는 확인해주지 않는다.

더불어 임차인은 자신의 보증금을 배당받기 위해서는 낙찰자의 인감도장으로 날인된 명도확인서와 인감증명서가 필요하다. 물론 임대차 계약서 원본과 주민등록초본은 기본으로 필요하다.

설교수TIP

임차인이 배당을 받기 위해서는 낙찰자의 명도확인서가 필요하다. 그 이유는 무엇일까? 임대차는 동시이행관계에 있기 때문이다. 즉 임대차에서 계약이 종료되었을 때 임대인이 임차인에게 "방 빼"라고 하면, 임차인은 무슨 소리냐 보증금을 줘야 방을 뺄 거 아니냐고 항변할 수 있다. 또한 임차인이 임대인에게 보증금을 반환해달라고 하면 임대인은 무슨 소리냐 방을 빼줘야 보증금을 줄 거 아니냐라고 항변할 수 있다. 이것이 바로 동시이행관계. 배당받는 임차인이 낙찰자에게 명도 해주지 않고 기존의 건물을 점유하면서 보증금을 반환받는다면 무상으로 거주하는 결과가 된다. 임차인이 배당을 받기 위해서는 반드시 낙찰자의 명도확인서를 첨부해서 제출해야만 배당을 받을 수 있다.

또 하나 예를 들면 어떤 건물을 소유자가 점유하고 있는데, 낙찰 대금에서 배당을 다 해주고도 남은 돈이 있을 때, 만약 점유하고 있는 소유자가 그 남은 돈을 받으려면 낙찰자에게 명도를 해주어야 할까? 그렇지 않다. 소유자는 임차인이 아니기 때문에 명도하지 않은 상태에서 남은 돈을 받을 수 있다. 가끔 낙찰 대금에서 배당을 다 해주고도 배당금이 남을 수 있는데, 이 남은 배당금은 낙찰 전 전 소유자에게 지급된다.

Q 경매는 어디서 하나요?

A 경매는 법원에서 합니다. 법원 중에서도 경매가 진행되는 부동산이 있는 곳을 관할하는 법원에서 합니다. 예를 들어 경매가 진행되는 아파트가 서울 영등포구에 있으면 경매는 서울남부지방법원에서, 경매가 진행되는 빌라가 서울 용산구에 있으면 서울서부지방법원에서, 경매가 진행되는 토지가 성남시 분당구에 있으면 성남지원에서, 경매가 진행되는 오피스텔이 일산에 있으면 고양지원에서 진행됩니다. 즉 경매가 진행되는 부동산 소재지 관할법원에서 합니다.

Q 아파트가 경매에 들어갔는지를 어떻게 알 수 있나요?

A 아파트 등기부등본을 발급받아 보면 알 수 있습니다. 등기부등본은 대법원인터넷등기소를 통해 누구나가 쉽게 발급받을 수 있는데요. 등기부 갑구라는 곳을 확인해보세요. 만약 갑구에 '강제경매개시결정' 또는 '임의경매개시결정'이라고 등기되어 있다면 현재 경매가 진행 중인 것입니다. 만약 그런 내용이 없다면 경매는 아직 진행되지 않는 것입니다.

Q 강제경매와 임의경매를 꼭 구분해야 하나요?

A 사실 입찰자 입장에서는 구분할 필요가 없습니다. 똑같은 절차로 진행됩니다. 굳이 차이점을 설명하자면 나중에 채무자가 채권자에게 돈을 갚고 경매를 일방적으로 취소시키는 방법이 다를 뿐입니다. 경매에 들어간 상태에서 채무자가 채권자에게 돈을 변제하고 채권자가 경매 취하를 해주면 그 경매가 강제경매든 임의경매든 간단히 취하

됩니다. 그런데 채무자가 채권자에게 돈을 변제해도 채권자 또는 낙찰자가 동의해주지 않았을 때 경매를 취소시키는 방법이 다릅니다. 강제경매는 채권자 등의 동의가 없으면 채무자가 별도로 돈을 갚았다는 서류를 가지고 소송을 제기해서 경매를 취소시켜야 합니다. 임의경매는 채권자 등의 동의가 없어도 채무자가 돈을 갚은 서류를 가지고 해당 경매계에 가서 쉽게 경매를 취소시킬 수 있습니다. 그 정도의 차이입니다. 입찰자 입장에서는 강제경매인지 임의경매인지 구분할 필요가 없습니다.

Q 낙찰받고 잔금은 아무 때나 납부하면 되나요?

A 경매에서 낙찰을 받으면 최소한 2주가 지나야만 잔금을 납부할 수 있습니다. 낙찰받고 일주일 후 매각이 허가되고, 이후에 일주일 동안 즉시항고가 없다면 다음 날 확정이 되는데요. 낙찰자는 확정이 되어야만 잔금을 납부할 수 있습니다.

Q 아내 이름으로 낙찰받고 난 이후에 낙찰자의 명의를 남편 이름으로 바꿀 수 있나요?

A 불가능합니다. 낙찰자인 아내 이름으로 일단은 소유권이전등기가 되어야 합니다. 이후에 증여나 매매 등을 통해서 남편 이름으로 소유권이전등기를 할 수 있습니다. 이때 취득세 등 추가 비용이 필요합니다. 따라서 입찰 시 신중히 낙찰자 명의를 고민해야 합니다.

경매 성공 사례 vs. 실패 사례 2

신건에서 결단을 내려서 200만 원 더 쓰고 낙찰받은 후 수익을 내다

예전에 소액 실전반 마지막 임장이 일산 백석역이 잡혀 있었다. 백석역 근처 오피스텔 몇 건이 경매로 나와 있었다. 백석역은 요진와이시티라는 아파트 단지가 있고, 바로 앞에 벨라시타라는 상가가 있었다. 일산에서 가장 핫한 지역이다. 경매로 나온 오피스텔은 요진와이시티 바로 앞에 있었다. 신건으로 감정가 2억 7,000만 원이었다. 근처 중개업소에 들러 문의하니 요즘에 매물이 거의 없고, 당시 1년 동안 거의 매매 사례가 없었다고 한다. 매물 문의는 많은 편이고, 호가는 높은 편이다. 잘하면 보증금 3,000만 원에 월세 100~120만 원 정도는 받을 수 있었다.

실전반에서 함께했던 한 수강생은 이 오피스텔의 임차인은 배당요구를 해서 배당을 다 받는 임차인이니 특별히 명도와 명도 비용에 부담이 없고, 또 은행에 돈을 넣어두는 것보다 월세를 받는 것이 수익이 더 좋을 것 같아서 고민하다가 신건에 200만 원을 올려 입찰했다. 결과는 입찰경쟁률 2 대 1

에서 2억 7,000만 원과 2억 7,200만 원으로 낙찰을 받았다. 많은 수강생이 왜 신건에 낙찰을 받는지 모르겠다고 말한다. 그럴 바에야 급매로 사면 더 싸게 살 수 있을 텐데 말이다.

감정평가액은 신건의 최초매각가격이 된다. 일반적으로 감정평가액은 시세보다는 조금 더 높은 편이다. 그래서 신건은 거의 한 번은 유찰되는 것이다. 만약 네이버부동산이나 중개업소 등을 통해 감정평가액 이하로 쉽게 일반 매수할 수 있다면 내부도 볼 수 없고, 명도 책임을 져야 하는 경매로 낙찰을 받을 이유가 전혀 없다.

다만 현장에 가보니 감정평가액 이하로 살 수 있는 매물도 없거니와 더불어 차후 그 지역의 부동산 가격이 상승할 여지가 많다. 이 경우 신건에 감정평가액 100%를 넘겨 낙찰을 받을 이유가 있는 것이다. 더불어 시세가 감정평가액과 비슷하다면 한 번 유찰되어 가격이 20% 또는 30% 저감된 가격은 상당히 매력적이 된다. 그러나 이 건처럼 막상 가보면 매물이 없고, 차후 가격이 더 상승할 것 같다고 판단되면 신건에서 감정평가 금액보다 더 높게 낙찰받을 수 있다. 다른 경매에서도 신건보다 높게 낙찰된다면 일반적으로 그렇게 생각하면 된다. 매물은 없고, 앞으로 가격은 더 상승할 것 같은 물건이라면 말이다.

이 물건을 낙찰받고 2군데 중개업소에 가니 오히려 보증금 3,000만 원에 월세 130만 원을 받을 수도 있다고 한다. 낙찰받기 전까지는 중개업소 소장님이 임대 수요와 임대료 수준을 잘 얘기해주지 않다가(경매 입찰자는 중개업소 손님이 아니기 때문이다), 막상 낙찰받고 가니(이제는 중개업소 손님이다) 이 오피스텔은 백석역 근처에 있는 초역세권이고, 바로 옆에 요진와이시티가 있어서 교통과 편의성이 좋으며, 또 대형 병원이 있어서 임대는 잘 나가는 편이라고 한다. 이 오피스텔은 배당받는 임차인이 있어서 명도에 특별한 문제는 없었다. 명도 후 일주일이 지나자 중개업소에서 연락이 왔다. 어떤 회사의 직원인데 회사 기숙사 겸 낙찰받은 오피스텔을 임차하고 싶다고 했다. 그것도 보증금 3,000만 원에 월세 130만 원으로 말이다. 결론적으로 임대수익률 연 6.5%이니 예금이자보다 3~4배 정도 높은 수익이다.

명도에 대한 부담이 없고, 매물도 없고 차후 가격이 오를 것이라는 생각 그리고 임대수준이 좋을 것 같다는 생각에 결단력을 보여 낙찰받고 현재 좋은 임대수익을 올리고 있다. 지금 현재 이 오피스텔의 시세는 약 3억 3,000만 원이다.

실 패 사 례

선순위임차인을 체크하지 못해 추가로 2억 원을 추가 부담하다

정년퇴직을 앞두고 경매를 배우고 있는 50대 후반의 직장인이 있었다. 이분은 경매에 관심을 갖고 시중에 나와 있는 돈을 많이 벌었다고 소개하는 경매 관련 책을 2~3권 정도 읽었다. 이후 오프라인에서 경매 특강을 몇 번 듣고 난 후 혼자서 충분히 아파트를 낙찰받을 수 있다고 생각해 입찰을 하기 시작했다. 그러나 패찰을 2번 정도한 이후 은평구의 한 아파트를 입찰하기 위해 스스로 권리분석과 현장분석을 모두 마쳤다. 실수요로 들어가도 되고, 전세를 주었다가 차후 가격이 오르면 매매차익을 올릴 수 있을 거라고 기대했다.

등기부상에는 특별한 문제가 없었지만, 점유자는 만나지 못했다. 그리고 매각물건명세서 등에는 임대차관계란에 점유자 이름과 전입신고 날짜만 있고 아무것도 없어서 임차인과 관련된 문제는 전혀 없다고 판단했다. 최선순위 설정일자로 2016년 3월 2일 가압류가 있었고, 그 점유자의 전입신고 날짜는 2015년 2월 8일로 되어 있었다. 하지만 문이 잠겨 있어 점유자를 만나지도 못했다.

감정가 5억 원에 한 번 유찰되어서 최저매각가격이 4억 원이었고, 4억 3,000만 원으로 단독 입찰해서 낙찰을 받았다. 그런데 낙찰을 받은 후 왜 자신만 입찰에 참여했는지가 궁금해졌다. 중개업소와 국토부실거래가를 통해 분명 시세는 5억 원 정도라는 것을 크로스 체크했다. 그래서 다시 중개업소를 찾아가 확인했더니, 3군데 중개업소에서 모두 시세가 5억 원 정도 한다고 했다. 그래서 문제가 없다고 판단했다.

이후 이분은 자신의 자금으로 잔금을 모두 납부했다. 그래서 매각이 확정되고 잔대금납부기한통지서가 오자 법무사를 선임해서 잔금을 납부하고 소유권이전등기를 했다. 그리고 등기부상에 있던 기존에 근저당권이나 가압류 그리고 경매등기 등을 모두 말소 처리했다.

스스로 등기권리증을 받고 엄청 뿌듯했다. 그리고 경매가 별거 아니라고 생각했다. 스스로 5억 원짜리 아파트를 4억 3,000만 원에 낙찰받았으니 벌써 7,000만 원의 수익을 얻었다는 생각에 기분도 좋아졌다. 이후 이 낙찰자는 명도를 위해 점유자를 만났는데 점유자의 임대차 기간이 아직 6개월이 더 남아 있었다. 그리고 임대차 보증금 2억 원을 줘야 나갈 수 있다고 말했다. 이게 도대체 무슨 말일까?

지금 이 사건은 선순위임차인이 있는 사건이다. 선순위임차인은 말소기준권리보다 앞서서 대항력을 갖춘 임차인을 말한다. 쉽게 말해서 등기부에 아무 문제가 없을 때 임차인이 최소한 임차계약을 맺어 이사한 후 점유하고 전입신고를 한 것이다. 이런 임차인은 법원에 배당요구를 하면 배당순위에 따라서 배당을 받기도 한다. 그래도 받지 못한 보증금이 있다면 낙찰자가 추가로 그 보증금을 떠안아야 한다. 선순위임차인은 배당요구를 하지 않으면 배당을 받지 못하고, 못 받은 보증금은 낙찰자가 낙찰대금 외로 추가로 인수해야 한다.

우리가 아파트, 빌라, 오피스텔, 상가 등을 낙찰받을 때 가장 많이 접하는 권리분석이 바로 선순위임차인이 있는지, 없는지 그리고 얼마를 떠안아야 하는지의 문제다. 사실 100건의 건물이 있다면 그중에 선순위임차인은 1~2건 있을까 말까 하다.

이 사건은 선순위임차인이 있었음에도 불구하고 그 선순위임차인이 법원에 권리신고나 배당요구를 하지 않은 사건이다. 입찰하는 입장에서는 그 사건의 말소기준권리를 찾고, 그보다 먼저 전입신고가 된 제3자가 있는지 꼭 확인해야 한다. 그런 사람이 있다면 반드시 그 사람의 정보를 확인하고 입찰 여부를 판단해야 한다.

REAL ESTATE AUCTION

3교시

주택임대차보호법
vs.
상가건물임대차보호법

경매를 공부하면서 최소한 알아야 하는 법이 있다. 법 하면 어렵다고 느껴질 것이다. 법전이나 법률의 조항을 읽어본 경험이 있는가? 할 수 있다는 마음을 갖고 최소한 2~3번 정도 주택임대차보호법과 상가건물임대차보호법을 읽어보길 바란다.

이 두 개의 법은 경매 공부를 떠나서, 우리가 살아가는 동안 한두 번쯤 되어 볼 수 임대인과 임차인의 입장에서도 중요하다. 특히 임차인의 입장에서 어떻게 하면 보증금도 지키고 임차 기간 동안 보호받는지에 대해 잘 기재되어 있다. 경매 강의를 할 때 하나의 커리큘럼으로 자리 잡을 만큼 주택임대차보호법과 상가건물임대차보호법은 중요하다. 권리분석을 할 때와 배당분석을 할 때 꼭 필요한 법이고 내용이다. 우리는 공인중개사가 되기 위해 공부하는 것은 아니기 때문에 경매에서 꼭 필요한 부분만 이해하거나 암기하면 된다.

그렇다면 관련 법은 어디서 찾아서 읽어 볼 수 있을까? 물론 그때그때마다 법전을 보면 좋겠지만 대부분 집이나 사무실에 법전은 거의 없다. 그래서 대부분의 사람이 가장 많이 보는 법률 사이트 바로 국가가 만든 법제처 사이트(www.moleg.go.kr)다. 법제처 사이트를 통해 국가법령은 물론 생활법령, 입법예고 등의 내용을 확인할 수 있다.

주택이나 상가건물임대차보호법에서 꼭 알아야 하는 내용은 대항력과 우선변제권, 소액임차인과 임차권등기명령 그리고 환산보증금은 알고 있어야 한다. 어렵다 생각하지 말고 잘 따라오길 바란다.

01 주택임대차보호법은 경매에서 왜 중요할까

REAL ESTATE AUCTION

왜 주택임대차보호법이 생겼을까? 왜 이 법이 경매에서 중요할까? 왜 임차인들은 전입신고와 확정일자를 빨리 받아야 할까? 먼저 주택임대차보호법은 기본적으로 임대인이 아닌 임차인을 위한 법이다. 이 법은 기본적으로 사람이 보호받는다. 물론 일부 중소기업도 보호받을 수 있다. 주택임대차보호법은 주택만이 아닌 사실상 주택으로 사용하고 있는 건물에 대해서도 보호해준다. 서류상으로는 공장이나 상가인데 실제로는 주택으로 개조해서 사용하고 있다면, 또 등기가 되지 않은 미등기 건물이나 옥탑방이라도 보호대상이 된다. 자, 그럼 하나하나 제대로 공부해보자.

예를 들어 서울의 중계동에 5억 원인 아파트가 있다. 소유자는 안순주 씨이고, 임차를 하고 싶은 사람은 김형심 씨이다. 그리고 두 사람은 다음의 조건으로 임대차 계약을 체결한다.

- **계약기간** : 2018년 1월 1일부터 2019년 12월 31일까지
- **보증금** : 4억 원
- **임대인** : 안순주
- **임차인** : 김형심

주택임대차보호법이 없었을 때 위와 같은 임대차는 민법에서 다루었다. 만약 현재 주택임대차보호법이 없다면 임차인에게는 어떤 문제가 발생할까? 이러한 상황에서 소유자 안순주 씨가 이 아파트를 제3자인 송수연 씨에게 매도하여 소유권을 송수연 씨가 2018년 8월 16일에 취득하였다고 가정하자. (이때 임차인을 승계한다는 특약이나 사전에 임차인 김형심 씨가 임대인 안순주 씨로부터 동의를 받아 전세권등기를 해둔 게 아니라면) 이후 2018년 8월 18일에 새로운 소유자인 송수연 씨가 임차인 김형심 씨에게 2018년 8월 31일까지 집을 비워달라고 한다. 그럼 어떻게 될까? 이런 질문을 하면 대부분은 임대차 계약기간 동안은 계속해서 살겠다고 말한다. 이게 가능할까? 우리가 민법을 공부할 때 '매매는 임대차를 깨뜨린다'고 배우는데 아쉽게도 임차인 김형심 씨는 새로운 소유자 송수연 씨가 나가라고 하면 무조건 나가야 한다.

단, 앞에서 언급한 바와 같이 아파트를 매매할 때 새로운 소유자 송수연 씨가 임차인 김형심 씨를 승계하기로 계약했다면 김형심 씨는 나가지 않아도 된다. 또 김형심 씨가 안순주 씨의 동의를 얻어 등기부에 위 전세 내용대로 전세권등기를 했다면 역시 나가지 않고 대항할 수 있다. 그러나 그렇지 않다면 나가야 한다. 대부분의 매매계약에서 임차인에 대한 승계특약도 없고, 사실 임대인의 동의를 얻어 전세권등기를 하기도 어렵다. 이래서 주택임

대차보호법이 생겼고, 상가건물임대차보호법도 생겨난 것이다. 그렇다면 임대차보호법이 생기고 나서 어떤 부분이 임차인들에게 좋아졌을까?

대항력

임차인이 점유와 전입신고를 하면 다음 날 0시에 대항력이 생긴다. 더 자세하게 설명하자면 점유와 전입신고 둘 중에 늦은 날의 다음 날 0시에 대항력이 발생한다. 먼저 이렇게 암기를 하자. 대항력은 언제 생길까? 대항력은 점유와 전입신고 중 늦은 날의 다음 날 0시에 생긴다. 대항력과 확정일자는 아무런 관계가 없다. 그럼 대항력은 뭘까? 대항력은 임차인이 새로운 소유자에게 기존의 임대인과 맺었던 임대차 계약(보증금+임대차 기간)을 승계하라고 주장할 수 있는 힘이다.

앞선 사례에서 임대인 안순주 씨가 아파트를 제3자인 송수연 씨에게 매도하고 송수연 씨가 소유권이전등기를 하여 소유권을 취득하였다 하더라도, 그전에 임차인 김형심 씨가 점유와 전입신고를 해서 대항력을 갖추었다면 김형심 씨는 임대차 기간 동안은 나가지 않고 버틸 수 있다. 그리고 이후 임대차 기간이 끝나고도 보증금 반환을 해주지 않는다면 보증금을 줄 때까지 역시 버틸 수 있다. 바로 대항력이 있기 때문이다.

임차인	점유	전입신고	대항력 발생
이윤창	4월 5일	4월 5일	4월 6일 0시
신선혜	6월 5일	6월 9일	6월 10일 0시
박주희	8월 19일	8월 17일	8월 20일 0시

대항력은 꼭 암기해야 한다. 다시 한번, 대항력은 언제 발생할까? 바로 점유와 전입신고를 하면 다음 날 0시에 발생한다. 그럼 임차인은 점유와 전입신고를 어떻게 해야 할까?

먼저 점유와 관련하여 이런 질문을 많이 한다. 아파트를 점유하고 있다는 것은 꼭 사람이 살고 있어야 하는가? 아니면 짐이라도 꼭 갖다 놓아야 하는가? 점유는 실제로 사람이 살고 있지 않아도 되고, 짐도 없어도 된다. 사실상 점유를 하고 있으면 된다. 무슨 말일까? 임차인이 열쇠를 가지고 있으면 된다. 임차인만 문을 열고 들어갈 수 있는, 사실상의 점유를 의미한다. 실무적으로는 대부분의 임차인이 짐도 있고, 살고 있기도 하지만 말이다.

다음은 전입신고와 관련된 부분이다. 전입신고는 원칙적으로 건축물대장과 부합하게 하면 된다. 그러나 실무적으로는 건축물대장에 근거해서 등기부가 만들어지기 때문에 등기부대로 전입신고를 하면 된다. 또 꼭 하나 알아두어야 할 것은 과거에는 지번으로 전입신고가 되었지만 지금은 지번으로는 전입신고가 되지 않는다. 반드시 도로명으로 전입신고를 해야 한다.

- 다가구주택과 단독주택 : 도로명 + 건물번호
- 다세대주택(빌라)과 아파트 : 도로명 + 건물번호 + 동 + 호수

이런 식으로 제대로 신고해야 한다. 전입신고는 관할 주민센터에서도 가능하고, 정부24에서 온라인으로도 가능하다. 만약 전입신고가 잘못되면 대항력이 생기지도 않을뿐더러 차후에 확정일자를 받아도 우선변제권이 발생하지 않는다. 따라서 임차인은 건축물대장이나 등기부를 보고 그 공부상 서

류와 일치하도록 전입신고를 해야 한다. 전입신고를 제대로 하지 못해서 보증금을 한 푼도 받지 못하고 쫓겨나는 임차인을 종종 볼 수 있다. 그렇기 때문에 전입신고는 제대로 해야 한다.

그렇다면 경매에서 대항력을 꼭 알아야 하는 이유는 무엇일까?

아파트나 상가 등 건물을 입찰할 때 낙찰자가 낙찰 대금 외에 추가로 인수하는 임차인이 있는지를 확인하기 위해서다. 차후 권리분석 부분에서 중요하게 언급되는 부분이 선순위임차인이다. 선순위임차인은 말소기준권리보다 앞서서 대항력을 갖춘 임차인인데, 이러한 임차인이 배당요구를 하거나

설교수TIP

필자의 선배 이야기다. 전입신고를 잘못해서 보증금 3억 원을 날린 경우이다.

선배가 예전에 종로구에 OO빌라에 임차를 해서 살았다. 그 빌라는 5개의 동으로 구성되어 있었다. 각 동의 외벽에 1에서 5동까지 표시가 되어 있었고, 선배는 그중에 2동 201호를 임차해서 임대차 계약을 체결하고, 이후 전입신고를 2동 201호라고 신고했다. 이후 그 빌라가 경매에 들어갔는데 선배는 전입신고 순위로만 보면 배당순위가 됨에도 불구하고 보증금을 한 푼도 배당받지 못했다. 이유는 전입신고를 잘못해서다. 왜 그럴까?

앞서 언급한 대로 5개의 빌라동 외벽에는 1동, 2동, 3동, 4동, 5동이라고 기재되어 있었고, 선배는 그중에 2동 201호라고 전입신고를 했지만, 위 빌라의 등기부를 발급받아 보면 1동은 101동, 2동은 102동, 3동은 103동, 4동은 104동, 5동은 105동으로 등기가 되어 있었던 것이다. 전입신고는 현황대로 하면 안 되고, 반드시 건축물대장을 근거로 등기부가 생성되기 때문에 등기부대로 102동 201호라고 전입신고를 해야 했는데 그러지 못해 한 푼도 배당받지 못하고 명도를 당했다. 물론 이 선배는 차후 임대인에게 보증금을 반환청구할 수 있지만, 이미 임대인은 재산이 없기에 큰 의미가 없었다.

다시 확인하자. 전입신고는 반드시 등기부대로 신고를 해야 한다. 임차인이라면 반드시 전입신고가 제대로 되어 있는지 한 번 확인하길 바란다. 만약 잘못되었다면 지금이라도 전입신고를 새롭게 정정하기 바란다.

받지 못한 보증금이 있다면 낙찰자가 낙찰 대금 외에 그 금액을 추가로 인수해야 한다.

우선변제권

임차인의 우선변제권이란 무엇일까? 임차인이 후순위채권자보다 우선해서 배당을 받을 수 있는 권리를 말한다. 임차인은 우선변제권이 있어야만 그 순위에 따라 배당을 받을 수 있다(물론 예외적으로 소액임차인은 그렇지 않다). 그러면 임차인의 우선변제권은 언제 생길까? 원칙은 확정일자를 받은 날 낮에 생긴다. 먼저 확정일자는 어디서, 어떻게 받을까? 주택임차인의 확정일자는 임대차 계약서 원본에 받는다. 어디에서 받을 수 있을까? 주민센터나 동사무소 또는 공증사무실에서 받을 수 있고, 지금은 대법원인터넷등기소에서 온라인으로도 받을 수 있다.

확정일자를 받으면 그날 낮에 우선변제권이 생기는데, 이때 '낮'이란 어떤 의미일까? 바로 아침 9시부터 저녁 6시 사이를 의미한다. 확정일자를 그 시간 안에만 받을 수 있기 때문이고, 더불어 특정시간을 알 수는 없기 때문이다. 그러나 대항력이 생기는 다음 날 0시와는 구분된다.

그러나 확정일자에 의한 우선변제권이 발생하려면 반드시 대항력이 있어야 한다. 대항력이 없이 오직 확정일자만 받았다면 우선변제권은 발생하지 않는다. 그럼 날짜와 시간으로 한 번 이해하고 암기해보자.

■ 우선변제권의 발생

임차인	점유	전입신고	확정일자	우선변제권 발생	대항력 발생
박진희	7월 8일	7월 8일	7월 8일	7월 9일 0시	7월 9일 0시
김도훈	8월 4일	8월 8일	8월 5일	8월 9일 0시	8월 9일 0시
임경섭	9월 4일	9월 6일	9월 8일	9월 8일 낮	9월 7일 0시

　　원칙적으로 우선변제권은 확정일자를 받는 날 낮에 생겨야 한다. 임차인 박진희는 확정일자를 받은 날인 7월 8일 낮에 우선변제권이 생겨야 한다. 하지만 그때에는 대항력이 없어서 우선변제권이 발생하지 않는다. 그 이후에 대항력이 생기는 7월 9일 0시에 우선변제권도 함께 발생한다. 이러한 패턴을 이해하고 암기해야 한다.

　　임차인 김도훈은 확정일자를 받은 8월 5일 낮에 우선변제권이 발생해야 하지만 역시 그때는 대항력이 없어서 우선변제권이 발생하지 않다가 대항력이 생기는 8월 9일 0시에 우선변제권도 함께 발생한다. 임차인 임경섭은 확정일자를 받은 9월 8일 낮에 우선변제권이 발생한다. 이미 대항력은 9월 7일 0시에 발생했기 때문이다. 나중에 위 세 명의 임차인에게 배당금을 나눠줄 때에는 우선변제권의 순서대로 배당을 해준다. 즉 박진희에게 가장 먼저

🎤 쎌교수TIP

자, 여기서 질문 하나! 임차인들은 전입신고를 하는 게 더 중요한가? 아니면 확정일자를 받는 게 더 중요한가? 물론 둘 다 중요하지만 우열을 가린다면 전입신고가 보다 더 중요하다. 이유는 전입신고 없이 확정일자를 받는다면 대항력도 없고, 대항력이 없으니 우선변제권도 발생하지 않는다. 반면에 전입신고는 했지만 확정일자를 받지 않았다면 대항력이라도 발생한다.

1순위로 배당하고, 남는 배당금이 있다면 김도훈에게 배당이 되고, 이후에도 남는 배당금이 있다면 임경섭에게 배당한다.

임차인들 입장에서는 대항력도 중요하지만, 우선변제권도 중요하다. 임차인들은 임대차 계약을 맺고 이사를 가게 되면 전입신고와 확정일자를 최대한 빨리 제대로 받는 게 중요하다.

임차권등기명령

앞서 언급한 것처럼 임차인이 점유와 전입신고를 하면 대항력이 발생하고, 확정일자를 받으면 우선변제권이 발생한다. 따라서 임차인은 스스로 자신의 권리를 지킬 수 있다. 즉 이사를 들어갈 때 임대인의 동의 없이도 전입신고와 확정일자를 받을 수 있고, 그 날짜에 따라 대항력과 우선변재권이 발생한다. 경매를 하다 보면 가끔 임차권등기명령을 보게 된다.

임대차 계약 이후 시간이 지나 임대차 계약이 적법하게 해지된 뒤 임대인이 보증금을 반환해주고, 또 임차인은 사용하던 건물을 명도해주면 아무런 문제가 없다. 그런데 임대차 계약은 적법하게 해지되었는데 임대인이 보증금을 돌려주지 않을 때 문제가 발생한다. 임차인이 개인적인 사정이 있어 보증금을 못 받은 상태에서 다른 곳으로 이사나 전출신고를 해버리면 기존에 임차인이 가지고 있던 대항력과 우선변제권은 모두 사라진다. 전출하면 전입신고가 사라지기 때문에 대항력이 사라지고, 당연히 대항력이 없으면 확정일자를 받은 임대차 계약서가 있더라도 우선변제권도 사라지게 되는 것이다. 그러면 임차인은 보증금을 돌려받는 데 위험하고 불안해질 수 있다. 다음 예를 보자. 5억 원의 아파트가 있다.

> 2022년 1월 1일 : 임차인 우미정 (점유+전입+확정일자) 보증금 4억 원
> 2022년 2월 2일 : 등기부에 장선호의 근저당권 4억 원 설정
> 2022년 9월 3일 : 임차인 우미정 전출

이런 상태라면 처음에는 임차인 우미정의 보증금 4억 원은 안전하게 보호받을 수 있었다. 대항력과 우선변제권이 근저당권보다 먼저인 2022년 1월 2일 0시에 발생했기 때문이다. 그런데 임대차 계약이 해지되고, 임대인이 보증금을 주지 않은 상태에서 임차인 우미정이 아무것도 하지 않고 전출을 하게 되면 대항력과 우선변제권은 사라진다. 따라서 장선호의 근저당권이 가장 우선한다. 이런 문제를 해결하기 위해서 임차권등기명령이라는 것이 생겼다. 즉 기존에 임차인이 가지고 있던 대항력과 우선변제권을 그대로 유지하게 해주기 위해서 만든 제도가 바로 임차권등기명령이다.

임대차 계약이 만료된 후 임차인이 임대인을 상대로 일방적으로 임차권등기명령을 법원에 신청해서 결정을 받는다. 임차권등기명령이 확정되어 등기부 을구에 기재된 다음 임차인이 전출을 한다면 임차인은 기존에 가지고 있던 대항력과 우선변제권을 그대로 유지할 수 있다.

권리분석을 할 때 임차권등기가 되어 있다면 선순위인지 또는 후순위인지 꼭 확인하고, 선순위임차인이라면 꼼꼼하게 확인해야 한다. 배당을 받는지, 안 받는지 말이다. 선순위임차인이 배당을 다 받는다면 문제가 없지만, 배당을 못 받은 금액이 있다면 이 금액은 낙찰자가 추가로 인수해야 한다.

이런 방법도 있다. 예를 들어 임차인은 남편이고, 아내와 아들이 함께 전입신고를 하여 살고 있다. 이때 임차인인 남편과 아내가 부득이하게 전출신고를 하였다. 그럼 이 임차인의 대항력은 사라질까? 그렇지 않다. 가족 중에 한 사람이 전입신고를 그대로 유지하고 있으면 그 임차인의 기존 대항력과 우선변제권은 그대로 유지된다.

전세권 VS. 임차권

많은 사람이 혼동하는 게 있다. 바로 전세권과 임차권이다. 많은 사람이 아파트 등에 전세를 살고 있다. 과연 그 사람들은 전세권자일까, 임차권자일까? 답은 간단하다. 집주인, 즉 임대인의 동의를 얻어서 등기부에 전세권을 등기했다면 전세권자다. 그렇지 않고 전세권 등기 없이 점유하고 전입신고 하여 확정일자를 받은 임차인들은 모두 임차권자다. 가장 중요한 차이는 바로 전세권등기를 했느냐, 그렇지 않느냐이다.

전세권	임차권
등기 있음	등기 없음
물권	채권
비용이 많은 편임	비용이 거의 없는 편임
임대인 동의 없이 전대 가능	임대인 동의 없이 전대 불가능
경매 신청권 있음	경매 신청하려면 별도로 판결받아야 함

02 상가건물임대차보호법의 핵심 포인트, 환산보증금

REAL ESTATE AUCTION

먼저 다음 내용을 잘 이해하자.

첫째, 환산보증금을 초과하지 않는 상가임차인은 일정한 요건을 갖추면 대항력과 우선변제권이 발생한다. 둘째, 환산보증금을 초과하는 상가임차인은 일정한 요건을 갖추면 대항력은 발생하나 우선변제권은 발생하지 않는다.

그렇다면 상가건물임대차 보호법은 왜 생겼을까? 왜 이 법이 경매에서 중요할까? 왜 임차인들은 사업자등록 신청과 확정일자를 빨리 잘 받아야 할까? 주택임대차보호법과 상가건물임대차보호법의 내용은 거의 흡사하다. 따라서 주택임대차보호법을 제대로 알고 있다면 상가건물임대차보호법을 이해하는 데 수월하다.

예를 들어 주택임차인은 점유와 전입신고를 하면 다음 날 0시에 대항력이 발생한다. 반면 상가임차인은 점유와 사업자등록 신청을 하면 다음 날 0시에 대항력이 발생한다. 주택임차인은 점유와 전입신고 그리고 확정일자를 갖추면 우선변제권이 발생한다. 반면 상가임차인은 점유와 사업자등록 신청 그리고 확정일자를 갖추면 우선변제권이 발생한다.

먼저 이 상가건물임대차보호법도 주택임대차보호법처럼 임차인을 위한 법률이다. 이때 임차인은 개인과 법인 모두 보호의 대상이 된다. 앞서 언급한 것처럼 주택임대차보호법을 제대로 이해했다면 상가건물임대차보호법도 이해하기 쉽다. 메커니즘이 비슷하기 때문이다.

다만 상가건물임대차보호법이 주택임대차보호법과 다른 부분은 환산보증금이다. 예를 들어 주택임차인은 보증금과 월세를 감안하지 않고, 점유와 전입신고를 하면 대항력을 갖게 되고, 점유와 전입신고 그리고 확정일자를 갖추면 우선변제권이 발생한다. 그러나 상가임차인은 그렇지 않다. 점유와 사업자등록을 신청하면 보증금과 월세를 감안하지 않고 대항력은 생기지만, 우선변제권이 발생하기 위해서는 점유와 사업자등록 신청 그리고 확정일자를 갖추었다고 발생하지 않는다. 상가임차인의 우선변제권은 보증금과 월세를 감안한 환산보증금이 그 지역 기준 한도 내에 있어야만 발생한다.

그렇다면 환산보증금은 무엇일까? 환산보증금은 보증금과 월세를 감안한 것인데, 환산보증금을 구하는 공식은 잘 암기하기 바란다. 환산보증금을 구하는 공식은 다음과 같다.

보증금 + 월세 × 100

- 보증금 1억 원에 월세 100만 원 : 환산보증금은 2억 원
- 보증금 2억 원에 월세 200만 원 : 환산보증금은 4억 원
- 보증금 3억 원에 월세 300만 원 : 환산보증금은 6억 원
- 보증금 5,000만 원에 월세 150만 원 : 환산보증금은 2억 원

각 지역별 보호대상이 되는 적용 범위, 즉 환산보증금은 상가건물임대차보호법 시행령에 나와 있다. 이번에 정부는 또 다시 지역별 환산보증 금액을 높이는 쪽으로 방향을 잡고 있는 것 같다. 가급적이면 모든 상가임차인을 보호하자는 것이다. 한 지자체 연구원 등에서는 환산보증금 제도를 아예 없애자고도 한다. 필자도 개인적으로는 환산보증금과 상관없이 상가임차인 모두이 법의 보호를 받아야 한다고 생각한다.

이 법에서 정한 각 지역별 환산보증금 적용 범위에 따라 달라지는 부분은 임차인의 우선변제권이다. 상가임차인은 각 지역별 환산보증금과 상관없이, 즉 환산보증금이 초과되어도 대항력은 발생하고, 10년 계약갱신요구권도 인정된다. 임차인이 상가를 계약하면 환산보증금을 떠나 특별한 문제없이 10년 동안 점유, 사용할 수 있다. 최초 임대차 계약이 시작된 시점으로부터 10년이다. 임대인이 바뀌든 바뀌지 않든 10년간은 점유, 사용하도록 하겠다는 것이다.

대항력

상가임차인은 점유와 사업자등록 신청을 하면 다음 날 0시에 대항력이 생긴다. 대항력에 대해 다시 간단히 설명하자면 임차인이 임차한 건물의 소유자가 바뀌더라도 새로운 소유자에게 기존의 임대인과 맺었던 임대차 계약을 승계하라고 주장할 수 있는 힘이다. 그래서 임대차 기간을 보호받고, 더불어 계약이 만료되었을 때 보증금을 반환받을 때까지 명도도 거절할 수 있는 것이다.

입찰자 입장에서 상가가 경매로 나왔을 때 어떤 것을 유의해야 할까?

먼저, 선순위임차인이 있는지 확인한다. 말소기준권리보다 앞서서 대항력을 갖춘 임차인이 있는지 말이다. 만약 선순위임차인이 있다면, 이 선순위임차인이 배당요구를 해서 배당을 모두 받았는지 확인해야 한다. 만약 받지 못한 보증금이 있다면 낙찰자가 추가로 인수해야 하기 때문이다. 만약에 선순위임차인이 배당요구를 하지 않았다면 배당은 없는 것이고, 낙찰자가 그 선순위임차인이 보증금을 추가로 인수해야 한다.

상가임차인은 환산보증금이 초과되어도 대항력은 생기지만, 우선변제권은 생기지 않는다. 꼭 기억하자. 상가임차인의 대항력은 환산보증금과 상관없이 발생하기 때문에 보증금과 월세에 대한 설명은 하지 않겠다.

■ 대항력의 발생 – 환산보증금과 상관없이 생긴다

임차인	점유	사업자등록 신청	대항력 발생
박영희	6월 8일	6월 8일	6월 9일 0시
서종녀	7월 5일	7월 7일	7월 8일 0시
맹복자	8월 8일	8월 7일	8월 9일 0시

우선변제권

임차인의 우선변제권이란 임차인이 후순위채권자보다 우선해서 배당을 받을 수 있는 권리다. 임차인은 우선변제권이 있어야만 배당을 받을 수 있다 (물론 예외적으로 소액임차인은 그렇지 않다). 그러면 임차인의 우선변제권은 언제 생길까? 원칙은 확정일자를 받은 날 낮에 생긴다.

그렇다면 확정일자는 어디 가서 어떻게 받을까? 상가임차인의 확정일자는 상가임대차 계약서 원본에 받는다. 어디에서 받을 수 있을까? 바로 관할세무서에서 받을 수 있다. 관할세무서는 그 상가가 있는 곳을 관할하는 세무서를 말한다.

확정일자를 받으면 그날 낮에 우선변제권이 생기는데, 이때 '낮'이란 어떤 의미일까? 바로 아침 9시부터 저녁 6시 사이를 의미하며, 특정시간을 알 수 없다는 것이다. 그냥 세무서 근무시간에 받는 것으로 이해하면 된다. 이 '낮'은 대항력이 생기는 다음 날 0시와는 명확히 구분된다. 주택임대차와 마찬가지로 확정일자에 의해서 우선변제권이 발생하려면 반드시 대항력이 있어야 한다. 대항력 없이 오직 확정일자만 받았다면 우선변제권은 발생하지 않는다.

다만 여기서 하나 더 중요한 것은 상가는 주택과 달리, 우선변제권이 생기려면 점유와 사업자등록 신청 그리고 확정일자를 받은 것 외에 추가로 그 상가임차인의 환산보증금이 지역별 적용 범위 이하여야 한다. 각 지역별 환산보증 금액은 상가건물임대차보호법 시행령에 정해져 있다.

현재 각 지역별 환산보증금은 다음과 같다.

서울	9억 원 이하
과밀억제권역, 부산광역시	6억 9,000만 원 이하
광역시(광역시는 부산과 인천을 제외) 안산, 용인, 김포, 광주, 세종, 파주, 화성	5억 4,000만 원 이하
그 밖의 지역	3억 7,000만 원 이하

　서울이라는 가정하에 상가임차인 조현주가 보증금 4억 원에 월세 200만 원에 점유, 사업자등록 신청, 확정일자를 받았다면 임차인 조현주는 대항력과 우선변제권을 함께 갖는다. 환산보증금이 서울의 환산보증금 적용 범위인 9억 원 이하인 6억 원이기 때문이다. 반면에 상가임차인 이지영이 보증금 4억 원에 월세 700만 원에 점유, 사업자등록신청, 확정일자를 받았다면 임차인 이지영은 대항력은 생기지만 환산보증금이 11억 원으로 서울의 환산보증금 9억 원을 초과하여 우선변제권은 발생하지 않는다. 실무적으로 세무서에서는 그 지역의 환산보증금을 초과하면 원칙적으로 확정일자를 발급해주지 않는다. 그럼 다음 보증금과 월세를 감안하여 대항력과 우선변제권이 발생하는지 살펴보자.

　임차인 윤정만과 오지윤은 각 환산보증금이 6억 원(4억 원+200만 원×100)으로 그 지역에 정해진 환산보증금 이하여서 대항력도 생기고 우선변제권도 생긴다. 반면에 임차인 정용규는 환산보증금이 10억 원(4억 원+700만 원×100)으로 그 지역에 정해진 환산보증금을 초과해서 대항력은 생기지만, 우선변제권은 발생하지 않는다.

　이렇게 우선변제권이 발생하지 않으면 어떤 점이 문제가 될까? 차후 상가가 경매에 들어갔을 때 우선변제권이 없어서 배당을 못 받는 것이다. 배당요구를 해봤자 아무 소용이 없다. 이렇게 지역별 환산보증금을 초과하는 임차인은 차후에 경매가 들어갔을 때 보증금을 보호받으려면 처음부터 임대인의

임차인	보증금 (월세)	점유	사업자등록 신청일	확정 일자	우선변제권 발생	대항력 발생
윤정만	4억 (200만 원)	7월 8일	7월 8일	7월 8일	7월 9일 0시	7월 9일 0시
오지윤	4억 (200만 원)	8월 4일	8월 8일	8월 9일	8월 9일 낮	8월 9일 0시
정용규	4억 (600만 원)	9월 4일	9월 6일	9월 8일	안 생긴다. (환산보증금 초과)	9월 7일 0시

동의를 얻어 전세권등기를 하면 된다. 만약 환산보증금이 초과되었음에도 불구하고 전세권등기를 해두지 않았다면 차후에 경매가 진행될 때 보증금을 보호받기는 굉장히 어려워진다.

주택임대차보호법과 시행령 그리고 상가건물임대차보호법과 시행령의 내용을 알고 싶다면 법제처 사이트에 들어가서 검색해보면 된다. 더불어 시간이 있을 때 그러한 법조문을 인쇄해서 한 번 정도 정독하는 것도 하나의 좋은 학습 방법이다. 법조문의 해석이 어렵고 차후 다툼이 있다면 그러한 내용은 대법원 판례를 찾아보는 습관도 가져보자.

썰교수TIP

상가임차인의 환산보증금이 보호대상이 된다면 점유와 사업자등록을 신청하면 대항력이 발생하고, 확정일자까지 받는다면 우선변제권도 발생한다.

반면에 상가임차인의 환산보증금이 보호대상이 아니라면(즉 각 지역별 정한 환산보증금을 초과한다면) 점유와 사업자등록을 신청하면 대항력이 발생하지만 확정일자를 받는다 하더라도 우선변제권은 발생하지 않는다. 즉 환산보증금을 초과하면 우선변제권이 없기 때문에 경매의 배당 절차에서 우선변제를 받을 수 없다. 즉 배당을 받을 수 없다.

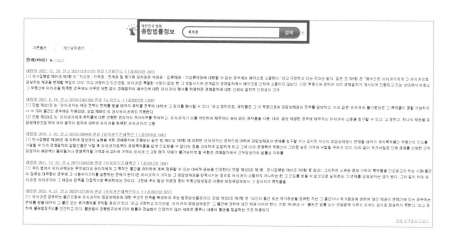

대법원 판례와 하급심 판례는 대법원종합법률정보(glaw.scourt.go.kr) 사이트를 통해서 검색해서 확인할 수 있다.

'유치권' 관련 판례가 궁금하다면 검색어 창에 '유치권'을 입력 후 검색을 클릭해보면 많은 판례가 나온다. 전체적으로 한 번 판례를 보는 것도 도움이 될 것이고, 실제 경매 입찰 등을 하면서 신고된 유치권 등의 내용과 일치되는 판례를 찾아보면 그 해결방안도 간접적으로 확인할 수 있게 된다.

만약 우선변제권, 소액임차인, 대항력, 농지취득자격증명원, 공유자우선매수신고, 지분경매, 법정지상권, 즉시항고, 배당이의 등과 관련해서 궁금한 판례가 있다면 대법원종합법률정보 사이트의 검색창에 검색어를 입력 후 클릭하면 관련 판례를 찾을 수 있다. 법조문과 판례에 대한 흥미를 가져보길 바란다.

Q&A

Q 임차인은 전입신고를 어디서 어떻게 하나요?

A 전입신고는 관할 주민센터(동사무소)에 가서 오프라인으로도 할 수 있고, 정부 24 사이트를 통해 온라인으로도 할 수 있습니다. 만약에 다가구주택이라면 [도로명 + 건물번호]까지 제대로 신고해야 하고, 아파트라면 [도로명 + 건물번호 + 동 + 호수]까지 제대로 신고해야 합니다. 전입신고는 원칙적으로 건축물대장대로 하게 되어 있지만 사실상 등기부대로 신고하면 됩니다. 이유는 건축물대장을 근거로 등기부가 생성되기 때문입니다. 임차인들은 보증금을 지키기 위해서 가장 첫 번째 해야 할 일이 이사 가서 빨리 전입신고를 제대로 하는 것입니다. 당연히 확정일자도 받아야 합니다.

Q 현재 아파트에 전세로 살고 있는데요. 그러면 저는 임차권자인가요, 아니면 전세권자인가요?

A 전세를 산다고 해서 전세권자가 아닙니다. 전세권은 반드시 등기부에 전세권등기가 되어야 합니다. 이 전세권등기는 임차인이 하고 싶다고 해서 할 수 있는 게 아닙니다. 반드시 임대인의 동의와 임대인의 서류가 있어야 합니다. 대부분의 아파트나 빌라 또는 다가구주택 등에 전세로 사는 사람들은 임차인, 즉 임차권자입니다.

Q 상가에서 환산보증금 왜 중요한가요?

A 원칙적으로 상가건물임대차보호법의 보호를 받으려면 임차인의 보증금과 월세를 감안한 환산보증금이 각 지역별 환산보증금 이하의 금액이어야 합니다. 지역별 환산보증금이 초과되면 경매나 공매가 진행될 때에 우선변제권이 발생하지 않아 배당을 받을 수도 없습니다. 더불어 임대료 상환의 보호도 받지 못합니다.

경매 성공 사례 vs. 실패 사례 3

오피스텔 중개사무소 소장님을 설득해서 알짜 물건을 알아내다

몇 년 전 필자가 운영하는 1년 투자클럽반 수강생 20여 명과 함께 인천의 한 오피스텔 임장을 간 적이 있다. 하나의 경매 사건에 약 30여 건의 오피스텔이 경매로 나온 사건이다. 사건번호는 하나지만 물건번호는 30건이다. 각 층당 3개의 오피스텔이 있는데 1호는 북향의 오피스텔이면서 뷰는 좋고, 2호는 동향의 오피스텔이면서 뷰도 좋고, 3호는 동향의 오피스텔이면서 뷰도 좋은데 주차타워가 붙어 있는 호수였다. 그 오피스텔의 1층에는 중개업소가 한 곳 있었다.

사실 이런 걸 경험해보지 못한 수강생들이 많다. 필자도 그런 오피스텔을 살아보지 않아서 주차동이 붙어 있는 호수, 그리고 말로만 하던 북향 오피스텔의 문제점을 생생하게 경험하지는 못했다.

당시 수강생 중에 일본에서 살다가 오신 분이 있었는데, 경매로 나온 오피스텔 중 5건 정도를 낙찰받아 임대사업을 하고 싶다고 말씀을 하셨다. 우리는 오피스텔 1층에 있는 중개업소에 갔다. 당연히 그 오피스텔에 대해서 가장 잘 아는 중개업소일 테니까. 그런데 우리가 간 중개사무소의 소장님은 우리들의 질문에 단 한마디도 답변을 주지 않았다. 몇 층이 좋은지, 몇 호가 좋은 호수인지, 공실률은 어떻게 되는지 등 아무에게도 말해줄 수 없다고도 말했다. 자신이 중개한 물건도 있고 또 경매이기 때문이란다.

이후에 우리들은 그 중개업소를 나왔고 약 40여 미터 떨어진 중개업소 2군데에 들러 경매로 나온 오피스텔의 대략적인 임대 수요와 임대료 수준 등을 확인하고 돌아왔다. 그런데 함께 갔던 그 수강생은 경매로 나온 중개업소에서 직접 확인하고 싶은 것들이 있었던지 그 이후에도 2~3차례 점심 도시락을 싸가서 그 중개업소 소장님께 갖다 주었다고 한다. 아무런 대가 없이. 그런데 4번째 도시락을 가지고 갔었을 때 중개업소 소장님도 그 수강생에게 고맙고 미안한 마음이 있었던지 궁금한 것은 질문을 하라고 했단다.

수강생 : 몇 층이 좋은 층인가요?

소장님 : 6층 이상이면 옆에 건물에 가리지도 않기 때문에 좋다. 10층 이상을 더 선호한다.

수강생 : 몇 호가 좋은가요?

소장님 : 무조건 2호를 낙찰받아야 한다. 이유는 3호는 주차타워가 붙어 있어서 엄청 시끄럽다. 임차인들이 계약한 후 이사 와서 처음에 하는 얘기가 다른 호수랑 바꾸면 안 되는지였다. 또한 1호는 북향이라 춥고 관리비도 많이 나온다.

수강생 : 공실률은?

소장님 : 경매만 나오지 않았다면 공실은 거의 없었을 것이다. 감정가 9,500만 원이지만 한 번 유찰되어 6,600만 원 정도면 상당히 매력적이다. 8,000만 원 정도로 낙찰을 받아도 수익률은 좋은 편이다.

수강생 : 임대 수요와 임대료 수준은?

소장님 : 임대 수요는 주위에 지식산업센터와 사무실이 많아서 좋고, 보증금 1,000만 원에 월세 40만 원이면 잘 나가는 편이다.

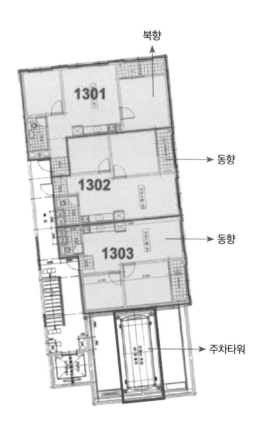

이후 그 수강생은 6개에 입찰해서 3건을 낙찰받았다. 보증금 1,000만 원에 40만 원인데, 8,000만 원에 낙찰을 받았으니 수익률은 약 연 7%였다. 레버리지를 활용했다면 무한대 수익률도 가능한 낙찰이었다. 네 번에 걸친 집요함과 네 번의 점심 도시락을 통해 중개업소 소장님의 마음을 움직여 그 오피스텔의 가장 정확한 정보를 확인하고 입찰해서 낙찰을 받을 수 있었다.

실 패 사 례 ·····································

'0' 하나를 더 써서 입찰보증금 4,000만 원을 날리다

2017년 추운 겨울 어느 날, 서울서부지방법원 입찰법정만큼은 열기로 뜨거웠다. 입찰법정은 입찰자와 수강생들로 인산인해를 이루었다. 필자도 수강생들과 함께 법원 견학을 갔다. 오늘의 경매 물건 중에는 한 번 유찰된 아파트들에 관심이 많았다. 이유는 부동산 경기, 특히 아파트 시세가 하늘 높은 줄 모르고 상승하고 있었기 때문이다. 그중 마포의 한 아파트는 감정가 5억 원, 실제로 시세도 약 5억 원 정도였다. 한 번 유찰되어서 최저매각가격이 4억 원이었다. 수강생들이 모의 입찰한 사건이기도 했다. 16명의 수강생 중 대부분의 수강생이 모의 입찰가격으로 4억 4,000만 원에서 4억 6,000만 원대를 기재하였다.

10시부터 11시 10분까지 입찰을 하고, 마침내 집행관이 입찰을 마감했다. 이후 20여 분 정도 개찰 준비를 한 후 사건번호 순서대로 개찰을 했다. 입찰자는 7명, 입찰 경쟁률은 7 대 1이었다.

4억 2,000만 원, 4억 3,000만 원, 4억 3,500만 원, 4억 4,000만 원, 4억 5,000만 원, 4억 6,000만 원…. 그리고 마지막은 41억 원이었다. 집행관의 개찰 발표가 이어졌다. 이 사건 마포의 아파트 최고가매수신고인은 입찰가 41억 원에 입찰한 50대 후반으로 보이는 아주머니였다.

　순간 입찰법정이 술렁거리기 시작했다. 도대체, 왜? 일반적으로 낙찰을 받으면 많은 사람이 축하해주고, 낙찰자도 좋아하는 것이 보통이다. 하지만 낙찰받은 이분은 집행관과 언성을 높이기 시작했다. '나는 4억 1,000만 원을 쓴 거다. 뭔가 잘못되었다.' 집행관이 기일입찰표를 아주머니에게 보여주었고, 입찰가격은 정확히 41억 원이라고 쓰여 있었다. 그 금액으로 낙찰자가 된 것이다. 이후 이 사건은 매각이 허가된 후 매각이 확정되었다. 그러나 낙찰자는 당연히 잔금을 납부하지 않았고, 이후 이 사건은 재매각으로 다시 나왔다. 낙찰받은 아주머니는 잔금을 납부하지 않았기 때문에 보증금 4,000만 원을 몰수당했다. 더불어 경매에서는 낙찰받은 사람은 재매각 사건에는 다시 입찰이 불가능하다. 입찰표를 쓸 때 다른 건 몰라도 입찰가격만큼은 집중, 또 집중해야 한다.

소재지/감정서	면적(단위 : ㎡)	진행결과	임차관계/관리비	등기권리
(415-060) 경기 김포시 장기동 1342 청송마을●●●동 ●층●●●호 [청송로 20] 지도 등기 토지이용		감정 370,000,000 100% 370,000,000 유찰 2015.04.15	▶법원임차조사 박** 전입 2013.11.20 확정 -	* 집합건물등기 소유권 정** 이 전 2006.11.23 630,000,000
[구분건물] · 경기도 김포시 장기동 소재 장기중교 동측 인근에 위치하며, 주위는 각급학교, 아파트 등 공동주택, 근린생활시설 등이 소재함. · 본건까지 차량출입 가능하고 인근에 노선버스정류	대 지 · 92333.3㎡중 95.3/9233 3.3 ⇒95.3㎡ (28.83평) 건 물 · 174.072㎡ (52.66평) 총 20층 중 6층 보존등기 2001.12.26 토지감정 111,000,000	70% 259,000,000 낙찰 2015.05.20 3,460,900,000 (935.38%) 김** 응찰 8명 2위 응찰가 350,132,000	배당 - 보증 - 점유 미상/주거 (점유: 미상, 보 상) ▶전입세대 직접 박** 2013.11. 열람일 2015.04.0	최저가가 2억 5,900만 원 낙찰자는 3억 4,609만 원을 쓴다는 것을 34억 6,090만 원 으로 써서 낙찰받은 것으로 보인다. 이후 낙찰자는 잔금 을 납부하지 못하고 보증금 2,590만 원을 몰수 당했다.

REAL ESTATE AUCTION

4교시

권리분석

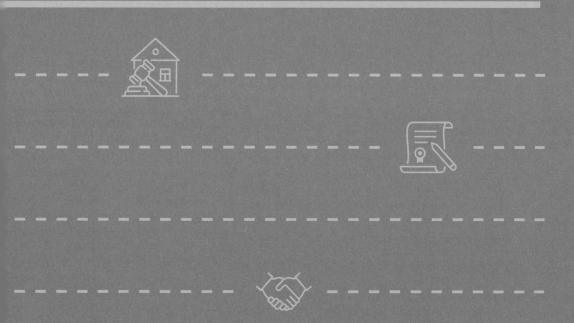

경매에 입문하는 초보자들에게 경매에서 가장 어려운 게 뭘까? 대부분이 권리분석이 가장 어렵다고 말한다. 사실 권리분석이 어려운 경매 물건이 거의 없다. 예를 들어 현재 경매로 나온 물건이 100건이라면 그중에서 권리분석상의 문제가 될 만한 물건은 1~2건도 채 안 된다. 다만 그 1~2건의 물건에 대한 위험이 무엇인지 알아야 하기 때문에 권리분석을 제대로 공부해야 한다. 잘못된 권리분석의 모든 책임은 낙찰자가 부담해야 하기 때문이다.

간단히 정리하자면 권리분석은 중요하지만 그렇게 어렵지 않다. 이 책을 통해 권리분석의 기본을 충실히 이해하고, 다양한 사례를 통해 공부하다 보면 곧 자신감을 가지게 될 것이다. 그리고 부동산 지역분석과 물건분석, 즉 현장답사와 많은 경험을 통해 내공을 단단히 해야 한다. 공부만 하는 경매 말고 돈 버는 경매를 해야만 한다. 이해할 것은 이해하고, 암기할 것은 암기하자.

01 권리분석의 핵심, 말소기준권리

　권리분석의 핵심은 말소기준권리다. 말소기준권리란 무엇일까? 말소기준권리는 낙찰자가 낙찰받고 잔금을 납부하면 어떤 것은 소멸되고, 또 어떤 것은 낙찰자가 인수하느냐의 기준이 되는 권리다. 권리분석을 할 때에는 그 사건의 말소기준권리를 찾는 게 가장 중요하다. 어디서 찾을까? 경매로 나온 부동산의 등기부등본을 보고 찾으면 된다.

　먼저 말소기준권리가 될 수 있는 권리는 기본적으로 다음 6가지다. 반드시 암기하자.

- 근저당권
- 저당권
- 가압류
- 압류
- 담보가등기
- 경매개시결정기입등기

위 6가지 권리 중에 등기부에 가장 먼저 기입된 것(접수번호가 가장 빠른 것)이 바로 그 사건의 말소기준권리다. 예를 들어 어떤 아파트 등기부를 발급해 보니, 등기부 갑구에 이렇게 쓰여 있었다.

- 2022년 4월 6일 - 가압류 등기
- 2022년 5월 9일 - 압류 등기
- 2023년 4월 6일 - 경매등기

등기부 을구에는 이렇게 쓰여 있었다.

- 2022년 3월 9일 - 근저당권 등기
- 2022년 7월 9일 - 근저당권 등기
- 2022년 9월 3일 - 전세권 등기

이렇게 등기부에 기재되어 있다면 이 사건의 말소기준권리는 바로 2022년 3월 9일에 근저당권 등기이고, 이 아파트를 낙찰받게 되면 그 근저당권을 포함해서 뒤에 있는 것들은 권리상의 하자들이다. 즉 등기부에 있는 권리상의 하자들을 시간순서대로 나열하면 다음과 같은데 낙찰자가 낙찰받고 잔금을 모두 납부하면 다음 권리상의 하자들은 모두 소멸한다. 대부분의 경매 물건은 권리상의 문제가 거의 없다.

- 2022년 3월 9일 - 근저당권 등기 ⟶ 말소기준권리
- 2022년 4월 6일 - 가압류 등기
- 2022년 5월 9일 - 압류 등기
- 2022년 7월 9일 - 근저당권 등기
- 2022년 9월 3일 - 전세권 등기
- 2023년 4월 6일 - 경매등기

이 사건 말소기준권리 포함 낙찰 후 모두 소멸한다.

참고로 등기부는 대법원인터넷등기소에서 언제든지 발급받을 수 있다.

02 경매는 소멸주의다

REAL ESTATE AUCTION

권리분석에서 핵심은 말소기준권리이고, 그 말소기준권리를 가지고 소멸하거나 인수하는 권리상의 하자를 나눈다. 소멸주의란 낙찰자가 낙찰받고 잔금을 납부하면 그 사건의 말소기준권리를 포함해서 뒤에 있는 권리상의 하자들은 모두 소멸한다는 것이다. 부동산의 등기부에 빚이 많거나 또는 임차인이 많아도 입찰해서 낙찰을 받을 수 있는 이유가 바로 소멸주의 때문이다. 만약 5억 원인 아파트의 등기부에 권리들과 임차인이 다음과 같은 순서로 되어 있다고 가정해보자.

[등기부]

1월 2일 근저당권 3억 원

5월 6일 가압류 4억 원

6월 8일 가압류 1억 원

[임차인]

4월 5일 임차인 2억 원(점유+전입+확정)

이렇게 등기부와 임차인의 부담을 합쳐 10억 원의 빚이 있다. 이런 아파트는 일반 매매에서는 일명 깡통아파트, 즉 담보가치가 전혀 없다. 이런 아파트는 누가 '공짜'로 준다고 해도 받아서는 안 된다. 빚만 떠안게 되기 때문이다. 그러나 경매는 다르다. 입찰해서 낙찰을 받아도 좋다. 낙찰받고 잔금을 납부하면 등기부상에 등기된 1월 2일 근저당권을 포함해 권리상의 하자들은 모두 말소되기 때문이다. 등기부상에 근저당권, 가압류 2건 그리고 임차인 등 모든 부담이 소멸한다.

다시 한번 정리해보면 낙찰 후에 등기부상에 있는 근저당권, 저당권, 경매등기, 가압류와 압류 등은 모두 말소된다. 말소기준권리보다 앞선 선순위전세권도 배당요구를 하면 말소된다. 말소기준권리보다 뒤에 설정된 전세권, 지상권, 가등기 등은 모두 말소된다. 등기부에는 없지만, 말소기준권리보다 뒤에 대항력을 갖춘 임차인은 낙찰자에게 대항하지 못한다.

03 권리분석의 핵심, 인수주의

REAL ESTATE AUCTION

경매에서 소멸주의만 있다면 권리분석을 공부할 필요가 없다. 그러나 앞에서 언급한 것처럼 어떤 경우에는 낙찰자가 낙찰받고 추가로 인수할 것이 있다. 우리가 권리분석을 공부하는 이유다. 인수주의가 있기 때문에 우리는 권리분석을 공부해야 한다.

말소기준권리보다 앞서 등기된 전세권 중 배당요구를 하지 않는 전세권이라면 그 전세 금액을 감안해서 낙찰을 받아야 한다. 낙찰자가 낙찰 대금 외에 그 전세금을 추가로 떠안아야 하기 때문이다. 추가로 비용이 발생하는 것이다. 말소기준권리보다 앞서 등기된 지상권이 있다면 말소되지 않고 낙찰자가 인수한다. 만약 토지가 있는데 말소되지 않는 지상권이 있다면 낙찰자가 낙찰받고도 그 토지를 마음대로 사용할 수 없다. 말소기준권리보다 앞서 등기된 가처분, 가등기 등이 있다면 가급적 낙찰을 받아서는 안 된다. 최악의 경우에 낙찰자가 소유권을 빼앗길 수 있기 때문이다.

말소기준권리보다 앞서 대항력을 갖춘 임차인이 있다면 그 임차인이 배당을 받는지, 못 받는지를 확인해서 낙찰을 받아야 한다. 이런 임차인을 선순위임차인이라고 한다. 선순위임차인이 배당요구를 하거나 하지 않았거나 못 받은 보증금은 낙찰자가 낙찰 대금 외에 추가로 인수해야 하기 때문이다.

적법한 유치권이 있다면 낙찰자가 그 금액을 감안해서 낙찰을 받아야 한다. 예를 들어 낙찰 대금 외에 추가로 그 유치권자의 공사 대금을 인수해야 하기 때문이다.

04 경매는 잉여주의다

REAL ESTATE AUCTION

필자가 많은 강의장에서 자주 하는 질문이 있다.

"경매는 몇 번까지 유찰이 가능할까?"

그러면 대부분은 1번요, 3번요, 낙찰될 때까지 등의 많은 답변을 한다. 이것은 바로 잉여주의에 대한 질문이다. 경매는 경매를 신청한 채권자가 1원이라도 배당을 받아야 한다는 대원칙이 있다. 경매를 신청한 채권자가 단 1원이라도 배당받지 못한다면 그 경매는 무익한 경매로 취소된다. 예를 들어보자. 4억 원인 아파트가 있는데 등기부등본에 이렇게 쓰어 있다.

- 2월 5일자 국민은행 근저당권 4억 원
- 6월 9일자 하나은행 근저당권 4억 원

근저당권은 물권이라고 해서 우선변제권이 있다. 그 우선변제권은 등기부에 먼저 기입된 순서대로이다. 즉 이 아파트의 경우 경매가 진행되어 배당을 한다면 국민은행 근저당권의 날짜가 빨라 먼저 배당받는다. 그리고 남는게 있으면 하나은행이 배당을 받는다.

그런데 만약 이 아파트의 경매를 국민은행이 신청했다고 해보자. 경매는 낙찰될 때까지 진행된다. 4억 원, 3억 원, 2억 원 또는 1억 원에 낙찰되어도 경매를 신청한 국민은행은 일부 금액이라도 배당을 받을 수 있다. 그런데 만약 하나은행만 경매를 신청했다고 가정해보자. 그리고 4억 원에 낙찰되었다고 가정해보자. 이때 국민은행이 4억 원의 배당을 받고, 경매를 신청한 하나은행은 배당받을 수 없다. 그래서 이런 경매는 잉여주의 위반, 또는 무익한 경매라고 해서 매각이 불허되거나 취소된다.

그런데 하나은행이 먼저 경매를 신청하고 이후에 국민은행도 경매를 신청(이중경매)한다면 잉여주의는 문제가 되지 않는다. 왜냐하면 잉여주의는 경매를 신청한 채권자 중 한 사람이 1원이라도 배당을 받으면 되기 때문이다. 그런데 경매에서 잉여주의를 오해하는 분들이 있다. 잉여주의는 경매를 신청한 채권자의 채권을 모두 배당을 받아야 하는 것이 아니다. 그중 1원이라도 배당을 받으면 된다는 것을 명심하자.

05

권리분석의
최종 검수 자료,
매각물건명세서

REAL ESTATE AUCTION

경매 권리분석을 할 때 가장 중요한 서류는 매각물건명세서다. 매각물건 명세서만 보고 입찰해도 전혀 문제가 없다고 해도 과언이 아니다.

매각물건명세서는 권리분석의 최종 검수 자료다. 입찰 시 사전에 권리분석을 충분히 하지 못했다 하더라도 매각물건명세서만 보고도 입찰 참여가 가능하다. 이 매각물건명세서는 다양한 상황과 서류에 대한 코멘트가 있다. 더불어 법원이 만든 것이기 때문에 믿을 수 있다. 가장 공신력이 있다. 그러나 매각물건명세서는 아무 때나 볼 수 있는 것은 아니다. 매각기일이 7일 이내 남았을 때에만 볼 수 있다. 예를 들어 오늘이 1월 1일인데 매각기일이 1월 7일이라면 매각물건명세서를 볼 수 있

입찰법정에서 매각물건명세서를 확인하는 모습

다. 그러나 매각기일이 1월 20일이라면 매각물건명세서를 볼 수 없다. 매각기일이 7일이 더 남았기 때문이다. 그러면 이 매각물건명세서는 어디서 볼 수 있을까? 대법원경매정보 사이트에서 온라인으로 보거나, 해당 경매계에 직접 가서 오프라인에서도 볼 수 있다.

■ 임차인이 점유하고 있지만 법률상 문제 없는 매각물건명세서

서 울 북 부 지 방 법 원

2018타경2875

매각물건명세서

❶ 사건	2018타경2875 부동산강제경매	❷ 매각 물건번호	1	작성 일자	2018.09.28	❸ 담임법관 (사법보좌관)		
부동산 및 감정평가액 최저매각가격의 표시	별지기재와 같음	❹ 최선순위 설정	2012. 9. 3. 근저당권			배당요구종기	2018.06.05	❺

부동산의 점유자와 점유의 권원, 점유할 수 있는 기간, 차임 또는 보증금에 관한 관계인의 진술 및 임차인이 있는 경우 배당요구 여부와 그 일자, 전입신고일자 또는 사업자등록신청일자와 확정일자의 유무와 그 일자

점유자 성 명	점유 부분	정보출처 구분	점유의 권원	임대차기간 (점유기간)	보 증 금	차 임	❽ 전입신고 일자, 사업자등록 신청일자	확정일자	배당 요구여부 (배당요구일자)
김**	전부 (방3칸)	❻ 권리신고	기타 임차인	2017.11.20.부터 2018.11.20.까지	50,000,000	100,000	2017.05.04.	2018.04.04.	2018.04.04
김**	401호	❼ 현황조사	미상 임차인	미상	미상	미상	2017.05.04	미상	

〈비고〉
임차인 김** 은 임차인 김** 의 자녀임.
※ 최선순위 설정일자보다 대항요건을 먼저 갖춘 주택·상가건물 임차인의 임차보증금은 매수인에게 인수되는 경우가 발생 할 수 있고, 대항력과 우선변제권이 있는 주택·상가건물 임차인이 배당요구를 하였으나 보증금 전액에 관하여 배당을 받지 아니한 경우에는 배당받지 못한 잔액이 매수인에게 인수되게 됨을 주의하시기 바랍니다.

등기된 부동산에 관한 권리 또는 가처분으로 매각으로 그 효력이 소멸되지 아니하는 것
❾

매각에 따라 설정된 것으로 보는 지상권의 개요
❾

비고란
❾

❶ 입찰표 기재할 때 사건번호란에 이 사건번호를 기재한다.
❷ 입찰표 물건번호란에 이 물건번호를 기재한다.
❸ 이 매각물건명세서를 작성한 날이다.
❹ 이 사건의 말소기준권리이다.
❺ 배당요구를 해야만 배당을 받은 사람들은 이날까지 배당요구를 해야 한다.
❻ 점유자가 자신의 보증금 등 점유자의 컨디션을 법원에 신고한 것이다.
❼ 집행관이 현황조사 당시에 확인한 사항이다.
❽ 점유자의 전입신고 날짜 등이다. 전입신고 날짜가 말소기준권리보다 빠르면 그 점유자에 대한 권리분석을 철저히 해야 하고, 전입신고 날짜가 최선순위설정일과 같거나 느리다면 권리상의 하자는 없는 것이다.
❾ 특별한 설명이 없으니 문제가 없다.

수원지방법원 안산지원

2023타경54064

매각물건명세서

사건	2023타경54064 부동산임의경매		매각물건번호	1	작성일자	2023.10.06	담임법관(사법보좌관)		
부동산 및 감정평가액 최저매각가격의 표시	별지기재와 같음		최선순위 설정	2021.06.28. 근저당권			배당요구종기	2023.07.04	

부동산의 점유자와 점유의 권원, 점유할 수 있는 기간, 차임 또는 보증금에 관한 관계인의 진술 및 임차인이 있는 경우 배당요구 여부와 그 일자, 전입신고일자 또는 사업자등록신청일자와 확정일자의 유무와 그 일자

점유자의 성명	점유부분	정보출처 구분	점유의 권원	임대차기간(점유기간)	보증금	차임	전입신고일자·외국인등록(체류지변경신고)일자·사업자등록신청일자	확정일자	배당요구여부(배당요구일자)
조사된 임차내역없음									

※ 최선순위 설정일자보다 대항요건을 먼저 갖춘 주택·상가건물 임차인의 임차보증금은 매수인에게 인수되는 경우가 발생 할 수 있고, 대항력과 우선변제권이 있는 주택·상가건물 임차인이 배당요구를 하였으나 보증금 전액에 관하여 배당을 받지 아니한 경우에는 배당받지 못한 잔액이 매수인에게 인수되게 됨을 주의하시기 바랍니다.

등기된 부동산에 관한 권리 또는 가처분으로 매각으로 그 효력이 소멸되지 아니하는 것
✓

매각에 따라 설정된 것으로 보는 지상권의 개요
✓

비고란
✓

실무에서 법률적으로 문제가 있는 물건은 거의 없는 편이다.

특별한 권리상의 문제가 없는 매각물건명세서다. 대부분 경매 물건의 매각물건명세서는 이처럼 권리상 하자가 없다. 매각물건명세서를 신뢰하고 낙찰을 받았는데 차후 이 매각물건명세서상의 중대한 하자가 있다면 매각의 불허가 또는 취소 등을 신청할 수 있다.

06 말소기준권리, 등기부에서 확인하자

REAL ESTATE AUCTION

경매로 나온 김포시 운양동의 땅이다. 부동산 등기부의 표제부를 보면 그 부동산에 대한 표시가 기재되어 있다. 주소는 김포시 운양동이고, 지목은 밭(전)이고, 그 면적은 2,618㎡다.

① 갑구에는 소유권에 관한 사항이 기재되어 있다. 소유권이전이나 가처분 가압류 그리고 경매등기 등이 기재되어 있다.

② 등기부 을구를 보면 근저당권이 설정되어 있다. ②와 ③의 등기부를 보고 이 사건의 말소기준권리를 찾는다. 가압류/압류/근저당권/저당권/담보가등기/경매등기 중 가장 먼저 기입된 것이 그 사건의 말소기준권리다. 따라서 이 사건의 말소기준권리는 2016년 9월 6일 등기된 가압류다. 하지만 낙찰이 되면 모든 등기부상의 하자는 소멸한다.

경매 권리분석을 할 때 가장 많이 확인하는 서류가 매각물건명세서라면 그에 비견되는 서류가 또 하나 있다. 바로 등기부다. 등기부는 누구나 주소

등기사항전부증명서(말소사항 포함)
- 토지 -

[토지] 경기도 김포시 운양동 •••

❶ 【 표 제 부 】 (토지의 표시)

표시번호	접 수	소 재 지 번	지 목	면 적	등기원인 및 기타사항
~~1~~ (전 1)	~~1980년6월26일~~	~~경기도 김포군 김포읍 운양리~~	관	~~2618㎡~~	
					부동산등기법 제177조의 6 제1항의 규정에 의하여 2000년 02월 29일 전산이기
2		경기도 김포시 운양동	전	2618㎡	1998년4월1일 행정구역명칭변경으로 인하여 2000년3월18일 등기

❷ 【 갑 구 】 (소유권에 관한 사항)

순위번호	등 기 목 적	접 수	등 기 원 인	권리자 및 기타사항
1 (전 2)	소유권이전	1993년8월11일 제20032호	1984년12월17일 증여	소유자 김 ** 621029-******* 김포군 김포읍 운양리 법률제4502호에의하여등기
1-1	1번등기명의인표시변경	2017년10월13일 제80743호	1999년5월20일 전거	김 ** 의 주소 경기도 김포시 김포대로926번길 ○○○,○○○동 ○○○호(북변동,풍년마을)
~~2~~ (전 3)	~~가처분~~	~~1998년8월28일 제26505호~~	~~1998년8월25일 인천지방 법원 가처분결정(98 카합6908)~~	~~피보전권리 소유권이전등기청구권~~ ~~채권자 동아건설산업주식회사~~ ~~서울 중구 서소문동 120-23~~ ~~금지사항 매매,증여,전세권,저당권,~~ ~~임차권의설정 및 기타일체의~~ ~~처분행위금지~~
				부동산등기법 제177조의 6 제1항의 규정에 의하여 1번 내지 2번 등기를 2000년 02월 29일 전산이기
4	가압류	2016년9월6일 제62996호	2016년9월6일 인천지방법원 부천지원 김포시법원의 가압류결정(201 6카)	청구금액 금10,834,063 원 채권자 김포 ** 124436-0000090 김포시 북변로 11 (북변동)
5	가압류	2016년10월31일 제79499호	2016년10월31일 인천지방법원 부천지원의 가압류결정(201 6카)	청구금액 금145,017,759 원 채권자 김포 ** 124436-0000090 경기 김포시 북변로 11 (북변동)
6	2번가처분등기말소	2017년12월11일 제98680호	2017년12월4일 해제	
7	임의경매개시결정	2018년5월1일 제36370호	2018년5월1일 인천지방법원 부천지원의 임의경매개시결 정(2018타경411 1)	채권자 아이언 **** 110111- 서울 마포구 마포대로 137, 14층

❸순위번호	등 기 목 적	접 수	등 기 원 인	권리자 및 기타사항
	말소	제18959호	해지	
6	근저당권설정	2017년10월13일 제80828호	2017년10월13일 설정계약	채권최고액 금1,300,000,000원 채무자 주식회사○○ 경기도 김포시 양촌읍 삼도공단로 ** 근저당권자 •••••• 대부주식회사 110111-○○○○ 인천광역시 남구 경원대로 869, ○○○호(주안동,르네상스타워) 공동담보 토지 경기도 김포시 운양동○○○ 토지 경기도 김포시 운양동○○○
7	근저당권설정	2017년10월13일 제80829호	2017년10월13일 설정계약	채권최고액 금4,500,000,000원 채무자 주식회사○○ 경기도 김포시 양촌읍 삼도공단로○○ 근저당권자 주식회사•• 120111-○○○ 인천광역시 부평구 청중로○○ (청천동) 공동담보 토지 경기도 김포시 운양동○○○ 토지 경기도 김포시 운양동○○○

만 알면 대법원인터넷 등기소에서 발급받을 수 있다. 물론 등기소에 직접 가서 발급 받을 수도 있다. 대법원인터넷등기소가 좋은 이유는 아무 때나 발급 받을 수 있다는 것이다. 등기소 근무시간이 아닌 밤 10시에도 그리고 등기소가 쉬는 일요일에도 발급이 가능하다. 등기부를 제대로 보는 능력이 중요한데, 등기부는 토지등기부, 건물등기부, 집합건물등기부의 가치가 있다.

권리분석을 할 때 왜 등기부를 보아야 할까? 이유는 간단하다. 바로 그 사건의 말소기준권리를 찾기 위해서다. 그리고 낙찰 후 등기부에 소멸하지 않고 인수하는 것이 있는지를 확인하기 위해서다.

등기부는 표제부와 갑구, 을구로 구성되어 있다. 먼저 표제부에는 부동산의 표시가 나타나 있다. 즉 부동산의 위치, 지번, 면적 등이 기재되어 있다. 갑구에는 소유권에 관한 사항이 표시되어 있다. 즉 소유권이전, 가압류, 압류, 가처분, 가등기, 경매등기 등이 표시되어 있다. 을구에는 소유권 이외의 사항이 표시되어 있다. 즉 근저당권, 지상권, 전세권, 임차권등기 등이 표시되어 있다.

19	임의경매개시결정	2017년11월27일 제93722호	2017년11월27일 서울북부지방법원의 임의경매개시결정(2017타경120	채권자 ** 신용협동조합 115041-**** 서울 동작구 사당로 254 (사당동)

등기부 경매등기

등기부상의 권리 순위는 접수번호가 빠를수록 앞선다. 즉 등기부에 먼저 기입된 순서대로 권리가 앞선다고 보면 된다.

가압류와 가처분의 차이가 무엇인가요?

정답은 돈 받을 권리인지, 아니면 안돈 받을 권리(돈 이외의 권리나 청구권을 받는 경우)인지의 차이다. 가압류와 가처분은 둘 다 소송을 전제로 한다. 소송은 시간이 오래 걸린다. 대략적으로 1년 정도의 시간이 걸린다. 그런데 그 와중에 채무자가 재산을 빼돌리거나 현상을 변경해버리면 채권자, 즉 원고가 나중에 소송에서 이겨도 강제집행을 못 하게 되는 상황이 발생한다. 그래서 사전에 채무자의 재산이나 현상을 변경하지 못하게 잡아둔다. 가압류는 돈 받을 것이 있을 때 하는 것이고, 가처분은 돈 받을 권리 이외의 청구권이 있을 때, 즉 안돈 받을 권리가 있을 때 한다. 대표적인 가압류에는 부동산가압류, 채권가압류, 동산가압류 등이 있다. 대표적인 가처분에는 처분금지가처분과 점유이전금지가처분이 있다.

07 선순위임차인을 조심하자

REAL ESTATE AUCTION

아파트나 빌라, 다가구주택 그리고 오피스텔과 상가 등 건물을 입찰할 때 가장 많이 고민해야 하는 것이 바로 선순위임차인이 있는지 여부다. 선순위 임차인이란 말소기준권리보다 앞서서 대항력을 갖춘 임차인이다. 흔히 '선순위' 또는 '후순위'라는 표현을 쓰는데, 선순위란 말소기준권리보다 앞에 있다는 것이고, 후순위란 말소기준권리보다 뒤에 있다는 것이다. 권리분석을할 때 후순위는 거의 모두 말소되기 때문에 입찰 시 고민하지 않아도 된다. 그러나 선순위는 낙찰자가 추가로 인수할 수도 있기 때문에 입찰 시 제대로 권리분석을 해야만 한다.

그중에서도 가장 많이 확인하는 것 중 하나가 바로 선순위임차인이다. 앞서 임대차보호법에서도 확인한 것처럼 임차인의 대항력은 점유와 전입신고를 하면 다음 날 0시에 생긴다. 상가라면 점유와 사업자등록을 하면 역시 다음 날 0시에 대항력이 발생한다.

예를 들어 5억 원인 아파트가 있는데, 등기부를 보니 5월 8일 근저당권이 말소기준권리다. 그런데 거기에 살고 있는 임차인이 점유와 전입신고를 각각 5월 3일에 했다면 이 임차인은 선순위임차인이다. 대항력이 말소기준권리보다 빠른 5월 4일 0시에 발생했기 때문이다. 반면에 점유와 전입신고를 각각 5월 8일에 했다면 이 임차인은 후순위임차인이다. 대항력이 5월 9일 0시에 발생하기 때문이다. 입찰할 때 고민하고 제대로 확인해야 하는 임차인은 후순위임차인이 아니고 선순위임차인이다.

입찰자 입장에서 선순위임차인이 배당요구를 해서 배당을 모두 받으면 문제가 없다. 그러나 선순위임차인이 배당요구를 했음에도 배당을 아예 못 받거나 일부만 받는 경우, 또는 배당요구를 하지 않아서 배당을 못 받는다면 못 받은 보증금을 낙찰자가 낙찰 대금 외에 추가로 인수해야 한다. 따라서 선순위임차인이 있는 부동산의 입찰은 선순위임차인의 보증금과 그 보증금의 배당 여부를 잘 확인해서 입찰에 참여해야 한다.

선순위임차인을 인수하지 않는 경우

구리시 인창동의 한 아파트다. 임차인 구모 씨가 선순위임차인 요건을 갖추고 있다. 이 사건의 말소기준권리인 2017년 4월 12일 가압류보다 먼저 대항력을 갖추었다. 더불어서 확정일자도 빨리 받아서 우선변제권도 빠르다. 이 임차인은 배당요구도 하였고, 보증금은 2억 5,500만 원이다.

낙찰된 금액이 3억 5,619만 9,990원으로 되어 있는데, 선순위임차인의 대항력과 우선변제권이 가장 빨라 가장 먼저 보증금 2억 5,500만 원을 전액 배

의정부**17**계 2018-78141 (1)

[인창동] 아파트

경매17계(☎031-828-0337) 법원안내

⊕ 관심사건등록　⊖ 인쇄

대표소재지	[목록1] 경기 구리시 인창동 ***-* 아름마을 ** 아파트 ***동 **층 ***호				
대표용도	아파트 (32평형)	채권자	중00000 강제경매		
기타용도	-	소유자	김OO	신청일	2018.07.20
감정평가액	352,000,000원	채무자	김OO	개시결정일	2018.07.23
최저경매가	(100%) 352,000,000원	경매대상	건물전부, 토지전부	감정기일	2018.08.07
낙찰/응찰	356,199,990원 / 1명	토지면적	31.8㎡ (9.62평)	배당종기일	2018.10.02
청구금액	115,311,120원	건물면적	84.95㎡ (25.7평)	낙찰일	2018.10.26
등기채권액	354,332,622원	제시외면적	0㎡	매각결정일	2018.11.02
물건변호	1 [낙찰]				

■ 등기부상 권리 확인

소재지/감정서	면적(단위:㎡)	진행결과	임차관계/관리비	등기권리
(11919) **[목록1]** 경기 구리시 인창동 ***-* 아름마을 ** 아파트 ***동 **층 지도 등기 토지이용 [구분건물] · 본건은 경기도 구리시 인창동 소재 "인창초등학교" 북측 인근에 위치하며, 주위는 아파트단지, 학교시설, 근린생활시설 등이 혼재하는 지대로서 제반 주위환경은 보통임. · 본건까지 차량 진출입이 가능하고 인근에 노선버스 정류장이 소재하는 등 제반 교통상황은 보통임. · 철근콘크리트벽식조 경사슬라브지붕 23층 건 중 제15층 제1505호로서(사용승인일 : 1999.05.26.)외벽 :	대지 · 31.8/15466㎡ (9.62평) 건물 · 84.95㎡ (25.7평) 총 23층 중 15층 보존등기 1999.06.07 토지감정　140,800,000 평당가격　14,636,180 건물감정　211,200,000 평당가격　8,217,900 감정기관 프라임감정	감정　352,000,000 100%　352,000,000 낙찰　2018.10.26 　　356,199,990 　　(101.19%) 구** 응찰 1명 법원기일내역	▶법원임차조사 구 ** 전입 2016.09.27 확정 2016.09.22 배당 2018.09.12 보증 2억5500만 점유 전부(방3칸)/주거 (점유: 2016.9.27.-2018.9.27.) *총보증금:255,000,000 임대수익률계산 ▶전입세대 직접열람 go 구** 2016.09.27 열람일 2018.10.12 ▶관리비체납내역 ·체납액:0 ·확인일자:2018.10.12 ·18년8월까지미납없음 ·☎ 031-552-4182	*집합건물등기 소유권 김 ** 이 전 1999.06.22 매매(1996.08.30) 가압류 신용보증기금 (강서지점) 2017.04.12 256,500,000 [말소기준권리] 가압류 중소기업은행 (여신관리부) 2017.05.11 97,832,622 강 제 중소기업은행 (여신관리부) 2018.07.23 (2018타경78141) 청구액 115,311,120원

낙찰 후 말소기준권리 포함 모두 말소

의 정 부 지 방 법 원

2018타경78141

매각물건명세서

사 건	2018타경78141 부동산강제경매	매각물건번호	1	작성일자	2018.10.12	담임법관(사법보좌관)	
부동산 및 감정평가액최저매각가격의 표시	별지기재와 같음	최선순위설정		2017.4.12.가압류		배당요구종기	2018.10.02

부동산의 점유자와 점유의 권원, 점유할 수 있는 기간, 차임 또는 보증금에 관한 관계인의 진술 및 임차인이 있는 경우 배당요구 여부와 그 일자, 전입신고일자 또는 사업자등록신청일자와 확정일자의 유무와 그 일자

점유자성 명	점유부분	정보출처구 분	점유의권 원	임대차기간(점유기간)	보 증 금	차 임	전입신고일자,사업자등록신청일자	확정일자	배당요구여부(배당요구일자)
구**		현황조사	주거임차인				2016.09.27		
	전부(방3칸)	권리신고	주거임차인	2016.9.27.~2018.9.27.	255,000,000		2016.9.27.	2016.9.22.	2018.09.12

〈비고〉
구** : 매수인에게 대항할 수 있는 임차인이며 배당금 부족시 낙찰인이 인수 할 수 있음

※ 최선순위 설정일자보다 대항요건을 먼저 갖춘 주택·상가건물 임차인의 임차보증금은 매수인에게 인수되는 경우가 발생 할 수 있고, 대항력과 우선변제권이 있는 주택·상가건물 임차인이 배당요구를 하였으나 보증금 전액에 관하여 배당을 받지 아니한 경우에는 배당받지 못한 잔액이 매수인에게 인수되게 됨을 주의하시기 바랍니다.

등기된 부동산에 관한 권리 또는 가처분으로 매각으로 그 효력이 소멸되지 아니하는 것
해당사항없음

매각에 따라 설정된 것으로 보는 지상권의 개요
해당사항없음

비고란
✓

당받는다. 따라서 낙찰자가 인수할 선순위임차인의 보증금은 없다.

매각물건명세서상에서 보면 임차인 구모 씨가 위 이 사건의 말소기준권리(매각물건명세서상의 최선순위설정 2017년 4월 12일 가압류)보다 먼저 전입신고(2016년 9월 27일)되어 있고, 확정일자도 2016년 9월 22일에 받았다. 더불어 배당요구도 배당요구종기일 안에 적법하게 하였다. 따라서 구모 씨는 우선변제권으로 모두 배당을 받았다.

비고란에 구모 씨가 매수인에게 대항할 수 있는 임차인이며 배당금이 부족할 때 낙찰인이 인수할 수 있음으로 되어 있지만, 전액 배당을 받기 때문에 인수할 보증금은 없다.

선순위임차인을 인수하는 경우

　용인시 수지구의 한 아파트다. 임차인 김모 씨가 선순위임차인 요건을 갖추고 있다. 이 사건 말소기준권리인 2017년 1월 10일 근저당권보다 먼저 대항력을 갖추었다. 더불어서 확정일자도 빨리 받아서 우선변제권도 빠르다. 그러나 이 임차인은 배당요구를 하지 않았고, 보증금은 2억 8,000만 원이다. 임차인은 배당요구를 하지 않으면 배당을 받을 수 없다. 따라서 선순위임차인 김모 씨의 보증금 2억 8,000만 원은 전액 낙찰자가 추가로 인수한다. 그래서 실제로 감정평가액은 4억 3,000만 원이고, 최저경매가격은 7,270만 원인데, 9,112만 원에 낙찰을 받았다. 하지만 낙찰받은 사람은 추가로 2억 8,000만 원을 인수해야 하기 때문에 실제로는 3억 7,112만 원에 낙찰받은 셈이다.

　매각물건명세서상에서 보면 임차인 김모 씨가 위 이 사건의 말소기준권

[죽전동] 아파트	**수원9계 2017-14139 (1)** 경매9계(☎031-210-1269) [법원안내]			⊕ 관심사건등록　⊜ 인쇄
대표소재지	[목록1] 경기 용인시 수지구 죽전동 ●●●-● 죽전벽산 ●●● ●층			
대 표 용 도	아파트	채 권 자	김OO [임의경매]	
기 타 용 도	-	소 유 자	김OO	신 청 일　2017.06.05
감정평가액	430,000,000원	채 무 자	김OO	개시결정일　2017.06.07
최저경매가	(17%) 72,270,000원	경 매 대 상	건물전부, 토지전부	감 정 기 일　2017.06.13
낙찰 / 응찰	91,120,000원 / 4명	토 지 면 적	108.24㎡ (32.74평)	배당종기일　2017.08.18
청 구 금 액	90,000,000원	건 물 면 적	173.54㎡ (52.5평)	낙 찰 일　2018.09.19
등기채권액	148,954,089원	제시외면적	0㎡	배 당 기 일　2018.11.29
물 건 변 호	1 [납부]			

소재지/감정서	면적(단위:㎡)	진행결과	임차관계/관리비	등기권리
(16880) [목록1] 경기 용인시 수지구 죽전동 ***-* 죽전벽산 *** *층 [구분건물] · 본건은 경기도 용인시 수지구 죽전동 소재 현암중학교 북서측 인근에 위치하고, 주위는 아파트단지 및 근린생활시설 등이 혼재하며, 제반주위환경은 보통임. · 본건까지 차량 접근가능하며, 인근에 노선버스정류장이 소재하여 제반교통상황은 보통임. · 철근콘크리트 벽식구조 슬래브지붕(경사지붕) 10층 건내 제5층 제501호로서, 외벽 : 몰탈위 페인팅 마감 내벽 : 벽지도배 및 일부 타일붙임 마감창호 : 하이샷시 창호임. · 아파트로 이용중임. · 위생 및 급배수설비, 난방설비 및 승강기 설비 등이 되어 있음. · 북측으로 광대로, 서측으로 소로에 각각 접함. ▶토지이용계획 · 제3종일반주거지역 · 준주거지역 · 도시지역 · 소로1류 · 대로3류 · 제1종지구단위계획구역 · 택지개발예정지구 · 비행안전제3구역(전술) · 상대정화구역 · 가축사육제한구역	[지도] [등기] [토지이용] 대 지 · 2056.6㎡중 108.24/205 6.6 ⇒108.24㎡ (32.74평) 건 물 · 173.54㎡ (52.5평) 총 10층 중 5층 보존등기 1998.12.19 토지감정 258,000,000 평당가격 7,880,270 건물감정 172,000,000 평당가격 3,276,200 감정기관 우리감정	감정 430,000,000 100% 430,000,000 유찰 2017.12.01 70% 301,000,000 유찰 2018.01.10 49% 210,700,000 유찰 2018.02.09 34% 147,490,000 유찰 2018.03.22 24% 103,243,000 유찰 2018.04.24 17% 72,270,000 낙찰 2018.05.25 86,300,000 (20.07%) 양** 응찰 4명 2위 응찰가 81,100,000 허가 2018.06.01 미납 2018.07.10 17% 72,270,000 변경 2018.08.17 17% 72,270,000 낙찰 2018.09.19 91,120,000 (21.19%) 유** 응찰 4명 2위 응찰가 87,654,100 허가 2018.10.02 납부 2018.10.15	▶법원임차조사 김 ** 전입 2016.12.20 확정 2016.12.02 배당 - 보증 2억8000만 점유 전부/주거 (현황서상) *총보증금:280,000,000 [임대수익률계산] ▶전입세대 직접열람 [GO] 김** 2016.12.20 열람일 2017.11.20 ▶관할주민센터 용인시 수지구 죽전1동 ☎ 031-324-8794	* 집합건물등기 소유권 김 ** 이 전 2013.12.13 전소유자:안 **
경매취득 (2013.12.13) 근저당 김 ** 2017.01.10 90,000,000 [말소기준권리] 가압류 케이비캐피탈 (대구지점) 2017.05.15 27,961,796 임 의 김 ** 2017.06.07 (2017타경14139) 청구액 90,000,000원 가압류 롯데카드 (수원채권) 2017.06.14 15,912,962 가압류 우리카드 (채권관리부) 2017.07.03 15,079,331 압 류 용인시수지구 2017.11.20 [등기부채권총액] 148,954,089원 열람일 2018.07.30

낙찰 후 말소기준권리 포함 모두 말소

리(매각물건명세서상의 최선순위설정 2017년 1월 10일 근저당권)보다 먼저 전입신고(2016년 12월 20일)되어 있지만 배당요구종기일까지 배당요구를 하지 않았다. 따라서 임차인 김모 씨는 보증금을 한 푼도 배당받지 못한다. 다만 선순위임차인이라서 낙찰자가 보증금 2억 8,000만 원을 추가로 인수한다. 하지만 실무적으로 선순위임차인은 거의 없는 편이다.

실무에서 선순위임차인은 100건 중에 1~2건 있을까 말까 하다. 거의 없다

수 원 지 방 법 원

2017타경14139

매각물건명세서

사 건	2017타경14139 부동산임의경매		매각물건번호	1	작성일자	2018.08.29	담임법관(사법보좌관)		
부동산 및 감정평가액 최저매각가격의 표시	별지기재와 같음		최선순위 설정	2017.1.10. 근저당권			배당요구종기	2017.08.18	

부동산의 점유자와 점유의 권원, 점유할 수 있는 기간, 차임 또는 보증금에 관한 관계인의 진술 및 임차인이 있는 경우 배당요구 여부와 그 일자, 전입신고일자 또는 사업자등록신청일자와 확정일자의 유무와 그 일자

점유자 성 명	점유 부분	정보출처 구분	점유의 권원	임대차기간 (점유기간)	보 증 금	차 임	전입신고 일자, 사업자등록 신청일자	확정일자	배당 요구여부 (배당요구일자)
김구	전부	현황조사	주거 임차인				2016.12.20		

〈비고〉

✿ 최선순위 설정일자보다 대항요건을 먼저 갖춘 주택·상가건물 임차인의 임차보증금은 매수인에게 인수되는 경우가 발생 할 수 있고, 대항력과 우선변제권이 있는 주택·상가건물 임차인이 배당요구를 하였으나 보증금 전액에 관하여 배당을 받지 아니한 경우에는 배당받지 못한 잔액이 매수인에게 인수되게 됨을 주의하시기 바랍니다.

등기된 부동산에 관한 권리 또는 가처분으로 매각으로 그 효력이 소멸되지 아니하는 것
✓

매각에 따라 설정된 것으로 보는 지상권의 개요
✓

비고란

채권자 김** 로부터 임대차계약서 및 죽전1동장 발행 확정일자현황(임차인 김●, 임차보증금 280,000,000원, 확정일자 2016.12.02, 임대차기간 2016.12.23. - 2019.12.22)사본이 각 제출됨-진위여부 확인요함

재매각-매수신청보증금 30%

고 보면 된다. 모든 건물에 대부분 후순위임차인만 있다. 임차인은 배당요구를 해야만 배당순위에 따라 배당을 받는다. 배당을 받든, 못 받든 후순위임차인은 차후 인도명령이라는 제도를 통해 간단하게 명도할 수 있다. 임차인들은 경매가 들어가면 반드시 배당요구종기일까지 배당요구를 하는 것이 좋다.

08 선순위전세권, 매각물건명세서에서 확인하자

REAL ESTATE AUCTION

권리분석 중에 가장 쉬운 것이 선순위전세권이다. 그런데 대부분의 사람이 임차인이 가지는 임차권과 전세권을 헷갈려 한다. 아파트에 전세 살고 있으면 전세권자라고 이해한다. 전세권은 반드시 등기부에 전세권 등기가 되어 있어야 한다. 반면에 임대차 계약을 맺고 전세로 살고 있는 임차인 대부분은 각자 알아서 점유와 전입신고 그리고 확정일자를 받아야 하는데, 이러한 임차인들이 가지는 권리가 임차권이다.

선순위전세권은 말소기준권리보다 앞서서 전세권등기가 된 것이다. 입찰자 입장에서는 후순위전세권은 전혀 고려의 대상이 되지 않는다. 전혀 문제가 없다는 것이다. 문제가 되는 것은 선순위전세권이다. 만약 선순위전세권자가 배당요구를 하면 낙찰자가 그 선순위전세권을 인수하지 않아도 되지만, 선순위전세권자가 배당요구를 하지 않으면 낙찰자가 낙찰 대금 외에 추가로 그 선순위전세권자의 전세금을 인수해야 한다.

그러면 실무적으로 선순위전세권을 인수해야 할지, 안 해도 되는지를 한눈에 알아보는 방법이 있을까? 있다. 매각물건명세서를 통해서 선순위전세권을 낙찰자가 인수하느냐, 하지 않느냐를 확인할 수 있다. 예를 들어 매각물건명세서상에 [매각으로 인해 효력이 소멸하지 않는 것]에 '전세권'이 기재되어 있다면 인수하고, '전세권'이 기재되어 있지 않다면 소멸한다.

낙찰자가 전세권을 인수하는 경우

부천시 중동에 있는 한 오피스텔이다. 곽모 씨가 전세금 8,300만 원으로 선순위전세권자다. 배당요구를 하면 전세권은 낙찰 후 말소가 되고, 배당요구를 하지 않으면 낙찰자가 낙찰 후에도 전세금 8,300만 원짜리 전세권을 인수하게 된다.

최종 매각물건명세서를 보면, 중단에 '등기된 부동산에 관한 권리 또는 가처분으로 매각으로 그 효력이 소멸되지 아니하는 것'에 '을구 순위 7번 전세권 설정등기는 말소되지 않고 매수인에게 인수됨'이라고 기재되어 있다. 즉 낙찰자에게 추가로 선순위전세권을 인수하라는 것이다.

실제로 선순위전세권을 인수해야 한다면 그 금액을 감안해서 낙찰을 아주 저렴하게 받아야 한다. 현재 이 오피스텔의 감정가가 1억 1,500만 원이라면 낙찰 후 8,300만 원을 인수해야 하므로 실제 낙찰은 1,000만~2,000만 원대에서 낙찰을 받아야 할 것으로 보인다. 실제 2,000만 원에 낙찰을 받아도 8,300만 원을 인수해야 하므로 실제로는 1억 300만 원에 낙찰을 받는 것이다.

구분	당일조회	누적조회	관심등록	경매대행
부동산태인	1	57	2	문의하기
대 법 원	0	11	6	

본 물건은 매각기일 1주일 전에 공개되는 법원의 매각물건명세서가 아직 공고되지 않은 상태입니다. 정확한 권리분석을 위해서 11월 22일 공개예정인 매각물건명세서를 꼭 확인하시기 바랍니다. 특히, 이미 1회 이상 유찰 또는 변경이 되었거나 재매각이 되는 물건의 경우에도 기존 매각물건명세서의 내용이 갱신되는 경우가 많으니 주의하시기 바랍니다.

대표소재지	[목록1] 경기 부천시 중동 ●●●-●●메트로●●● ●●층 ●●호				
대 표 용 도	오피스텔	채 권 자	신00000 임의경매		
기 타 용 도	-	소 유 자	서00	신 청 일	2018.01.05
감정평가액	115,000,000원	채 무 자	벽000 0000	개시결정일	2018.01.08
최저경매가	(70%) 80,500,000원	경 매 대 상	건물전부, 토지전부	감 정 기 일	2018.01.20
입찰보증금	(10%) 8,050,000원	토 지 면 적	5㎡ (1.51평)	배당종기일	2018.03.22
청 구 금 액	360,000,000원	건 물 면 적	33.75㎡ (10.21평)	입찰예정일	2018.11.29
등기채권액	443,000,000원	제시외면적	0㎡	차기예정일	미정 (56,350,000원)
물 건 변 호	1 [유찰]				

■ 등기부상 권리 확인

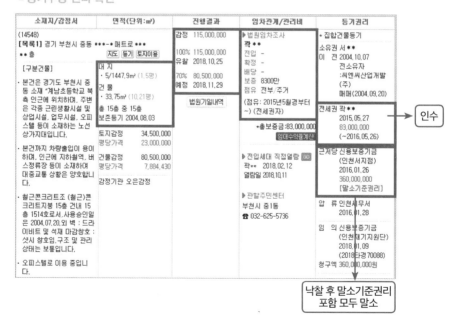

인천지방법원 부천지원

2018타경70088

매각물건명세서

사 건	2018타경70088 부동산임의경매	매각물건번호	1	작성일자	2018.10.11	담임법관(사법보좌관)		(인)
부동산 및 감정평가액최저매각가격의 표시	별지기재와 같음	최선순위설정		2016.1.26. 근저당권		배당요구종기	2018.03.22	

부동산의 점유자와 점유의 권원, 점유할 수 있는 기간, 차임 또는 보증금에 관한 관계인의 진술 및 임차인이 있는 경우 배당요구 여부와 그 일자, 전입신고일자 또는 사업자등록신청일자와 확정일자의 유무와 그 일자

점유자성 명	점유부분	정보출처구 분	점유의권 원	임대차기간(점유기간)	보증금	차 임	전입신고일자,사업자등록신청일자	확정일자	배당요구여부(배당요구일자)
곽 **	건물의전부	등기사항전부증명서	주거전세권자	~2016.5.26까지	8,300만원				
	전부	현황조사	주거임차인	2015년5월경부터~	8,300만원		미상		

〈비고〉
곽 ** :"곽 ** 은 전세권자로서 전세권설정등기일은 2015. 5. 27.임"

※ 최선순위 설정일자보다 대항요건을 먼저 갖춘 주택·상가건물 임차인의 임차보증금은 매수인에게 인수되는 경우가 발생 할 수 있고, 대항력과 우선변제권이 있는 주택·상가건물 임차인이 배당요구를 하였으나 보증금 전액에 관하여 배당을 받지 아니한 경우에는 배당받지 못한 잔액이 매수인에게 인수되게 됨을 주의하시기 바랍니다.

등기된 부동산에 관한 권리 또는 가처분으로 매각으로 그 효력이 소멸되지 아니하는 것

"을구 순위 7번 전세권설정등기(2015.5.27.등기)는 말소되지 않고 매수인에게 인수됨"

매각에 따라 설정된 것으로 보는 지상권의 개요

✓

비고란

1. 오피스텔로 이용중.

낙찰자가 전세권을 인수하지 않는 경우

분당구에 있는 한 주상복합건물이다. 유모 씨가 전세금 15억 원으로 선순위전세권자다. 배당요구를 하면 전세권은 낙찰 후 말소되고, 배당요구를 하지 않으면 낙찰자가 낙찰 후에도 전세금 15억 원짜리 전세권을 인수하게 된다.

최종 매각물건명세서를 보면 상단 우측에 선순위전세권자 유모 씨가 2018년 4월 23일 배당요구를 한 것으로 나와 있고, 비고란에도 선순위전세권자로서 배당요구를 한 것으로 기재되어 있다. 매각물건명세서 중단에 '등

성남1계 2018-2587 (1)

경매1계 (☎031-737-1321) [법원안내] [⊕ 관심사건등록] [🖶 인쇄]

구분	당일조회	누적조회	관심등록	경매대행
부동산태인	1	227	6	
대 법 원	0	19	19	문의하기

본 물건은 매각기일 1주일 전에 공개되는 법원의 매각물건명세서가 아직 공고되지 않은 상태입니다. 정확한 권리분석을 위해서 11월 12일 공개예정인 매각물건명세서를 꼭 확인하시기 바랍니다. 특히, 이미 1회 이상 유찰 또는 변경이 되었거나 재매각이 되는 물건의 경우에도 기존 매각물건명세서의 내용이 경신되는 경우가 많으니 주의하시기 바랍니다.

대표소재지	[목록1] 경기 성남시 분당구 정자동 ***미켈란*** **층				
대 표 용 도	주상복합(주거) (92평형)	채 권 자	하0000 0000 [임의경매]		
기 타 용 도	-	소 유 자	이00	신 청 일	2018.03.12
감정평가액	2,800,000,000원	채 무 자	이00	개시결정일	2018.03.13
최저경매가	(70%) 1,960,000,000원	경 매 대 상	건물전부, 토지전부	감 정 기 일	2018.03.24
입찰보증금	(10%) 196,000,000원	토 지 면 적	44.2㎡ (13.37평)	배당종기일	2018.05.21
청 구 금 액	417,808,630원	건 물 면 적	244.7㎡ (74.02평)	입 찰 일	2018.11.19(월)10:00
등기채권액	3,755,233,673원	제시외면적	0㎡	차기예정일	미정 (1,372,000,000원)
물 건 번 호	1 [진행]				

기된 부동산에 관한 권리 또는 가처분으로 매각으로 그 효력이 소멸되지 아니하는 것'에 아무런 코멘트가 없다. 즉 낙찰자가 추가로 선순위전세권을 인수하지 않는다는 것이다.

선순위임차인과 선순위전세권자가 배당요구종기일까지 배당요구를 하지 않으면 낙찰자는 임차인과 전세권자의 보증금과 전세금을 인수해야 한다. 만약 둘 다 배당요구를 했다면 입찰자는 선순위전세권자는 더 이상 신경 쓰지 않아도 된다. 그냥 소멸되기 때문이다. 반면 배당요구를 했더라도 배당을 받지 못한 선순위임차인이 있다면 그 보증금은 낙찰자가 인수해야 하기 때문에 선순위임차인의 배당요구 여부 및 배당을 받는지 등을 잘 확인해야 한

소재지/감정서	면적(단위:㎡)	진행결과	임차관계/관리비	등기권리
(13562) **[목록1]** 경기 성남시 분당구 정자동 ***미켈란*** **층** **[구분건물]** · 본건은 경기도 성남시 분당구 정자동 소재 "분당중학교"남서측 인근에 위치한 부동산으로서 주위는 아파트단지, 근린생활시설, 학교 등이 소재하는 지역으로 제반 주위환경은 보통시 됨. · 본건까지 차량진출입이 가능하고, 버스정류장이 인근에 소재하는 등 제반 교통여건은 대체로 보통시 됨. · 본건은 철근콘크리트조 철근콘크리트지붕 39층 내 제38층 제디-3801호로서, 외벽 : 시멘트몰탈위 페인트, 석재 마감 등.내벽 : 벽지, 일부 인테리어, 일부 타일마감 등.창호 : 시스템 창호 등임. · 본건은 아파트로 이용중임.(후면'내부구조도' 참조) · 위생, 급배수, 지역 난방설비, 승강기 설비, 소화전설비 등 구비되어 있음. · 단지 내.외 포장도로 개설되어 있으며, 인접도로 상태 보통시됨.	대 지 · 44.2/23508.5㎡ (13.36평) 건 물 · 244.7㎡ (74.02평) 총 39층 중 38층 보존등기 2003.11.15 토지감정 840,000,000 평당가격 62,874,260 건물감정 1,960,000,000 평당가격 26,479,330 감정기관 영현감정	감정 2,800,000,000 100% 2,800,000,000 유찰 2018.10.15 70% 1,960,000,000 진행 2018.11.19 법원기일내역	▶법원임차조사 유 ** 전입 2016.12.07 확정 - 배당 2018.04.23 보증 15억 점유 전부/주거 (점유: 2016.10.31.부터20 18.10.31.까지) (전세권자 이고 위상오의 배우자) *총보증금:1,500,000,000 임대수익률계산 ▶전입세대 직접열람 GO 위 ** 2016.12.07 열람일 2018.10.02 ▶관리비체납내역 ·체납액:0 ·확인일자:2018.10.01 ·18년8월까지미납없음 · ☎ 031-782-0300 ▶관할주민센터 성남시 분당구 정자1동 ☎ 031-729-8260	* 집합건물등기 소유권 이 ** 이 전 2013.05.30 전소유자 :대한토지신탁(주) 신탁재산의귀속 (2013.05.30) 전세권 유 ** 2016.10.31 1,500,000,000 (2016.10.31 ~2018.10.31) [말소기준권리] 근저당 하나 ** 2016. 0.31 480,000,000 근저당 정 ** 2016. 1.07 200,000,000 근저당 황 ** 2017.07.03 600,000,000 가압류 하나 ** 2017.07.11 975,233,673 압 류 성남시분당구 2017. 1.08 임 의하나 ** 2018.03.13 (2018타경2587) 청구액 417,6 8,630원

낙찰 후 말소기준권리
포함 모두 말소

다. 더불어 선순위임차인과 선순위전세권은 배당요구종기일까지 배당요구를 해야만 배당을 받고, 배당요구를 했다가 배당을 철회할 때에도 배당요구종기일까지만 배당요구를 철회할 수 있다. 배당요구 여부에 따라 낙찰자의 부담이 달라지는 채권자들이기 때문이다.

수원지방법원 성남지원

2018타경2587

매각물건명세서

사 건	2018타경2587 부동산임의경매	매각물건번호	1	작성일자	2018.09.28	담임법관 (사법보좌관)		
부동산 및 감정평가액 최저매각가격의 표시	별지기재와 같음	최선순위 설정	2016.10.31.전세권			배당요구종기	2018.05.21	

부동산의 점유자와 점유의 권원, 점유할 수 있는 기간, 차임 또는 보증금에 관한 관계인의 진술 및 임차인이 있는 경우 배당요구 여부와 그 일자, 전입신고일자 또는 사업자등록신청일자와 확정일자의 유무와 그 일자

점유자 성명	점유 부분	정보출처 구분	점유의 권원	임대차기간 (점유기간)	보증금	차임	전입신고 일자, 사업자등록 신청일자	확정일자	배당 요구여부 (배당요구일자)
위**	미상	현황조사	주거 임차인	미상	미상	미상	2016.12.07	미상	
유**	건물의 전부	등기사항전부증명서	주거 전세권자	2016.10.31.부터 2018.10.31.까지					
	전부	권리신고	주거 임차인	2016.10.31.부터 2018.10.31.까지	1,500,000,000		2016.12.07		2018.04.23

〈비고〉
위** :유** 의 배우자임
유** :최선순위전세권자로서 배당요구함.

※ 최선순위 설정일자보다 대항요건을 먼저 갖춘 주택·상가건물 임차인의 임차보증금은 매수인에게 인수되는 경우가 발생 할 수 있고, 대항력과 우선변제권이 있는 주택·상가건물 임차인이 배당요구를 하였으나 보증금 전액에 관하여 배당을 받지 아니한 경우에는 배당받지 못한 잔액이 매수인에게 인수되게 됨을 주의하시기 바랍니다.

등기된 부동산에 관한 권리 또는 가처분으로 매각으로 그 효력이 소멸되지 아니하는 것
✓

매각에 따라 설정된 것으로 보는 지상권의 개요
✓

비고란
✓

09 유치권, 진짜일까 가짜일까

REAL ESTATE AUCTION

경매에서 가끔 언급되는 것이 유치권이다. 가짜 유치권이라면 문제가 없지만 만약 진짜 유치권이라면 낙찰자가 낙찰 대금 외에 추가로 그 유치권 금액을 인수해야 한다. 실무에서는 가짜 유치권이 대부분이다.

가장 대표적인 유치권은 공사대금청구채권이다. 건축주와 신축건물 공사 계약을 하고 이후에 공사를 완료한 시공자가 건축주에게 공사를 완료한 건물을 넘겨줄 테니 공사대금을 요구한다. 이때 건축주가 공사대금을 지급하면 좋은데 사정에 의해서 공사대금을 지급하지 못할 수도 있다. 이때 시공자가 공사대금을 줄 때까지 건물을 못 넘겨준다고 하면서 그 건물을 점유하고 있는 것을 유치권이라고 한다. 적법한 유치권이라면 낙찰자가 낙찰받고 추가로 그 유치권 금액을 떠안게 된다.

실무적으로 유치권 신고는 거의 가짜가 많은 편이다. 실무에서 신고된 유치권은 90% 이상이 거의 가짜인 듯하다. 중요한 것은 유치권이 가짜이건 진짜이건 유치권이 신고되면 대출이 잘 안 된다는 점이다. 이러면 입찰경쟁률과 낙찰가율도 떨어져서 채무자 겸 소유자가 내세우는 제3자가 저렴하게 낙찰받을 수도 있다. 이렇게 되면 오히려 배당을 많이 받아야만 하는 선의의 채권자들이 피해를 보게 된다. 즉 가짜 유치권 때문에 낙찰 금액이 낮아지면 그만큼 배당받을 금액도 줄어들기 때문이다.

유치권 신고가 접수된 중랑구의 한 아파트다. 1994년 보존등기된 아파트인데 부가세 포함 3,300만 원의 공사대금이 있다. 유치권을 실제로 그 아파트에 대한 공사대금청구채권이 있어야 하고, 반드시 점유하고 있어야 한다. 실제로 아파트에서 신고된 유치권은 거의 성립하지 않는 편이다. 소유자가

단독으로 점유하고 있는 경우라면 유치권은 성립하지 않는다. 임차인이 필요비와 유익비(물건을 개량하여 그 물건의 가치를 증가시키는 비용) 등을 가지고 유치권을 주장할 수 있지만, 일반적으로 임대차 계약서의 원상복구 조항으로 인해 유치권은 거의 성립하지 않는 편이다.

다만 가짜 유치권이라도 하더라도 제3자가 유치권을 법원에 신고하면 그 물건의 낙찰자는 차후 대출을 거의 받지 못한다. 유치권이 신고된 부동산에 대해서는 대출이 거의 되지 않는 편이다. 혹시라도 낙찰받고자 하는 부동산에 유치권이 신고되어 있다면 사전에 금융기관과 대출 협의를 조금 더 심도 있게 해야 한다.

매각물건명세서의 비고란에서 보듯이 법원은 유치권 신고가 들어오면 신

■ 매각물건명세서 확인 : 권리분석 시 가장 중요한 검수 자료

서 울 북 부 지 방 법 원

2016타경9285

매각물건명세서

| 사건 | 2016타경9285 부동산임의경매 | | 매각물건번호 | 1 | 작성일자 | 2018.04.02 | 담임법관(사법보좌관) | | |
| 부동산 및 감정평가액 최저매각가격의 표시 | 별지기재와 같음 | | 최선순위설정 | | 2006.06.16. 근저당권 | | 배당요구종기 | 2017.02.09 | |

부동산의 점유자와 점유의 권원, 점유할 수 있는 기간, 차임 또는 보증금에 관한 관계인의 진술 및 입차인이 있는 경우 배당요구 여부와 그 일자, 전입신고일자 또는 사업자등록신청일자와 확정일자의 유무와 그 일자

점유자 성 명	점유부분	정보출처 구분	점유의 권원	임대차기간 (점유기간)	보증금	차임	전입신고일자, 사업자등록신청일자	확정일자	배당요구여부 (배당요구일자)
강 **	102동 1005호	현황조사	미상 임차인	미상		미상	미상	2007.08.07.	미상

〈비고〉

※ 최선순위 설정일자보다 대항요건을 먼저 갖춘 주택·상가건물 임차인의 임차보증금은 매수인에게 인수되는 경우가 발생 할 수 있고, 대항력과 우선변제권이 있는 주택·상가건물 임차인이 배당요구를 하였으나 보증금 전액에 관하여 배당을 받지 아니한 경우에는 배당받지 못한 잔액이 매수인에게 인수되게 됨을 주의하시기 바랍니다.

등기된 부동산에 관한 권리 또는 가처분으로 매각으로 그 효력이 소멸되지 아니하는 것
✓

매각에 따라 설정된 것으로 보는 지상권의 개요
✓

비고란

2016. 9. 1.자 세신** 대표자 강** 으로부터 공사대금 33,000,000원(부가세 별도)의 유치권 권리신고서가 제출되었으나, 그 성립 여부는 불분명함.

고는 모두 받아준다. 다만 그 유치권의 성립 여부는 낙찰자가 알아서 판단하라고 한다. 가짜 유치권자라면 차후에 인도명령을 통해서 강제집행을 하면 되고, 진짜 유치권자라면 그 공사대금을 지급해야 한다. 실무적으로 유치권이 성립될 확률이 높은 공사대금청구채권은 신축공사를 하다가 부도가 난 공사장의 공사대금이다.

10 대지권미등기, 감정평가 여부를 확인하자

REAL ESTATE AUCTION

예전에 어떤 수강생의 다급한 질문이 있었다. 은평 뉴타운 아파트를 입찰하려고 하는데 감정평가서와 매각물건명세서 등에 대지권미등기라고 기재되어 있다고 했다. 입찰에 참여해도 되는지, 또 무엇을 확인해야 하는지에 대해 물었다. 가끔 감정평가서와 매각물건명세서를 보면 대지권미등기와 대지권 없음이 표시된 경우를 볼 수 있다. 대지권이 표시된다는 것은 집합건물, 즉 아파트나 빌라, 오피스텔 등에서 언급되는 내용이다. 아파트가 경매로 나왔는데 '대지권 없음'이라고 되어 있다면 말 그대로 아파트 건물만 경매가 나오고 토지 소유권은 없다는 것으로, 토지 지분에 대한 소유권을 취득하지 못한다는 것이다.

이런 물건은 함부로 낙찰받아서는 안 된다. 이유는 건물만을 낙찰받았기 때문에 토지 소유자에게 토지 사용료를 지급하거나 또는 토지 소유자가 건물을 철거하라고 할 수도 있기 때문이다.

반면에 대지권미등기는 아직 집합건물등기부에 대지권이 등기되지 않은 것이다. 일반적으로 분양받은 수분양자는 건물과 토지에 대한 분양대금을 모두 완납했는데 말이다. 대지권미등기인 아파트의 핵심은 대지권이 감정평가되었는지 여부다. 만약 대지권미등기인데 대지권이 감정평가되었다면 낙찰자가 낙찰받고 잔금을 납부하면 대지권을 취득하게 된다. 실무에서는 대지권미등기인 경우 거의 대부분 감정평가되어 있어 특별한 문제가 없다. 대지권미등기인 집합건물 경매에서는 즉 대지권이 감정평가되었는지 여부를 꼼꼼히 확인해야 한다. 대지권미등기 건물을 입찰할 때에는 별도로 토지등기부를 발급받아서 또 다른 문제는 없는지 꼭 확인해야 한다.

대지권미등기 문제없는 아파트

은평 뉴타운의 한 아파트다. 아직까지 대지권이 미등기된 아파트다. 이럴 때 가장 중요한 것은 일단 감정평가서상에 대지권이 감정평가되었는지가 핵심이다. 감정평가되었다면 대지권을 취득하고, 감정평가되지 않았다면 대지권을 취득하지 못한다. 그래서 감정평가서를 보니 다음과 같이 설정되어 있었다.

이 아파트의 감정평가 금액은 6억 1,000만 원이고, 그중 토지 부분, 즉 대지권에 대한 감정평가가 2억 7,450만 원, 건물 부분이 3억 3,550만 원으로 감정평가되었다. 따라서 낙찰자는 대지권을 취득하게 된다.

이때 마지막으로 확인해야 할 서류가 매각물건명세서다. 맨 하단 비고란에 보면 아직 지적 정리가 되지 않아서 대지권이 미등기되었다. 이 사건의

서부7계 2017-4832 (1)

[진관동] 아파트

경매7계(☎02-3271-1327) | 법원안내 | ⊕관심사건등록 | ⊕인쇄

대표소재지	[목록1] 서울 은평구 진관동 10 은평 ** *** 동 *** 호				
대표용도	아파트 (38-A1평형)	채 권 자	신** 임의경매		
기타용도	-	소 유 자	조**	신 청 일	2017.06.20
감정평가액	610,000,000원	채 무 자	지**	개시결정일	2017.06.21
최저경매가	(80%) 488,000,000원	경매대상	건물전부	감 정 기 일	2017.06.28
낙찰 / 응찰	603,900,000원 / 5명	토지면적	대지권미등기	배당종기일	2017.08.31
청구금액	852,000,000원	건물면적	101.94㎡ (30.84평)	낙 찰 일	2018.06.05
등기채권액	1,472,000,000원	제시외면적	0㎡	종 국 일 자	2018.08.16
물건변호	1 [배당]				

■ 감정평가서 확인

구분건물 감정평가명세표

일련번호	소재지	지번	지목 및 용도	용도지역 및 구조	면적 (㎡) 공부	면적 (㎡) 사정	감정평가액	비고
1	서울특별시 은평구 진관동	10 은평 뉴타운 **마을 ***동	아파트	철근콘크리트구조 철근콘크리트 경사지붕 10층				비균가격 격생대지지분 포함
				1층	171.69			
				2층~3층 각	260.35			
				9층	245.59			
				10층	55.29			
				(내)철근콘크리 트구조 *층 ***호	101.94	101.94	610,000,000	
				토지·건물 배분내역				
				토 지 :			274,500,000	
				건 물 :			335,500,000	
				백			₩610,000,000.-	
	합 계		이	하	여			

아파트 소유자는 대지 지분을 포함해서 분양받고 분양대금도 완납하였다. 대지 지분, 즉 대지권도 감정평가되어 최저매각가격에 포함되었다. 따라서 낙찰자는 대지권의 소유권도 취득하게 된다. 대지권미등기에서 핵심은 대지권이 감정평가되었느냐, 되지 않았느냐이다. 하지만 실무적으로 대지권이 감정평가되지 않는 아파트를 거의 본 적이 없다.

■ 매각물건명세서 확인 : 권리분석 시 가장 중요한 검수 자료

매각물건명세서

사 건	2017타경4832 부동산임의경매		매각물건번호	1	작성일자	2018.05.21	담임법관(사법보좌관)		
부동산 및 감정평가액 최저매각가격의 표시	별지기재와 같음		최선순위 설정	2010.02.26. 근저당			배당요구종기	2017.08.31	

부동산의 점유자와 점유의 권원, 점유할 수 있는 기간, 차임 또는 보증금에 관한 관계인의 진술 및 임차인이 있는 경우 배당요구 여부와 그 일자, 전입신고일자 또는 사업자등록신청일자와 확정일자의 유무와 그 일자

점유자 성 명	점유 부분	정보출처 구분	점유의 권원	임대차기간 (점유기간)	보증금	차임	전입신고일자, 사업자등록신청일자	확정일자	배당요구여부 (배당요구일자)
김**	801호	현황조사	주거 임차인	미상	미상	미상	2010.09.09	미상	
	801호 전부	권리신고	주거 임차인	2016.10.20.-	75,000,000	500,000	2010.09.09	2016.09.09.	2017.06.29
손**	미상	현황조사	주거 임차인	미상	미상	미상	2009.03.10	미상	

〈비고〉
김** :2015.10.20.자 임대차계약(보증금 200,000,000원 / 전입일자 2010. 9. 9. / 확정일자 2016. 9. 9.임)후 2016.10.20.자로 임대차계약(보증금 75,000,000원, 월50만원 / 전입일자 2010. 9. 9. / 확정일자 2016. 11. 1.임)을 변경함
손** : 임대차관계물분명

※ 최선순위 설정일자보다 대항요건을 먼저 갖춘 주택·상가건물 임차인의 임차보증금은 매수인에게 인수되는 경우가 발생 할 수 있고, 대항력과 우선변제권이 있는 주택·상가건물 임차인이 배당요구를 하였으나 보증금 전액에 관하여 배당을 받지 아니한 경우에는 배당받지 못한 잔액이 매수인에게 인수되게 됨을 주의하시기 바랍니다.

등기된 부동산에 관한 권리 또는 가처분으로 매각으로 그 효력이 소멸되지 아니하는 것

매각에 따라 설정된 것으로 보는 지상권의 개요

비고란
본건 감정평가서 및 2017.09.27.자 서울주택도시공사의 회신서에 의하면, 본건 건물은 토지개발사업 시행후 지적정리가 완료되지 아니하여 대지권등기가 경료되지 않은 상태이나 대지지분을 포함하여 분양받은 것으로 본건 소유자는 분양대금을 완납하였으며, 본건에 귀속될 대지지분(대지권)은 93.09㎡이며 최저매각가격에 대지권가격이 포함됨.

11 집합건물 입찰 시 체납관리비를 주의하자

REAL ESTATE AUCTION

집합건물을 낙찰받을 때에는 관리사무소에 가서 체납관리비도 확인해야 한다. 체납관리비도 낙찰자로서는 크지는 않지만 부담이 될 수 있기 때문이다.

아파트나 오피스텔 등 집합건물 입찰에서 주의해야 하는 것이 체납관리비다. 체납관리비는 관리사무소에 직접 가서 확인하거나, 전화로 확인하기도 한다. 원칙적으로 체납관리비 중 3년 치 공용 부분을 낙찰자가 인수하게 된다. 다만 체납관리비는 입찰가격 대비 금액이 크지 않아 실무적으로는 크게 고려하지는 않는 편이다. 오히려 체납관리비가 크지 않아 부담스럽지 않다면 관리사무소 방문 시 체납관리비를 모두 납부한다고 말한다. 그럼으로써 그 부동산과 점유자 또는 방문자들에 대한 정보를 획득해서 입찰할 때 좋은 정보로 활용하는 것도 하나의 방법이다.

체납관리비가 없는 경우

소재지/감정서	면적(단위:㎡)	진행결과	임차관계/관리비	등기권리
(06294) **[목록1]** 서울 강남구 도곡동●●●-●●타워●● ●동 ●●층 **[구분건물]** • 본건은 서울특별시 강남구 도곡동 소재 숙명여자고등학교 남측 인근에 위치하며, 주위 는 초고층 아파트 단지, 오피스텔, 근린생활시설, 업무시설 등이 혼재 하는 지역임. • 본건까지 차량 출입이 가능하며, 인근에 버스정류장 및 지하철역(분당선 및 3호선 도곡 역 이 소재하는 등 제반 교통상황은 양호한 수준임. • 철골철근콘크리트구조 기타지붕, 철골철곤콘크리트	지도 등기 토지이용 대 지 • 26,8/17990,2㎡ (8.12평) 건 물 • 163,567㎡ (49.48평) 총 69층 중 37층 보존등기 2004,04,29 토지감정 1,410,000,000 평당가격 173,645,330 건물감정 940,000,000 평당가격 18,997,580 감정기관 지우감정	감정 2,350,000,000 100% 2,350,000,000 유찰 2018,10,25 80% 1,880,000,000 예정 2018,12,20 법원기일내역	▶ 법원임차조사 조사된 임차내역 없음 ▶ 전입세대 직접열람 GO 윤●● 2004,05,15 열람일 2018,10,11 ▶ 관리비체납내역 • 체납액 :0 • 확인일자:2018,10,12 • 18년8월까지미납없음 • ☎ 02-3497-0200 ▶ 관할주민센터 강남구 도곡2동 ☎ 02-3423-7570	* 집합건물등기 소유권 윤 ●● 이 전 2004,06,17 전소유자:삼성생명보험 매매(2001,08,22) 근저당 제일은행 (중앙지점) 2004,06,17 924,000,000 [말소기준권리] 근저당 제일은행 2004,12,02 264,000,000 근저당 우리은행 (송파지점) 2011,03,07 2,500,000,000

체납관리비가 있는 경우

소재지/감정서	면적(단위:㎡)	진행결과	임차관계/관리비	등기권리
(04426) **[목록1]** 서울 용산구 이촌동 ●●●이촌동삼성 ●● ●●●동●●층 토지이용 **[구분건물]** • 본건은 용산구 이촌동 소재 중경고등학교 동측 월편의 한강변 아파트 단지 내에 위 치하며, 부근은 아파트 단지가 주를 이루어 형성되어 있는 용산구 한 강변아파트주 식 주거지역	지도 등기 대 지 • 52,3/15104,3㎡ (15,81평) 건 물 • 134,9㎡ (40.81평) 총 15층 중 7층 보존등기 2002,06,14	감정 1,600,000,000 100% 1,600,000,000 낙찰 2018,10,23 1,988,000,000 (124,25%) 김●● 응찰 12명 2위 응찰가 1,827,770,000 허가 2018,10,30	▶ 법원임차조사 조사된 임차내역 없음 ▶ 전입세대 직접열람 GO 강●● 2015,02,24 열람일 2018,10,11 ▶ 관리비체납내역 • 체납액:6,262,960 • 확인일자:2018,10,11 • 13개월(17/8-18/8) • 전기수도포합가스별도 • ☎ 02-797-6728	* 집합건물등기 소유권 강●● 외5 이 전 2010,01,11 전소유자:강달신 상속(2009,12,01) 근저당 제이●● 2014,09,22 360,000,000 (한국외환은행의 근저이전) [말소기준권리]

체납관리비가 620여만 원이 있다. 물론 적은 금액은 아니지만 실제 낙찰가 대비 차지하는 비중이 크지 않아 크게 고려하지 않는 경우가 많다.

사례 1

날짜	권리 종류	금액	소멸/인수
3월 4일	근저당권	2억 원	소멸
4월 6일	가압류	3억 원	소멸
6월 8일	전세권	1억 원	소멸
8월 9일	경매등기	2억 원	소멸
9월 6일	가압류	1억 원	소멸

이 사건의 말소기준권리는 3월 4일자 근저당권이다. 낙찰 후 근저당권을
포함하여 뒤의 권리들은 모두 소멸한다. 입찰자는 금액만 고민해서 낙찰을
받으면 된다.

사례 2

날짜	권리 종류	금액	소멸/인수
6월 7일	근저당권	3억 원	소멸
6월 9일	임차인 (점유+전입+확정)	3억 원	소멸
9월 19일	압류	1억 원	소멸
10월 9일	근저당권	4억 원	소멸
11월 6일	경매등기	3억 원	소멸

이 사건의 말소기준권리는 6월 7일자 근저당권이다. 낙찰 후 근저당권을 포함하여 뒤의 권리들은 모두 소멸한다. 입찰자는 금액만 고민해서 낙찰을 받으면 된다.

사례 3

날짜	권리 종류	금액	소멸/인수
1월 24일	가압류	3억 원	소멸
3월 16일	근저당권	3억 원	소멸
4월 28일	전세권	3억 원	소멸
6월 19일	경매등기	3억 원	소멸
10월 6일	근저당권	3억 원	소멸

이 사건의 말소기준권리는 1월 24일자 가압류이다. 낙찰 후 가압류를 포함하여 권리들은 모두 소멸한다. 입찰자는 금액만 고민해서 낙찰을 받으면 된다.

사례 4

날짜	권리 종류	금액	소멸/인수
2월 4일	가처분		인수
3월 6일	가압류	4억 원	소멸
4월 8일	전세권	2억 원	소멸
5월 9일	근저당권	5억 원	소멸
6월 6일	경매등기	3억 원	소멸

이 사건의 말소기준권리는 3월 6일자 가압류이다. 낙찰 후 말소기준권리인 가압류를 포함하여 뒤의 권리들은 모두 소멸한다. 다만 말소기준권리보다 앞서 등기된 선순위가처분은 인수한다. 입찰자는 차후 소유권을 빼앗길 수 있기 때문에 입찰에 신중을 기해야 한다. 사실상 입찰을 하면 안 되는 물건이다.

사례 5

날짜	권리 종류	금액	소멸/인수
1월 14일	전세권	2억 원	소멸(배당요구) 인수(배당요구 안 하면)
2월 16일	가압류	2억 원	소멸
3월 18일	가처분		소멸
4월 19일	경매등기	2억 원	소멸
5월 16일	담보가등기	2억 원	소멸

이 사건의 말소기준권리는 2월 16일자 가압류이다. 낙찰 후 말소기준권리인 가압류를 포함하여 뒤의 권리들은 모두 소멸한다. 다만 말소기준권리보다 앞서 등기된 선순위전세권은 배당요구종기일까지 배당요구를 하면 소멸한다. 배당요구종기일까지 배당요구를 하지 않으면 낙찰자가 추가로 인수한다. 입찰자는 전세권자가 배당요구를 하지 않으면 그 금액을 감안해서 입찰해야 한다. 그러나 전세권자가 배당요구를 하면 금액만 고민해서 낙찰을 받으면 된다.

사례 6

날짜	권리 종류	금액	소멸/인수
5월 4일	담보가등기	1억 원	소멸
6월 6일	가처분		소멸
7월 8일	전세권	2억 원	소멸
8월 9일	경매등기	2억 원	소멸
10월 6일	임차인	2억 원	소멸

이 사건의 말소기준권리는 5월 4일자 담보가등기이다. 낙찰 후 말소기준권리인 담보가등기를 포함하여 뒤의 권리들은 모두 소멸한다. 입찰자는 금액만 고민해서 낙찰을 받으면 된다.

사례 7

날짜	권리 종류	금액	소멸/인수
10월 4일	임차인 (점유+전입+확정)	3억 원	소멸(배당요구해서 배당을 모두 받으면) 인수(배당요구를 안 하면 또는 못 받은 보증금)
10월 6일	근저당권	3억 원	소멸
11월 8일	가압류	3억 원	소멸
11월 9일	경매등기	4억 원	소멸
12월 6일	전세권	2억 원	소멸

이 사건의 말소기준권리는 10월 6일자 근저당권이다. 낙찰 후 말소기준권리인 근저당권을 포함하여 뒤의 권리들은 모두 소멸한다. 다만 말소기준권리보다 앞서서 대항력을 갖춘 선순위임차인 3억 원이 있는데, 만약 배당요

구를 해서 배당을 모두 받으면 낙찰자가 인수할 금액은 없다. 그러나 배당요구를 안 했거나 배당을 못 받은 보증금이 있으면 낙찰자가 추가로 인수한다. 그러므로 입찰자는 선순위임차인이 배당요구를 하는지, 배당을 모두 받는지 여부를 확인한 다음에 입찰에 참여해야 한다.

사례 8

날짜	권리 종류	금액	소멸/인수
4월 4일	임차인 (점유+전입)	3억 원	인수
7월 6일	근저당권	3억 원	소멸
7월 8일	전세권	1억 원	소멸
9월 9일	경매등기	2억 원	소멸
11월 6일	근저당권	7억 원	소멸

이 사건의 말소기준권리는 7월 6일자 근저당권이다. 낙찰 후 말소기준권리인 근저당권을 포함하여 뒤의 권리들은 모두 소멸한다. 그러나 말소기준권리보다 앞서 대항력을 갖춘 선순위임차인 3억 원이 있다. 하지만 이 임차인이 확정일자를 받지 않고 대항력만 가지고 있기 때문에 배당요구를 하든지, 하지 않든지 배당을 받지 못한다. 입찰자는 선순위임차인 보증금 3억 원을 인수한다는 전제하에서 입찰을 해야 한다. 실무에서는 권리분석상에 문제가 있는 물건은 전체 물건 중 3%도 되지 않는다. 하지만 그 3% 때문에 권리분석을 철저히 공부해야 한다.

Q&A

Q 왜 경매에서 권리분석이 중요한가요?

A 일반 매매라고 하면 매도인과 매수인이 협의해서 권리에 문제가 있으면 그것을 확인한 후 해결합니다. 차후에 매도하는 부동산에 문제가 있다면 그 금액을 제하고 지급하기도 하고요. 또는 매도인에게 책임을 물을 수도 있습니다. 그러나 경매는 법원의 일방적인 절차여서 협의하는 절차가 없습니다. 낙찰을 싸게 받은 것 같은데 추가로 떠안아야 할 것들이 있을 수 있습니다. 그러한 것은 모두 낙찰자의 부담입니다. 권리분석을 잘못하면 그 부담을 고스란히 낙찰자가 책임져야 한다는 것입니다. 그러나 실무적으로는 권리분석의 문제가 없는 물건들이 대부분입니다. 겁먹지 않으셔도 됩니다.

Q 권리분석을 쉽게 하는 방법이 있나요?

A 가장 쉽게 하는 방법은 매각물건명세서를 확인하는 것입니다. 매각물건명세서는 법원이 만든 자료인데요. 이 매각물건명세서는 등기부, 건축물대장, 토지대장, 현황조사, 임차인 등의 모든 내용을 망라해서 정리해놓았기 때문에 대략적으로 낙찰자의 부담 여부를 확인할 수 있습니다. 실무적으로는 대부분의 매각물건명세서상에는 낙찰자의 부담이 없는 것으로 되어 있어 입찰가격만 고민해서 낙찰받아도 되는 물건이 대부분입니다. 다만 이 매각물건명세서는 매각기일이 7일 이내로 남았을 때에만 대법원경매정보 사이트를 통해 온라인으로, 또는 해당 경매계에 가서 오프라인으로 볼 수 있습니다. 매각기일이 10일 남았다면 매각물건명세서는 볼 수 없습니다.

Q 권리분석은 중요한 것은 알겠는데요. 실제로 권리상의 문제가 되는 사건이 많이 있나요?

A 그렇지 않습니다. 경매 물건이 100건 정도가 있다면 그중에 1~2건 정도가 문제가 있을까 말까 합니다. 즉 권리분석의 문제가 있는 물건이 거의 없습니다. 너무 두려워할 필요가 없습니다.

경매 성공 사례 vs. 실패 사례 4

성공사례

대학교 3학년생, 올바른 판단으로 아빠의 월세 부담을 덜어주다

요즘 필자가 강의하는 학원에는 20~30대의 학생들이 많이 오는 편이다. 저금리 시대에 또 정년이 없는 시대에 재테크는 필수라고도 한다. 그중에 대학교 3학년에 재학 중인 한 학생의 사례를 소개하려고 한다. 이 학생은 수원시 영통에 한 대학에 다니는 22살의 여학생이다. 현재 학교 앞 원룸에서 보증금 1,000만 원에 월세 50만 원에 살고 있다. 경매를 배우고 나서 학교 앞에 도시형 생활주택(원룸)이 감정가 1억 원에 경매로 나왔는데 자신이 현재 살고 있는 원룸의 평수와 같았다.

이 학생은 시골에 사시는 아버지의 도움을 받아서 학교 앞 도시형 생활주택 신건(1억 원에 한 번 유찰)을 9,400만 원에 아버지 명의로 낙찰을 받았다. 그리고 대출이자 연 3.5%에 약 8,000만 원을 대출받았다. 현재는 낙찰받은 도시형 생활주택에 살고 있다. 아버지 입장에서 보면 매달 월세를 50만 원씩 내주었는데 이제는 월세 대신 매달 대출이자를 약 24만 원씩 내고 있다. 월세 50만 원이 월 24만 원으로 줄어들자 아버지는 나머지 26만 원을 딸을 위해 저금하고 있다고 한다.

실 패 사 례 ┄┄┄

입찰보증금을 잘못 납부해서 1등을 하고도 낙찰을 받지 못하다

얼마 전 서울의 어느 입찰법정에서 있었던 일이다. 어떤 아주머니가 아이를 업고 입찰에 참가했다. 자신이 운영하고 있는 상가가 경매로 나와서 입찰을 하려고 한 사건이었다. 문제는 얼마의 입찰보증금을 납부해야 할지 입찰에 대한 기본적인 내용도 모른 채 입찰법정에 온 것이다. 예를 들어 최저매각가격이 2억 원인 상가의 입찰보증금은 얼마나 납부해야 하는지 집행관에게 물어본 것이다. 이에 집행관은 '최저매각가격의 1할을 납부하면 된다'라고 말했다. 이 사건은 그 아주머니가 단독으로 입찰한 사건이었다. 그렇다면 무조건 낙찰되었을까? 이 사건은 아쉽게도 입찰이 무효가 되었다. 그 이유는 1할이라는 말을 1%로 착각했기 때문이다. 단독입찰이었지만 아주머니는 입찰보증금을 최저매각가격의 1%인 200만 원만 납부한 것이다. 최저매각가격의 1할은 10%로 2,000만 원의 입찰보증금을 납부해야만 했다. 입찰보증금은 정해진 금액 이상을 납부하는 것은 문제가 되지 않지만, 1원이라도 부족하면 입찰은 무효가 된다.

5교시

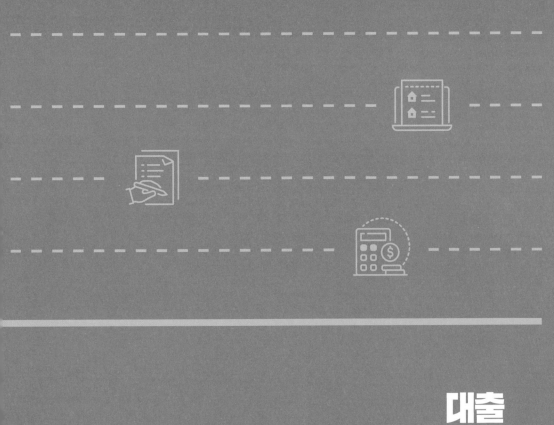

대출

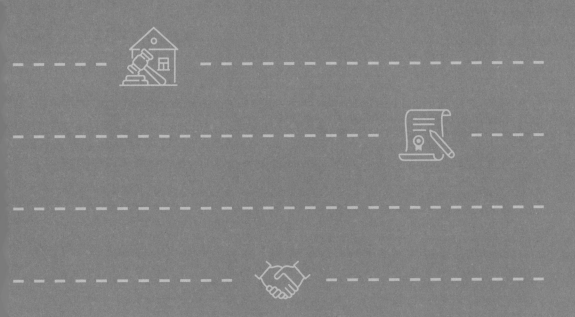

대출은 부동산 시장이 과열되면 규제하고, 부동산 시장이 침체되면 규제를 풀어준다. 부동산대출은 부동산 시장의 흐름과 함께 늘 변한다. 조정대상지역(투기지역과 투기과열지구 포함) 내에서 부동산 관련 대출은 많은 것을 고려해야 하고 대출의 규제도 심한 편이다. 현재의 상황은 조정대상지역 내의 대출을 조금 더 많이 규제하고 있다.

'레버리지 효과' 또는 '지렛대 효과'는 부동산 투자에서 대출을 일컫는 말이다. 대부분의 부동산 매수자 또는 낙찰자들은 일정 부분 대출을 받는다. 낙찰자 본인이 낙찰 대금을 모두 100% 납부하는 경우는 거의 없다.

수강생들이 가장 많이 하는 질문 중 하나가 바로 "대출은 얼마나 나오나요?"이다. 대략적으로 말하자면 대출은 통상 낙찰 대금의 70% 정도이다. 인천의 아파트, 부천의 오피스텔, 의정부의 아파트를 낙찰받았다면 대출은 이정도 수준으로 받을 수 있다. 다만 조정대상지역이나 투기과열지구, 투기지역 등은 대출이 크게 줄었다. 다만 이러한 대출규제는 정부에 따라 또는 부동산 시장에 따라 변하기 때문에 계속해서 관심을 가져야 한다. 경매를 통해 낙찰을 받고 대출을 받고자 한다면 낙찰받기 전에 은행과 대출 상담사 등을 통해서 사전에 대출 금액과 이자를 꼭 확인해야 한다. 신용불량자라면 대출은 불가능하다.

대출 상담은 본인이 직접 주거래은행과 대출 상담사에게 많이 하는 편이다. 최소한 2군데 이상에서 중복적으로 확인하면 실수하지 않을 수 있다. 그럼 어떻게 물어봐야 할까? 먼저 입찰할 사건번호를 주고 대략적인 대출 금액을 알아보는 것이다.

대출을 얼마만큼 받는 것이 좋은지에 대한 정답은 없다. 앞으로 부동산 가격이 크게 상승할 것 같다고 생각하면 대출을 많이 받는 것이 좋다. 그러나 부동산 가격이 어떻게 될 것인지는 누구도 장담할 수 없다.

가끔 낙찰자가 낙찰을 받고 잔금을 미납해서 재경매되는 경우가 종종 있다. 그 이유는 무엇일까? 물론 낙찰자의 변심에 따라서, 또는 권리분석의 실수 때문일 수도 있지만, 잔금 대출이 여의치 않아서 미납된 사례도 종종 있다.

대출을 받을 때 가장 고려해야 할 것은 대출 금액과 대출이자다. 현재 투자하고 있는 많은 투자자는 사실 대출이자보다는 대출 금액에 더욱 관심이 많다. 현재 저금리 상황에서 기준금리가 올라서 대출이자가 0.2~0.5% 오르는 것에 대해서는 크게 고민하지 않는 것 같다. 그만큼 차후 임대수익이나 매매차익이 클 거라는 기대감 때문이다.

경매로 낙찰받아서 대출을 받는 것과 일반 매매로 매수하면서 대출을 받는 구조는 거의 같다. 대출 금액과 이자도 거의 비슷한 편이다. 다만 일반 매매보다 경매로 낙찰받을 때 대출이 조금 더 많이 되는 편이다. 경매의 낙찰가가 일반 매매가보다 싸기 때문에 똑같은 대출 금액이라도 대출을 많이 받은 것처럼 보이기도 한다.

01 대출, 필요하다면 제대로 알고 받자!

대출의 종류

대출의 종류에는 크게 담보대출과 신용대출이 있다.

- **담보대출** – 주택이나 상가, 토지 등 부동산을 담보로 대출을 받는 것이다.
- **신용대출** – 개인 또는 법인의 신용을 바탕으로 대출을 받는 것이다.

담보대출의 대출이자가 신용대출보다는 조금 더 저렴한 편이다. 아무래도 대출해주는 금융기관은 담보가 있어 채권 회수가 더 안전하다고 생각하기 때문일 것이다. 경매 투자자들은 차후 낙찰을 받으면 은행에 낙찰받은 부동산을 담보로 제공하고 대출을 받게 된다. 대출을 너무 어렵게 생각할 필요는 없다. 딱 한 번만 대출을 받아보면 그 구조나 메커니즘을 쉽게 이해할 수 있다.

대출의 실행

초보 투자자들은 대출의 실행 과정에 대해 조금 어려워하는 듯 보인다. 먼저 대출 절차에 대해 알아보자.

- **대출신청** - 대출 목적과 대출 금액을 정한다.
- **심사승인** - 신청한 금융기관의 심사와 승인을 거친다.
- **입금실행** - 대출 조건 부합 시 대출이 실행된다.

예를 들어보자. 만약 3억 원에 아파트를 낙찰받는데, 본인의 자금이 1억 원이 있고, 여기에 2억 원을 대출받으려고 한다. 차후 낙찰받으면 잔금을 납부해야 하는데, 이런 경우 잔금 납부는 대출을 해주는 금융기관의 대리인인 변호사나 법무사가 하게 된다(실제로는 변호사나 법무사 직원이 한다). 예를 들어 대출 승인이 완료되면, 은행은 대리인인 변호사나 법무사에게 대출금 2억 원을 보내주고, 낙찰자도 금융기관의 대리인인 변호사나 법무사에게 본인의 자금 1억 원을 통장으로 입금한다. 이후에 변호사나 법무사가 해당 경매법원에 가서 잔금 납부를 하게 된다. 덧붙여 잔금 납부 후 낙찰자 명의로 소유권이전등기 신청(또한 기존에 경매등기, 가압류, 근저당권 등 등기부에 있는 권리의 하자의 말소등기도 하게 된다)을 하고, 1순위로 대출해준 금융기관의 근저당권을 신청해서 설정하게 된다. 대출 절차는 이렇게 실행된다.

기준금리 인상 때문에 말이 많다. 가계부채가 1,400조 원이 넘었다고도 한다. 기준금리가 오르면 당연히 대출이자도 오르게 된다. 저금리에는 부동산 가격이 상승하고, 고금리에는 부동산 가격이 하락한다. 이자율과 풍부한 유동성이 최근 수년간 부동산 가격을 견인했다고 보는 것이 합리적이다. 그런데 앞으로는 어떻게 될까? 미국발 금리 인상과 우리나라 기준금리를 주의 깊게 지켜보아야 하는 이유다.

거치식 상환 vs. 비거치식 상환

대출받은 돈은 어떻게 갚아 나갈까? 이자만 계속 납부하다가 마지막에 원금을 갚을까? 아니면 처음부터 원금과 이자를 분할해서 납부하면서 갚을까?

대출상환 방법은 일반적으로 두 가지가 있는데, 바로 거치식과 비거치식이다. 거치 기간을 설정한 상환 방법을 거치식이라 하고, 거치 기간을 설정하지 않은 상환 방법을 비거치식이라고 한다. 이때 거치 기간은 상환기간 중에 원금상환은 하지 않은 채 이자만 납부하는 기간을 말한다.

거치식

일정 기간 동안 대출이자만 납부하다가 거치 기간 종료 후에 원금을 함께 상환하는 방식이다. 거치 기간은 금융기관별 대출상품에 따라 다르게 적용된다.

비거치식

처음부터 대출 기간 동안 원금과 이자를 함께 상환하는 방식이다. 현재 수도권의 주택담보대출은 거의 대부분 비거치식 상환 조건이다. 과거에는 이자만 내다가 나중에 원금을 한꺼번에 납부하는 거치식이 많았다. 그런데 이는 최근의 가계부채 증가 등의 위험요소를 사전에 예방하겠다는 차원으로 보면 될 것이다. 주택은 비거치식 상환이 대부분인데 반해, 토지나 상가, 오피스텔 등은 거치식 상환을 많이 하는 편이다.

고정금리 vs. 변동금리

2021년 필자가 운영하는 [네이버카페 - 설춘환캠퍼스] 수강생들에게 지금 대출을 받는다면 가급적 변동금리보다는 고정금리로 대출을 받으라고 권했다. 당시 아파트를 낙찰받고 대출을 받은 수강생들의 대출이자가 연 2.5%가량이었다. 더 이상 찾아오기 힘든 이자율로 보았기 때문이다. 우리나라와 전 세계가 더 이상 저금리만을 고집하지 않을 거라 판단했기 때문이다. 최근 기준금리가 오르면서 대출이자도 가파르게 상승했다. 얼마 전 아파트를 낙찰받은 수강생의 대출이자는 연 3.5%다. 1년도 채 안 되었는데 대출이자율이 연 1% 이상 올라간 것이다.

고정금리

대출 기간 중 대출이자율이 일정한 것을 말한다.

변동금리

대출 기간 중 대출이자율이 계속 변동되는 것을 말한다. 돈을 빌린 차주 (채무자) 입장에서는 금리가 오를 때에는 고정금리가 유리하고, 금리가 내릴 때에는 변동금리가 보다 유리한 대출 방식이 된다는 점도 유념하자.

앞으로는 대출이자는 점점 더 상승할 것으로 보인다. 이유는 미국발 금리 인상에서 찾고 싶다. 미국 연준의 지속적인 정책금리 인상과 더불어 우리나라의 기준금리도 올라갈 수밖에 없다고 판단하기 때문이다.

LTV, DTI, DSR

대출을 해줄 때 과연 무엇을 담보로 얼마만큼 대출을 해줄까? 이때 나오는 용어들이 바로 LTV, DTI, DSR이다. 기본적으로 LTV와 DTI를 잘 이해하고, 차후 대출 규제가 더욱 강화될 때 DSR도 중요하다. 이러한 내용들을 일반 투자자들은 잘 모르니 사전에 대출과 관련해서는 금융기관이나 대출 상담사 등을 통해서 꼭 확인하길 바란다. 일반적으로 대출은 낙찰가의 70% 정도라고 생각하면 큰 무리 없다(단, 조정 대상 지역, 투가과열지구, 투기지역은 제외).

LTV Loan To Value ratio

담보인정비율을 말한다. 즉 담보가치 대비 인정되는 최대 대출 가능 한도다. 예를 들어 LTV 60%라면, 아파트가 2억 원일 때 60%인 1억 2,000만 원까지 대출이 가능하다는 말이다.

DTI Debt To Income ratio

총부채상환비율을 말한다. 부채상환 능력을 소득으로 따져서 대출 한도를 정하는 것이다.

$$\frac{\text{해당 주택담보대출 연간 원리금상환액} + \text{기타부채의 연간 이자상환액}}{\text{연소득}}$$

소득이 많으면 많을수록 대출 가능 금액이 많아진다. 예를 들어 연간 소득이 4,000만 원이고 DTI를 50%로 설정한 경우, 은행에서는 총부채의 원금과 이자를 합한 상환액이 1년에 2,000만 원을 초과하지 않도록 대출 규모를 제한한다. 반면에 연간 소득이 1억 원이고 DTI를 50%로 설정한 경우, 은행에서는 총부채의 원금과 이자를 합한 상환액이 1년에 5,000만 원을 초과하지 않도록 대출 규모를 제한한다. 일반적으로 금융기관에서 대출을 해줄 때에는 LTV를 먼저 따지고 이후에 DTI를 따져서 그중 낮은 금액으로 대출을 해준다.

DSR Debt service ratio

총부채원리금상환비율을 말한다. DTI와 비슷한데 다른 게 한 가지 있다. 앞서 DTI의 계산식의 분자에는 해당 주택담보대출연간 원리금상환액에 기타 부채의 연간 이자상환액만이 들어가는데 반해, DSR의 계산식은 다음과 같다.

$$\frac{\text{모든 부채에 대한 원리금상환액}}{\text{연소득}}$$

이렇게 되면 대출 가능 금액이 낮아지는 효과가 발생한다. 즉 DTI가 '주택담보대출의 연간 원리금상환액'과 함께 '기타 부채의 연간 이자상환액 기준'으로 대출 가능 금액을 산출한다면, DSR은 '주택담보대출의 연간 원리금상환액'에 함께 추가하여 '기타 부채의 연간 원리금상환액 기준'으로 대출 가능 금액을 산출한다. DSR은 DTI에는 없는 신용카드 할부금이나 자동차 할부금, 마이너스 통장 대출 등도 보게 된다. 그렇다면 대출 규모는 줄어든다. 정부가 대출을 통한 수요를 억제하는 수단으로 사용되고 있다.

따라서 입찰 전, 사전에 대출모집인 또는 주거래은행을 통해 대출한도와 대출이자 등을 확인하고 입찰에 참여하여야 한다.

대출 한도

일반적으로 담보가치 대비 대출 한도는 정해져 있다. 일반적으로 아파트를 낙찰받으면 아파트는 KB시세 매매가 중 일반평균가를 기준으로 일반적으로 70% 정도 대출의 가이드라인이 있다(물론 조정대상지역이나 투기지역 등은 이보다 대출의 한도가 낮다). 경매로 낙찰받은 아파트 대출의 한도는 KB시세 일반평균가의 70% 또는 감정가의 70% 중 낮은 금액으로 대출이 되기도 한다. 단독주택인 경우 감정가의 70%나 낙찰가의 80% 중 낮은 금액으로 대출이 되기도 한다. 이중 대출은 일반평균가를 기준으로 삼는다.

■ KB부동산 – 마곡엠밸리7단지 아파트 시세표

구분	내용
단지명	마곡엠밸리7단지
대표번지	서울특별시 강서구 마곡동 743-4
기타번지	·

(단위 : 만원)

시세기준일	공급면적	전용면적	매매가			전세가			월세가	
			하위평균가	일반평균가	상위평균가	하위평균가	일반평균가	상위평균가	보증금	월세
20231113	108.80	84.55	141,000	151,000	157,500	62,500	68,000	72,500	10,000	200 ~ 220
20231113	108.80	84.55	141,000	151,000	157,500	62,500	68,000	72,500	10,000	200 ~ 220
20231113	109.22	84.58	143,500	153,500	160,000	62,500	67,000	70,000	10,000	200 ~ 220
20231113	109.22	84.58	143,500	153,500	160,000	62,500	67,000	70,000	10,000	200 ~ 220
20231113	109.57	84.95	143,500	153,500	160,000	62,500	67,000	70,000	10,000	200 ~ 220
20231113	110.06	84.82	143,500	153,500	160,000	62,500	67,000	70,000	10,000	200 ~ 220
20231113	110.12	84.91	143,500	153,500	160,000	62,500	67,000	70,000	10,000	200 ~ 220
20231113	110.23	84.68	143,500	153,500	160,000	62,500	67,000	70,000	10,000	200 ~ 220
20231113	147.07	114.91	171,000	176,000	186,000	72,000	77,000	82,500	10,000	225 ~ 265
20231113	147.07	114.91	171,000	176,000	186,000	72,000	77,000	82,500	10,000	225 ~ 265
20231113	147.18	114.93	171,000	176,000	186,000	72,000	77,000	82,500	10,000	225 ~ 265
20231113	147.23	114.92	171,000	176,000	186,000	72,000	77,000	82,500	10,000	225 ~ 265
20231113	147.27	114.84	171,000	176,000	186,000	72,000	77,000	82,500	10,000	225 ~ 265
20231113	147.30	114.91	171,000	176,000	186,000	72,000	77,000	82,500	10,000	225 ~ 265
20231113	147.54	114.69	171,000	176,000	186,000	72,000	77,000	82,500	10,000	225 ~ 265
20231113	147.67	114.86	171,000	176,000	186,000	72,000	77,000	82,500	10,000	225 ~ 265
20231113	148.38	114.87	171,000	176,000	186,000	72,000	77,000	82,500	10,000	225 ~ 265
20231113	151.15	114.80	171,000	176,000	186,000	72,000	77,000	82,500	10,000	225 ~ 265

최근 대출의 경향과 신용관리

최근 윤석열 정부가 들어서고 부동산대출이나 부동산규제를 대폭 완화 내지는 폐지하였다. 다만, 가계부채 1,800조 원이 우리 경제에 상당한 불안 요소로 자리 잡고 있다. 실물경기가 하락할 때 또는 금리가 상승할 때에는 여러 가지 변수가 어떻게 될지 모르기 때문에 정부는 지금부터라도 가계부 채를 꼼꼼히 관리할 필요가 있다. 그러한 가운데 대출자격은 점점 강화되고, 대출의 한도는 점점 줄어들고 있다는 점도 꼭 기억하길 바란다.

반면에 아직까지 비주거용 부동산인 오피스텔이나 지식산업센터(아파트형 공장)는 대출이 많이 나오는 편이다.

더불어 대출을 받기 위해서는 신용관리가 중요하다. 앞서 언급한 바와 같이 신용불량자는 대출이 안 된다. 대출에서 핵심은 차주(채무자)의 신용등급이다. 공과금 등의 연체, 카드론 등은 절대 안 된다. 자신의 신용등급을 확인할 수 있는 사이트가 있는데, 나이스지키미다. 궁금하다면 사이트를 통해 본인의 신용등급을 한 번 정도 확인해보길 바란다. 만약 신용등급이 낮다면 한 곳의 은행을 집중적으로 공략해서 등급을 올리는 것도 하나의 방법이다. 적금도 들고, 신용카드도 만들어서 잘 쓰고 잘 상환하는 것이다. 소득이 없는 주부들도 이렇게 적금도 들고, 신용카드도 만들어서 일정한 금액을 잘 사용하고 상환한다면 대출을 받는 데 그렇게 장애가 되지 않을 것이다.

■ 신용등급 조회 사이트 – 나이스지키미 www.credit.co.kr

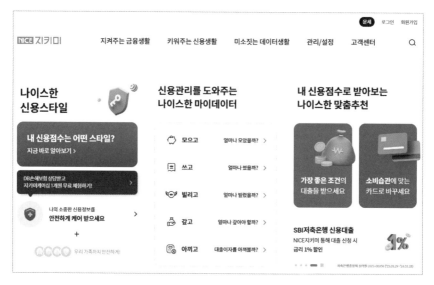

대출받을 때 필요한 서류

직장인 대출 시 필요한 서류는 일반적으로 다음과 같다. 차후 대출이 된다고 하면 금융기관이 원하는 서류를 사전에 확인하고, 불가능하다면 왜 그런지 사전에 금융기관과 협의하길 바란다.

- 신분증
- 인감도장
- 인감증명서, 주민등록등본, 주민등록초본(주소이력 포함) 각 2통씩
- 지방세완납증명원
- 국세완납증명원
- 재직증명서
- 원천징수영수증
- 입찰보증금영수증
- 대금지급기한통지서

입찰 전에 사전에 반드시 자신의 신용등급 조회를 한 번 해보고, 또한 대출 상담사나 주거래은행을 통해서 대출 가능 여부, 대출 금액과 대출이자를 확인한다. 마지막으로 대출을 받기 위해서는 어떤 서류가 필요한지 꼭 확인해야 한다. 신용등급이 좋을수록 대출 금액은 증가하고, 대출의 이자율은 낮아진다.

Q 대출은 어디서 받는 건가요?

A 대출은 1금융기관이나 2금융기관에서 받습니다. 일반적으로 1금융기관에서 많이 받습니다. 대출의 한도를 조금 더 높이거나 또는 유치권 등의 하자가 있을 때 2금융기관에서 대출을 받기도 합니다. 1금융기관보다는 2금융기관의 대출이자가 더 높은 편입니다.

Q 일반 매매에서 대출받을 때와 경매로 낙찰받고 대출받을 때 차이점이 있나요?

A 전체적인 대출의 구조는 거의 같습니다. 다만 경매로 낙찰받을 때 대출 금액이 조금 더 나오는 경우도 있습니다. 경매는 감정가(시세)가 아닌 낙찰가 기준으로 대출을 해주기 때문에 낙찰가 대비 80~90%가 나오는 경우도 있습니다. 일반적으로는 낙찰가의 70% 정도 나옵니다. 물론 조정대상지역이나 투기과열지구 또는 투기지역 등으로 묶인 곳은 30~40% 정도 나오는 곳도 있습니다. 필자가 운영하는 [네이버카페 – 설춘환캠퍼스]의 1년투자클럽반 학생 중 한 명이 인천의 빌라를 낙찰받았는데요. 감정가 1억 원인 빌라를 8,000만 원에 낙찰을 받고 낙찰가의 80%인 6,400만 원을 대출받은 사례도 있습니다.

Q 입찰할 때 대출이 되는지 여부와 대출이 된다면 대출의 한도와 대출이자가 어느 정도인지는 언제 어디서 확인하나요?

A 대출 가능 여부는 입찰 전에 확인합니다. 일반적으로 주거래은행과 대출 상담사에게 확인합니다. 경매 사건번호와 낙찰 예상가를 말해주고 대출 여부 및 대출 한도와 이자를 대략적으로 확인합니다. 실무적으로는 대부분 주거래은행보다는 입찰법정

에 가면 많이 보는 대출 상담사 등을 통해서 대출받는 것이 일반적입니다. 요즘 대출은 채무자의 신용도가 중요해서 대출을 잘 받기 위해서는 신용관리를 잘해야 합니다. 특히 공과금 등의 연체는 절대 금물이고요. 직장이 있다는 것도 대출을 받는 데 중요한 요소입니다. 대출상환 능력이 중요하기 때문입니다.

Q 3억 원에 아파트를 낙찰받았는데 제 돈은 2억 원이 있어요. 1억 원을 대출 받으려고 하는데 대출은 언제 어떻게 실행되나요?

A 입찰 전 사전에 금융기관과 대출 협의가 되었다면 금융기관은 대리인인 변호사나 법무사를 섭외합니다. 이미 지정된 변호사나 법무사가 있습니다. 이후 잔대금을 납부할 때 은행에서 낙찰자에게 지정된 변호사나 법무사 통장으로 2억 원을 송금하라고 하고, 이후 은행도 그 변호사나 법무사에게 대출금 1억 원을 송금합니다. 그러면 변호사나 법무사가 해당 경매계에 가서 잔대금을 납부하고, 이후에 낙찰받은 부동산의 소유권이전등기 및 말소등기촉탁을 통해 낙찰자 명의로 소유권이전등기를 먼저 합니다. 그리고 경매등기, 근저당권 등 말소기준권리 포함해서 뒤에 있는 권리상의 하자들은 말소시킵니다. 더불어 대출해준 금융기관 명의로 1순위로 근저당권을 설정합니다.

Q 대출은 낙찰받은 부동산만을 담보로 해서 나오는 건가요?

A 과거에는 부동산의 담보가치만을 보고 대출해줄 때가 있었습니다. 하지만 지금은 돈을 빌려간 사람, 즉 차주의 상환 능력을 보다 중요하게 확인하고 대출해준다는 점도 꼭 기억하시기 바랍니다.

Q&A

Q **저의 신용등급이 좋은지 안 좋은지를 어떻게 알 수 있나요?**

A 나이스지키미 사이트를 통해서 본인의 신용등급을 확인할 수 있습니다. 일반적으로 신용등급은 5~6등급은 되어야 대출에 불이익이 없습니다. 당연히 신용불량자라면 대출은 불가능합니다.

경매 성공 사례 vs. 실패 사례 5

무피투자

무피투자는 자신의 돈을 투자하지 않고 수익을 내는 투자를 말한다. 그 동안 부동산 경매는 무피투자로 이어져 왔다. 예전에 한 수강생이 인천 서 구 석남동의 빌라를 7,000만 원에 낙찰받았다. 감정가 9,000만 원이었는데, 한 번 유찰되어서 최저매각가격 6,300만 원일 때 조금 더 입찰가를 올려서 7,000만 원에 낙찰되었는데 경쟁률은 3 대 1이었다. 사실 빌라의 시세를 파 악하기란 쉽지 않다. 개별성이 강하고, 매매 사례를 가지고 비교하기도 힘들 다. 그럴 때 가장 좋은 방법이 수익환원법이다. 즉 수익률을 가지고 적정한 시세를 판단하는 것이다.

빌라는 원칙적으로 특별한 호재가 있지 않는 이상 가격이 잘 오르지 않 는다. 이럴 때에는 기본적으로 월세 수익으로, 즉 임대 수익을 기대하고 낙 찰받는다. 이 빌라는 3~4군데의 중개업소를 들러 확인해보니, 주위에 산업 단지가 많아서 임대 수요와 임대료 수준이 양호한 것으로 보였다. 보증금 1,000만 원에 월세 40만 원 정도는 충분히 받을 수 있다고 생각되었다. 차후

7호선 연장선이 이 빌라가 있는 곳에서 멀지 않은 석남역으로 연결될 예정이었다. 물론 꽤 시간이 오래 걸리겠지만, 호재는 호재다.

이 수강생은 낙찰받은 가격의 80%인 5,600만 원을 대출받고(대출이자는 연 3.5%), 나머지 1,400만 원은 자신의 자금을 투입했다. 이후 보증금 1,000만 원에 월세로 40만 원을 받고 있다.

인천은 비조정대상지역이기 때문에 일반적으로 낙찰가 대비 70~80% 정도 대출이 되고, 더불어 1억 원 이하인 소액은 대출이 잘 되는 편이다. 또한 대출은 차주(채무자)의 신용도에 따라 대출 금액과 대출이자가 달라질 수 있다.

5,600만 원을 연 3.5%로 대출받았으니 연 대출이자는 총 196만 원(5,600만 원×3.5%)이 나가고, 본인 자금 1,400만 원을 투입했는데 보증금 1,000만 원이 들어왔으니 총 투자 금액은 400만 원이다. 그리고 연 월세로 480만 원(40만 원×12개월)이 들어온다.

그럼 이를 계산해보자.

자신의 투자금 = 400만 원

연수익금 = 284만 원(480만 원-196만 원)

결론적으로 400만 원을 투자해서 연 284만 원의 수익을 내고 있으니 수익률은 연 71%로 사실상 무피투자나 마찬가지다. 이런 투자는 누구나 할 수 있다. 소액으로 경매에 투자하기 좋은 곳이 인천이다. 인천의 미래가치는 점점 좋아지기 때문에 기회가 되면 인천을 선점해보기 바란다.

물론 세를 주는 입장에서 공실에 대한 염려 등이 있을 수 있지만 사전에 잘 체크해서 리스크는 회피해야 한다. 또한 최소한 이 정도의 금액을 대출받을 때에는 월세가 들어오지 않아도 자신의 현금흐름으로 보충할 수 있어야 한다. 막연히 월세를 가지고 대출이자와 생활비를 해결하는 것은 불안하다. 그러므로 대출은 항상 자신이 감당할 수 있는 수준에서 받는 것이 합리적이다.

실 패 사 례

입찰보증금을 잘못 납부해서 1등을 하고도 낙찰받지 못하다

예전부터 친하게 지내던 예비역 장군이 있다. 경매 개인레슨을 했던 분이다. 늘 필자의 피드백을 받고 입찰을 하던 분인데 어느 날 오후 3시경 전화가 왔다.

원주에서 5 대 1의 경쟁률을 뚫고 낙찰을 받았는데, 입찰보증금을 10%만 납부해서 무효가 되었다는 것이다. 입찰보증금 10%면 문제가 없는데, 그 이유는 무엇일까? 이유는 재매각 사건이었기 때문이다. 재매각 사건은 20%의 입찰보증금을 내야 한다.

재매각 사건이란 낙찰을 받은 자가 매각이 허가되어 확정되었지만, 법원에 잔대금을 납부하지 않아 다시 매각 절차가 진행되는 것이다. 대부분의 경매법원은 재매각이 되면 보증금을 할증한다. 보증금을 할증하는 이유는 낙찰받은 후 웬만하면 잔금을 납부하라고 강제하려는 것이다. 그런데 입찰자들이 재매각이 되었는지, 그리고 보증금이 할증되었는지 여부를 어떻게 알

서 울 북 부 지 방 법 원

2018타경3113

매각물건명세서

사 건	2018타경3113 부동산임의경매		매각 물건번호	1	작성 일자	2018.10.30	담임법관 (사법보좌관)	
부동산 및 감정평가액 최저매각가격의 표시	별지기재와 같음		최선순위 설정	2016.3.9.근저당권			배당요구종기	2018.06.11

부동산의 점유자와 점유의 권원, 점유할 수 있는 기간, 차임 또는 보증금에 관한 관계인의 진술 및 임차인이 있는 경우 배당요구 여부와 그 일자, 전입신고일자 또는 사업자등록신청일자와 확정일자의 유무와 그 일자

점유자의 성 명	점유부분	정보출처 구 분	점유의 권 원	임대차기간 (점유기간)	보증금	차 임	전입신고일자,사업 자등록 신청일자	확정일자	배당요구여부 (배당요구일자)

조사된 임차내역없음

※ 최선순위 설정일자보다 대항요건을 먼저 갖춘 주택·상가건물 임차인의 임차보증금은 매수인에게 인수되는 경우가 발생 할 수 있고, 대항력과 우선변제권이 있는 주택·상가건물 임차인이 배당요구를 하였으나 보증금 전액에 관하여 배당을 받지 아니한 경우에는 배당받지 못한 잔액이 매수인에게 인수되게 됨을 주의하시기 바랍니다.

등기된 부동산에 관한 권리 또는 가처분으로 매각으로 그 효력이 소멸되지 아니하는 것

매각에 따라 설정된 것으로 보는 지상권의 개요

비고란

특별매각조건 매수보증금 20%

수 있을까? 물론 대법원경매정보 사이트를 통해서 재매각 여부를 확인할 수 있지만, 보증금이 할증되었는지 여부는 매각물건명세서 비고란에서 확인할 수 있다.

비고란에 아무런 기재가 없다면 입찰보증금은 최저매각가격의 10%만 납부해도 된다. 그러나 매각물건명세서 비고란에 '보증금 20%'라고 기재되어 있다면 입찰보증금은 최저 매각가격의 20%를 납부해야 한다. 이때 만약 10%만 납부했다면 당연히 정해진 보증금 미만이기 때문에 입찰은 무효가 된다.

물론 이때에도 다른 손해는 없다. 역시 원주까지 가서 시간을 허비하고 정신적인 스트레스까지 받는 손해만이 있을 뿐이다.

REAL ESTATE AUCTION

6교시

경매의 하이라이트,
입찰 절차

입찰을 하러 가기 전 대법원경매정보 사이트 통해서 매각연기신청서가 들어왔는지 확인하고, 없다면 입찰법정에 간다. 준비물은 당연히 사전에 꼼꼼히 준비한다.

경매 하면 가장 중요한 것 중 하나가 바로 입찰 절차이다. 물건의 선정에서부터 권리분석 그리고 지역분석과 물건분석, 입찰가 분석을 모두 마쳤다면 이제는 바로 입찰을 해야 한다. 입찰장에서 실수하면 치명적이기 때문에, 절대 긴장의 끈을 놓쳐서는 안 된다.

자, 그럼 함께 입찰법정으로 가보자.

법원 입찰법정 도착

▼

입찰법정 앞 좌우 입찰게시판 확인
입찰 물건의 연기 또는 취하 여부 확인
입찰장으로 들어간다.

▼

집행관 안내 및 입찰의 개시
입찰표와 입찰보증금봉투 입찰 봉투를 받는다.

▼

입찰법정 내에 있는 컴퓨터로 입찰물건의
매각물건명세서, 감정평가서,
현황조사서를 다시 확인

▼

입찰표 작성 후 입찰보증금 봉투를 넣고
신분증과 입찰 봉투 가지고 집행관에게 간다.

▼

입찰자용 수취증을 받고 입찰함에
입찰 봉투를 투찰한다.

▼

입찰 마감 후 개찰 준비

▼

개찰 및 최고가매수신고인 결정
패찰 및 유찰 확인

▼

입찰 종결

01 입찰법정 가기 전 준비물은 꼭 확인하자

REAL ESTATE AUCTION

입찰 전날 가급적 입찰 준비물을 모두 준비해놓으면 좋다. 그것은 입찰법정에 누가 가느냐에 따라 달라지기 때문이다.

입찰하는 사람이 직접 입찰법정에 갈 때

- 신분증(운전면허증이나 주민등록증)
- 도장(막도장도 가능)
- 입찰보증금(최저매각가격의 10%)

신분증은 운전면허증이나 주민등록증 또는 여권을 가지고 가면 된다. 도장은 본인이 직접 입찰하기 때문에 막도장을 가지고 가도 되고, 인감도장을 가지고 가도 된다.

입찰보증금은 최저매각가격의 10%이다

감정평가액(감정평가액은 일반적으로 최초매각가격이 됨)이 5억 원인 아파트가 있다. 한 번 유찰(입찰한 사람이 없는 것)되어 최저매각가격이 4억 원이다. 이번에 입찰해서 낙찰받으려면 반드시 최저매각가격 이상으로는 입찰해야 한다. 만약 입찰가 4억 원이라면 유효, 반면 입찰가 3억 9,900만 원은 무효가 된다.

자, 이번 최저매각가격이 4억 원인데 입찰은 4억 5,000만 원에 하고 싶다면 과연 입찰보증금은 얼마를 납부해야 할까? 바로 누구나 다 똑같이 최저매각가격의 10%인 4,000만 원을 납부하면 된다. 온비드공매도 2016년 1월부터 입찰보증금이 최저매각가격의 10%이다. 입찰보증금은 자신이 입찰하는 가격의 10%가 아니라, 최저매각가격의 10%임을 명심하자.

입찰보증금은 사전에 자기앞 수표 한 장으로 끊어 놓으면 가장 좋다. 물론 현금도 가능하고, 서울보증보험에서 입찰보증금납부서 증권을 발급해서 제공해도 된다. 하지만 가장 무난하게 수표 한 장으로 준비하는 것이 좋다.

썰교수TIP

입찰보증금은 1원이라도 부족하면 안 된다. 입찰이 무효가 되기 때문이다. 만약 4,000만 원을 납부해야 하는데 만약 3,999만 원을 납부했다면 입찰은 무효가 된다. 입찰보증금이 정해진 금액보다 많은 것은 유효하지만, 1원이라도 부족하면 입찰은 무효라고 하는 점을 꼭 기억하자.

대리인이 대신 입찰법정에 갈 때

- 위임인의 인감도장으로 날인된 위임장
- 위임인의 인감증명서(유효 기간 6개월)
- 입찰보증금(최저매각가격의 10%)
- 수임인의 신분증(운전면허증이나 주민등록증)
- 수임인의 도장(막도장)

여기서 위임인이란 무엇일까? 입찰을 하는 사람으로서 입찰을 부탁하는 사람이다. 그리고 수임인이란, 입찰을 부탁받은 사람으로서 대리인을 말한다. 대리인으로 갔을 때 가장 많이 하는 실수 중 하나가 위임장의 도장 모양과 인감증명서의 도장 모양이 다른 경우이다. 반드시 인감도장으로 날인된 위임장이어야 한다.

위임장 양식은 대법원경매정보 사이트에 있는 위임장을 사용해도 되고, 별도로 자신이 위임장을 만들어 사용해도 된다. 또한 인감증명서의 유효 기간은 6개월이다. 등기할 때에는 유효 기간이 3개월인데 반해, 입찰할 때의 인감증명서의 유효 기간은 6개월로 조금 긴 편이다.

직장인들이 경매에서 부담스러워하는 부분이 뭘까? 이 질문에 입찰 법정에 가는 것이라는 답변이 가장 많았다. 왜 그럴까? 경매는 온비드공매와 달리 오프라인 입찰을 한다. 입찰하려면 직접 입찰법정에 가야 하기 때문이다. 직장인들은 일반적으로 한 달에 한 번 월차를 내서 평일에 입찰을 하러 갈 수 있는데, 그때마다 낙찰을 받기가 쉽지 않다. 만약 패찰되면 또 가야 하는데 직장인으로서 입찰법정에 갈 시간을 내기가 쉽지 않다는 것이다.

사실 그에 대한 정답은 없다. 하지만 이런 방법을 사용할 수는 있다.

첫째, 직장을 다니지 않는 배우자를 대리인으로 입찰법정을 가게 한다. 둘째, 경매 스터디를 만들어서 직장인들끼리 품앗이 대리 입찰을 한다.

이런 방법들을 잘 활용해보는 것도 좋다.

법인을 대리해서 입찰장에 갈 때

- 법인등기사항전부증명서(법인등기부등본)
- 법인 인감도장으로 날인된 위임장
- 법인 인감증명서(유효 기간 6개월)
- 입찰보증금(최저매각가격의 10%)
- 대리인의 신분증(운전면허증이나 주민등록증)
- 대리인의 도장(막도장)

법인등기부등본은 대법원인터넷등기소에서 누구나 발급받을 수 있다. 또한 입찰표에 사업자등록번호를 기재하는 란이 있기 때문에 사전에 법인담당자에게 사업자등록번호를 알아가야 한다. 만약 법인의 대표이사가 직접 입찰을 하러 간다면, 법인등기부등본과 대표이사의 신분증, 도장 그리고 입찰보증금을 가지고 입찰할 수 있다.

공동으로 입찰하는 경우

이것은 낙찰받는 부동산을 단독으로 소유하는 것이 아닌, 지분을 공동으로 소유하는 경우이다.

공동으로 입찰할 때에는 공동 입찰자 신고서와 공동 입찰자 목록을 작성해야 하는데 이 서류는 모두 입찰법정에 구비되어 있다.

부부가 공동명의로 입찰하고 둘 다 입찰법정에 갈 때

- 남편과 아내의 각 신분증과 도장
- 입찰보증금

부부 중 한 사람, 즉 아내만 입찰법정에 갈 때

- 남편의 인감도장으로 날인된 위임장
- 남편의 인감증명서
- 남편의 인감도장(공동입찰신고서를 작성할 때 간인을 요하는 법원이 있다.)
- 아내의 신분증
- 아내의 도장
- 입찰보증금

입찰법정에는 몇 시까지 어디로 가야 하나

서울은 5개 법원이 있다.

- 서울중앙지방법원(교대역) : 2층에 입찰장이 있다.
- 서울동부지방법원(문정역) : 1층에 입찰장이 있다.
- 서울서부지방법원(애오개역) : 2층에 입찰장이 있다.
- 서울남부지방법원(목동역) : 1층에 입찰장이 있다.
- 서울북부지방법원(도봉역) : 1층에 입찰장이 있다.

서울의 5개 법원 모두 입찰 시간이 오전 10시부터 11시 10분까지다. 입찰 시간은 그렇게 되어 있지만 입찰법정에 가서 입찰표도 작성하고 입찰보증금 봉투, 입찰 봉투 등도 작성해야 하기 때문에 입찰 마감 시간 10분 전에는 가야 한다.

너무 촉박하게 가면 실수할 수도 있기 때문에 가급적 30분 전에 가서 입찰표를 작성하여 제출한 다음 조금 느긋하게 기다리는 게 좋다. 더불어 전국 각 법원마다 입찰 시간이 다르다. 때문에 사전에 해당 법원의 집행관사무소나 해당 경매계에 입찰 시간을 확인하고 가는 것이 좋다.

■ 서울 및 수도권 법원 위치 및 관할구역(대법원경매정보 사이트에서 확인)

법원	위치	관할구역
서울중앙지방법원	지하철 2,3호선 교대역	서초구, 강남구, 관악구, 동작구, 중구, 종로구
서울동부지방법원	지하철 8호선 문정역	광진구, 송파구, 성동구, 강동구
서울서부지방법원	지하철 5호선 애오개역	서대문구, 마포구, 용산구, 은평구
서울남부지방법원	지하철 5호선 목동역	구로구, 영등포구, 강서구, 양천구, 금천구
서울북부지방법원	지하철 1호선 도봉역	동대문구, 노원구, 중랑구, 강북구, 도봉구, 성북구
의정부지방법원	지하철 1호선 녹양역	의정부시, 동두천시, 양주시, 연천군, 포천시, 강원도 철원군
의정부지방법원 고양지원	지하철 3호선 마두역	고양시, 파주시
의정부지방법원 남양주지원	지하철 경의중앙선 도농역	남양주시, 구리시, 가평군
인천지방법원	지하철 1호선 주안역 및 버스	인천광역시
인천지방법원 부천지원	지하철 1호선 송내역	부천시, 김포시
수원지방법원	신분당선 상현역 및 버스	수원시, 오산시, 화성시, 용인시
수원지방법원 여주지원	경강선 여주역 및 버스	여주시, 양평군, 이천시
수원지방법원 평택지원	지하철 1호선 평택역 및 버스	평택시, 안성시
수원지방법원 성남지원	지하철 8호선 남한산성입구역	성남시, 광주시, 하남시
수원지방법원 안산지원	지하철 4호선 고잔역	안산시, 광명시, 시흥시
수원지방법원 안양지원	지하철 4호선 평촌역	안양시, 군포시, 의왕시, 과천시

■ 전국 각급 지방법원과 지원의 관할법원

고등법원	지방법원	지원	관할구역
서울	서울중앙		서울특별시 종로구 · 중구 · 강남구 · 서초구 · 관악구 · 동작구
	서울동부		서울특별시 성동구 · 광진구 · 강동구 · 송파구
	서울남부		서울특별시 영등포구 · 강서구 · 양천구 · 구로구 · 금천구
	서울북부		서울특별시 동대문구 · 중랑구 · 성북구 · 도봉구 · 강북구 · 노원구
	서울서부		서울특별시 서대문구 · 마포구 · 은평구 · 용산구
	의정부		의정부시 · 동두천시 · 양주시 · 연천군 · 포천시, 강원도 철원군
		남양주	남양주시 · 구리시 · 가평군
		고양	고양시 · 파주시
	인천		인천광역시

		부천	부천시 · 김포시
	수원		수원시 · 오산시 · 용인시 · 화성시. 다만, 소년보호사건은 앞의 시 외에 성남시 · 하남시 · 평택시 · 이천시 · 안산시 · 광명시 · 시흥시 · 안성시 · 광주시 · 안양시 · 과천시 · 의왕시 · 군포시 · 여주시 · 양평군
		성남	성남시 · 하남시 · 광주시
		여주	이천시 · 여주시 · 양평군
		평택	평택시 · 안성시
서울		안산	안산시 · 광명시 · 시흥시
		안양	안양시 · 과천시 · 의왕시 · 군포시
	춘천		춘천시 · 화천군 · 양구군 · 인제군 · 홍천군. 다만, 소년보호사건은 철원군을 제외한 강원도
		강릉	강릉시 · 동해시 · 삼척시
		원주	원주시 · 횡성군
		속초	속초시 · 양양군 · 고성군
		영월	태백시 · 영월군 · 정선군 · 평창군
	대전		대전광역시 · 세종특별자치시 · 금산군
		홍성	보령시 · 홍성군 · 예산군 · 서천군
		공주	공주시 · 청양군
		논산	논산시 · 계룡시 · 부여군
		서산	서산시 · 당진시 · 태안군
대전		천안	천안시 · 아산시
	청주		청주시 · 진천군 · 보은군 · 괴산군 · 증평군. 다만, 소년보호사건은 충청북도
		충주	충주시 · 음성군
		제천	제천시 · 단양군
		영동	영동군 · 옥천군
	대구		대구광역시 중구 · 동구 · 남구 · 북구 · 수성구 · 영천시 · 경산시 · 칠곡군 · 청도군
		서부	대구광역시 서구 · 달서구 · 달성군, 성주군 · 고령군
		안동	안동시 · 영주시 · 봉화군
		경주	경주시
대구		포항	포항시 · 울릉군
		김천	김천시 · 구미시
		상주	상주시 · 문경시 · 예천군
		의성	의성군 · 군위군 · 청송군
		영덕	영덕군 · 영양군 · 울진군

부산	부산		부산광역시 중구 · 동구 · 영도구 · 부산진구 · 동래구 · 연제구 · 금정구
		동부	부산광역시 해운대구 · 남구 · 수영구 · 기장군
		서부	부산광역시 서구 · 북구 · 사상구 · 사하구 · 강서구
	울산		울산광역시 · 양산시
부산	창원		창원시 의창구 · 성산구 · 진해구, 김해시. 다만, 소년보호사건은 양산시를 제외한 경상남도
		마산	창원시 마산합포구 · 마산회원구, 함안군 · 의령군
		통영	통영시 · 거제시 · 고성군
		밀양	밀양시 · 창녕군
		거창	거창군 · 함양군 · 합천군
		진주	진주시 · 사천시 · 남해군 · 하동군 · 산청군
광주	광주		광주광역시 · 나주시 · 화순군 · 장성군 · 담양군 · 곡성군 · 영광군
		목포	목포시 · 무안군 · 신안군 · 함평군 · 영암군
		장흥	장흥군 · 강진군
		순천	순천시 · 여수시 · 광양시 · 구례군 · 고흥군 · 보성군
		해남	해남군 · 완도군 · 진도군
	전주		전주시 · 김제시 · 완주군 · 임실군 · 진안군 · 무주군. 다만, 소년보호사건은 전라북도
		군산	군산시 · 익산시
		정읍	정읍시 · 부안군 · 고창군
		남원	남원시 · 장수군 · 순창군
	제주		제주시 · 서귀포시

02 입찰표 작성하는 방법

REAL ESTATE AUCTION

경매 입찰에서 가장 중요한 부분은 입찰표 작성이다. 입찰표는 입찰장에 가서 직접 작성하는 경우가 많고, 아주 가끔은 대법원경매정보 사이트에서 경매 입찰표를 다운받아서 집에서 작성해서 가는 경우도 있다.

입찰표 작성하는 방법 중에 핵심은 다음 세 가지이다.

1. 사건번호
2. 물건번호
3. 입찰가격

더불어 입찰할 때 준비물을 잘 챙겨가자.

1. 신분증
2. 도장
3. 입찰보증금

마지막으로 입찰법정과 입찰 시간(법원마다 다르다)을 사전에 확인해서 매각기일에 늦지 않게 입찰법정에 도착하는 것도 중요하다. 서울북부지방법원은 도봉역에 있는데 도봉산역에 가서 찾는 분도 있었고, 서울동부지방법원이 구의역에서 문정역으로 이전한 지가 꽤 되었음에도 불구하고 아직도 구의역에서 서울동부지방법원을 찾는 분이 있다. 입찰 전에 반드시 입찰법원과 입찰법정 그리고 입찰 시간을 꼭 체크해두자.

사례 1.

다음은 강서구 화곡동에 있는 아파트이다.

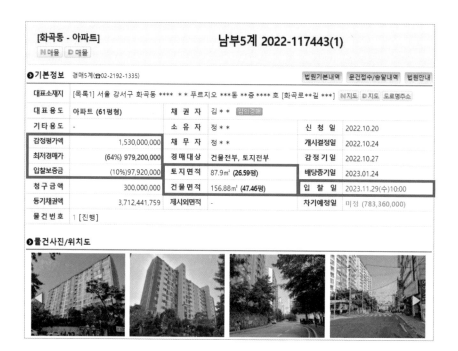

2002년 보존등기가 되었고, 2,000세대가 넘는 대단지 아파트다. 또한, 1군 브랜드인 푸르지오 아파트라 선호도가 높은 아파트다. 5호선 우장산역에서 도보 10분 거리의 역세권 아파트다. 국토부실거래가는 2023년 8월 3층이 13억 원, 9층이 15억 5,000만 원에 거래된 사례가 있어서 이번 최저가인 9억 7천9백2십만 원은 굉장히 매력적인 가격이라고 생각한다.

본인이 직접 가서 입찰표 작성할 때

기 일 입 찰 표

서울남부지방법원 집행관 귀하   입찰기일 : 2023년 11월 29일

사 건 번 호		2022 타 경 117443 호			물건 번호	1
입찰자	본인	본인	설 춘 환		전화 번호	794-2300
		주민(사업자) 등록번호	720123-1234567		본인	
		주 소	서울 용산구 한강로2가 137-1, 4층			
입찰자	대리인	본인			본인과의 관계	
		주민등록 번호			전화번호	
		주 소				

입찰 가격	천억	백억	십억	억	천만	백만	십만	만	천	백	십	일		보증 금액	백억	십억	억	천만	백만	십만	만	천	백	십	일	
			1	0	7	7	7	7	7	0	0	0	원					9	7	9	2	0	0	0	0	원

보증의 제공방법	☐ 현금 · 자기앞수표 ☐ 보증서	보증을 반환 받았습니다. 입찰자

대리인이 가서 입찰표 작성할 때

(앞면)

<table>
<tr><td colspan="16" align="center">기 일 입 찰 표</td></tr>
<tr><td colspan="9">서울남부지방법원 집행관 귀하</td><td colspan="7">입찰기일 : 2023년 11월 29일</td></tr>
<tr><td colspan="2">사 건
번 호</td><td colspan="5">2022 타 경 117443 호</td><td colspan="2">물 건
번 호</td><td colspan="7">1</td></tr>
<tr><td rowspan="3">입
찰
자</td><td rowspan="3">본인</td><td colspan="2">본인</td><td colspan="3">설 진 희</td><td colspan="2">전화
번호</td><td colspan="7">010-5678-5678</td></tr>
<tr><td colspan="2">주민(사업자)
등록번호</td><td colspan="3">970123-1234567</td><td colspan="2">본인</td><td colspan="7"></td></tr>
<tr><td colspan="2">주   소</td><td colspan="14">서울 강서구 우현로 100</td></tr>
<tr><td rowspan="3">입
찰
자</td><td rowspan="3">대리인</td><td colspan="2">본인</td><td colspan="3">설 춘 환</td><td colspan="2">본인과의
관계</td><td colspan="7">자</td></tr>
<tr><td colspan="2">주민등록
번호</td><td colspan="3">720123-1234567</td><td colspan="2">전화번호</td><td colspan="7">010-1234-1234</td></tr>
<tr><td colspan="2">주   소</td><td colspan="14">서울 용산구 한강로 2가 137-1, 4층 설춘환캠퍼스</td></tr>
</table>

입찰 가격	천 억	백 억	십 억	억	천 만	백 만	십 만	만	천	백	십	일		보증 금액	백 억	십 억	억	천 만	백 만	십 만	만	천	백	십	일	
			1	0	7	7	7	7	0	0	0	0	원					9	7	9	2	0	0	0	0	원

보증의 제공방법	☐ 현금 · 자기앞수표 ☐ 보증서	보증을 반환 받았습니다. 　　　　　　　입찰자

(뒷면)

위 임 장

대리인	성 명	설춘환	직 업	사업
	주민등록번호	720123-1234567	전화번호	010-1234-1234
	주 소	서울 용산구 한강로2가 137-1, 4층 설춘환캠퍼스		

위 사람을 대리인으로 정하고 다음 사항을 위임함.

다 음

서울남부지방법원 2022 타경 117443호 부동산 경매 사건에 관한 입찰행위 일체

본인1	성 명	설 진 희 (인감인)	직 업	학생
	주민등록번호	970123-1234567	전화번호	010-5678-5678
	주 소	서울 강서구 우현로 100		
본인2	성 명	(인감인)	직 업	
	주민등록번호		전화번호	
	주 소			
본인3	성 명	(인감인)	직 업	
	주민등록번호		전화번호	
	주 소			

* 본인의 인감 증명서 첨부
* 본인이 법인인 경우에는 주민등록번호란에 사업자등록번호를 기재

서울남부지방법원 귀중

입찰표 작성할 때 유의할 사항

1. 사건번호와 물건번호를 제대로 기재한다.

2. 입찰자가 입찰표 작성 후 입찰보증금을 제공하는데, 입찰보증금은 1원이라도 부족하면 안 된다.

3. 입찰가격은 수정할 수 없기 때문에 입찰가격을 기재할 때 집중해야 한다. 만약 입찰가격을 수정하고자 할 때에는 새로운 입찰표를 사용해야 한다.

4. 입찰표 맨 하단 우측에 [보증을 반환받았습니다] 란 밑에 이름과 날인은 패찰 후 보증금을 돌려받고 난 다음에 서명 날인한다.

03 입찰표 제출과 입찰 절차

REAL ESTATE AUCTION

입찰표는 입찰함에 한 번 투입하면 다시 입찰할 수 없기 때문에 입찰 전 입찰표 기재 부분 및 입찰보증금 등을 신중하게 확인한 후에 투입해야 한다.

1. 입찰표 기재 후에는 입찰표를 입찰 봉투에 넣는다.

그리고 입찰보증금도 입찰보증금 봉투에 넣어 입찰 봉투에 함께 넣는다. 신분증을 가지고 입찰법정 맨 앞 중간에서 입찰을 주재하는 집행관에게 간다. 이때 당연히 입찰 마감 시간 전까지 가야 한다.

2. 집행관이 입찰자와 신분증을 확인한 후 입찰자용 수취증을 주면 이후에 입찰 봉투를 입찰함에 투입한다.

3. 이후에 입찰 마감하고 10~20분 개찰 준비 후에 곧바로 개찰한다.

입찰표를 입찰함에 넣기 전에 집행관이 주는 입찰자용 수취증을 잘 보관해야 한다. 차후 패찰될 경우 보증금을 돌려받을 때 필요하기 때문이다.

4. 패찰 시에는 곧바로 보증금을 돌려받고 귀가한다. 낙찰 시에는 입찰보증금 영수증을 받고 귀가한다.

04 개찰과 낙찰 그리고 패찰

REAL ESTATE AUCTION

개찰은 사건번호 순으로 진행한다. 사건이 많지 않으면 개찰이 20~30분 내로 끝나는 경우도 있다. 사건이 보통인 경우에는 개찰이 1~2시간 정도 걸리기도 하고, 사건이 많은 경우에는 개찰이 2~4시간 정도 걸리는 경우도 있다(가끔은 입찰장이 협소하여 응찰자 수가 많은 사건번호부터 개찰하는 경우도 있다.

 설교수TIP

낙찰자는 입찰장을 빠져나갈 때 거의 황제 대우를 받는다. 누구에게? 바로 대출을 알선하는 대출중개인들에게 말이다. 이때 엄청난 양의 명함(대출중개인들의 명함)도 받게 된다. 이 명함들은 잘 받아두었다가 차후 가장 좋은 조건을 제시하는 곳에서 대출을 받으면 된다. 또는 본인의 주거래은행이나 자신이 잘 알고 있는 대출중개인에게 받아도 된다.

이러한 대출을 알선하는 대출중개인들은 대출이 실제 이루어지면 대출 금액 대비 일정한 수수료를 금융기관으로부터 받는다. 그러니 미안해하지 말고 제대로 물어본 뒤 좋은 조건으로 대출을 받자.

집행관의 자유재량).

패찰자는 곧바로 입찰자용 수취증을 주고 보증금을 돌려받고 집으로 귀가한다. 낙찰자는 영수증을 받고 집으로 귀가한다. 그리고 매각 허가, 확정, 잔대금납부기한 통지 등을 기다린다.

🏠 입찰법원도착부터 - 낙찰 영수증 받기까지

입찰법원 도착

입찰 시간에 늦지 않게 입찰법원에 도착한다. 서울에 있는 모든 법원의 입찰 시간은 오전 10시부터 11시 10분까지다.

서울서부지방법원 전경

입찰법정 안내도

법원에 가면 안내도를 따라 경매법정을 찾아간다. 모르면 법원에 직원분에게 문의한다.

입찰법정 앞 – 게시판 확인 – 매각공고

입찰법정에 들어가기 전에 매각공고를 꼭 확인한다. 만약 나의 사건이 연기나 취하되었다면 입찰할 필요가 없다. 더불어 유치권 신고된 사건이나 보증금을 더 납부해야 하는 사건 등도 표시되어 있다. 입찰하는 물건에 어떤 코멘트가 있는지 꼭 체크한다.

매각물건명세서 확인

특별한 문제없이 입찰할 물건의 입찰이 진행된다면 매각물건명세서를 다시 확인한다. 요즘 법원에서 컴퓨터 모니터를 통해서 확인한다. 사건별로 매각물건명세서를 확인한다. 매각물건명세서는 권리분석에서 가장 중요한 서류다.

입찰표 작성

매각물건명세서상에도 문제가 없다면 이제는 입찰법정에 들어가서 입찰표를 기재한다. 입찰표와 입찰보증금 봉투 그리고 입찰 봉투를 맨 앞에 있는 집행관사무소 직원에게 교부받아서 직접 기재하면 된다.

기일입찰표

매수신청보증 봉투(입찰보증금보율), 입찰 봉투를 모두 빠짐없이 제대로 기재하고 도장도 찍는다.

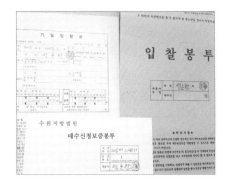

입찰표 제출

입찰표를 모두 기재하면 입찰 봉투에 모두 넣는다. 신분증을 가지고 입찰법정 맨 앞에 가서 집행관에게 신분증을 확인하고 입찰자용 접수증을 받은 후 입찰함에 투찰한다.

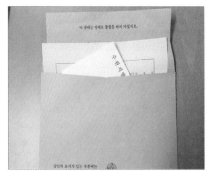

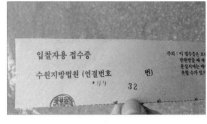

입찰 마감 후 개찰 준비

입찰 시간이 마감되면 입찰함을 열어서 곧바로 개찰 준비를 한다.

개찰

개찰은 통상 사건번호 순으로 한다. 다만 입찰자들이 많아서 입찰법정이 협소하다고 판단되면 입찰자가 많은 사건부터 개찰하는 경우도 있다.

낙찰 후 입찰보증금 영수증을 받는다

낙찰을 받게 되면 다음과 같이 낙찰자는 입찰보증금 영수증을 받고 이제 집으로 가서 기다리면 된다.

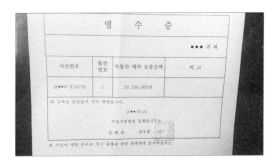

낙찰을 축하한다! 낙찰을 위한 낙찰 No, 수익을 위한 낙찰 Yes! 꼭 기억하자.

입찰법정에서
절대 실수하지 말자

REAL ESTATE AUCTION

입찰법정에서는 의외로 실수를 많이 한다. 입찰이 연기되거나 취하된 사건에 입찰하는 분도 있다. 이 부분은 대법원경매정보 사이트에서 확인할 수도 있지만, 사전에 하지 못했다면 입찰법정 앞 게시판을 꼭 확인하자.

사건번호를 잘못 써서 입찰이 무효화된 분도 있다. 물건번호를 써야 하는데 물건번호를 쓰지 않아서 입찰이 무효화된 분도 있다. 입찰보증금을 40원 덜 내서 입찰이 무효화된 분도 있다. 입찰보증금이 최저매각가가격의 20%인데 10%만 납부해서 입찰이 무효화된 분도 있다.

대리인으로 왔는데 위임장과 인감증명서를 가져오지 않아서 입찰이 무효화된 분도 있다. 입찰장에 신분증을 가져오지 않아 입찰이 무효화된 분도 있다.

사례 1. 대리로 입찰해서 1등을 했는데 입찰이 무효가 되다

첫째, 인감증명서를 첨부하지 못해서 입찰이 무효가 된 경우이다. 서울동부지방법원에서 대리인이 입찰을 해서 1등을 했는데 개찰 시 입찰 봉투에 위임인의 인감증명서가 없어서 입찰이 무효가 되었다.

둘째, 위임장의 날인된 도장과 인감증명서의 도장의 모양이 달라 입찰이 무효가 된 경우이다. 서울중앙지방법에서는 대리인이 입찰을 하러 와서 1등을 했다. 그런데 위임장에 찍힌 도장의 모양과 인감증명서상에 있는 인감도장의 모양이 달라 입찰이 무효가 되었다.

사례 2. 입찰표에 사건번호나 물건번호를 잘못 기재해서 입찰이 무효가 되다

지난 가을 한 입찰법정에서 있었던 사례이다. 입찰표에 사건번호를 2022타경 1234호로 기재해야 하는데, 입찰자가 생각없이 2023타경 1234호로 기재하여 입찰이 무효가 되었다. 또한 물건번호가 2개여서 사건번호 외에 물건번호를 꼭 기재해야 했는데 물건번호를 기재하지 않아 입찰이 무효가 된 경우도 있다. 이렇게 입찰이 무효가 된 경우에는 낙찰만 못 받았지 입찰자에게 별다른 손해는 없다. 그냥 낙찰을 못 받아서 기분만 안 좋을 뿐이다. 사건번호와 물건번호는 반드시 제대로 기재해야 한다.

사례 3. 입찰 금액을 잘못 쓰다

이는 가장 조심하고, 조심해야 하는 경우이다. 이런 사건은 없을 것이라고 생각하지만 의외로 종종 실수가 나오고 있다. 그러므로 집중해서 입찰 금액을 제대로 기재해야 한다. 서울중앙지방법원 입찰법정에서 있었던 서울동작구의 아파트 입찰에서 최초매각가격은 5억 원이었는데, 한 번 유찰되면서 최저매각가격은 4억 원이었다. 경매 신청 절차가 진행되었고, 개찰 결과 입찰자는 7명이었다. 집행관이 입찰자와 입찰가격의 발표가 있었다.

이윤창 - 4억 4,000만 원

김연미 - 4억 9,000만 원

서종녀 - 4억 6,000만 원

정용규 - 4억 원

임경섭 - 4억 1,000만 원

박상혜 - 4억 4,000만 원

마지막 설춘환 - 42억 원

결국 설춘환이 42억 원에 낙찰되었다. 왜 이런 결과가 나왔을까? 입찰가격을 4억 2,000만 원으로 기재하려고 했는데 실수로 0을 하나 더 기재한 것이다. 이럴 경우 입찰 취소나 입찰 무효 주장이 어렵다. 결론적으로 낙찰이 허가되고 잔금을 납부하라고 한다. 하지만 설춘환은 42억 원을 납부하지 못할 것이다. 그러면 재경매가 되고, 입찰보증금 4,000만 원은 몰수된다. 그러므로 입찰표 기재할 때 입찰가격은 신중하고 또 신중하게 똑바로 기재해야 한다.

또한 이렇게 재매각될 때에는 입찰보증금이 할증된다. 즉 최저매각가격이 4억 원이면 입찰보증금을 4,000만 원 납부하면 됐었는데, 재매각이 되면 20%로 할증해서 입찰보증금이 8,000만 원이 된다. 재매각 시에 입찰보증금이 얼마인지는 매각물건명세서 비고란에 기재되어 있으므로 참고하면 된다.

사례 4. 입찰보증금 잘못 넣은 경우

10여 년 전 수원에 경매로 나온 토지에 입찰했다. 최저매각가격이 4,820만 원인데 생각없이 보증금을 480만 원을 납부하고 입찰하였다. 하지만 1등을 했는데도 무효가 되었다. 입찰보증금은 최저매각가격의 10%로 482만 원을 납부해야 하는데, 2만 원을 덜 납부해서 입찰이 무효된 것이다. 입찰보증금은 정해진 금액보다 많이 납부하는 것은 문제가 없지만 1원이라도 부족하면 입찰은 무효가 된다.

Q 입찰표는 무엇이고, 어디 가서 받나요?

A 법원에 가서 마음에 드는 물건을 낙찰받고 싶을 때, 즉 입찰할 때 작성해야 하는 표입니다. 입찰표는 입찰법정에 가면 누구나 받을 수 있습니다. 또한 사전에 입찰표를 기재해서 가고 싶다면 대법원경매정보 사이트에서 입찰표를 다운받아서 가져가도 됩니다.

Q 왜 경매에서 낙찰이 안 되고 유찰이 되는 건가요?

A 일반적으로 경매를 처음 시작하는 것을 신건이라는 하는데, 신건에서는 낙찰이 잘 안 되는 편입니다. 만약 시세 4억 원 하는 아파트가 경매에 나왔다고 하면 시세를 감안해서 감정평가되어서 처음에 4억 원에 경매를 진행합니다. 막상 현장에 가면 급매로 더 싸게 살 수도 있잖아요. 그렇기 때문에 시세보다 조금 더 높은 감정평가 금액으로는 입찰을 잘 안 하는 편입니다. 물론 한 번 유찰되면 가격을 일정비율로 다운시키기 때문에 이후에 경매 매각 절차에서는 낙찰되는 편입니다. 유찰되면 서울은 20%씩, 인천은 30%씩 가격을 다운시킵니다. 즉 이 감정평가 금액에서 한 번 유찰되면 서울은 최저매각 가격이 3억 2,000만 원, 인천은 2억 8,000만 원이 됩니다.

Q 경매 입찰할 때 대리인이 가도 되나요?

A 대리인이 가도 됩니다. 다만 일을 부탁하는 분(이런 사람을 위임이라고 합니다)의 인감도장이 찍힌 위임장과 인감증명서 그리고 입찰보증금을 받고, 일을 맡으신 분(이런 사람을 대리인이라고 합니다)은 신분증과 도장을 가지고 가면 됩니다.

Q&A

Q 아파트를 남편(또는 아내)과 공동으로 입찰해도 되나요?

A 일반 매매처럼 경매에서도 지분으로 입찰할 수 있습니다. 다만 지분은 서로 정하기 나름입니다. 예를 들어 남편 지분 1/2, 아내 지분 1/2 또는 남편 지분 1/3, 아내 지분 2/3로 말입니다. 이렇게 공동으로 입찰할 수 있습니다.

Q 경매에서 유찰은 몇 번까지 가능한가요?

A 사실 제가 강의할 때마다 경매는 몇 번까지 유찰이 가능할까요? 이런 질문을 많이 합니다. 그럴 때마다 1번요, 3번요, 낙찰될 때까지요 등 많은 답변이 나옵니다. 하지만 정답은 잘 나오지 않더라고요. 경매는 경매를 신청한 사람이 1원이라도 배당을 받을 수 있을 때까지 유찰됩니다. 이것을 잉여주의라고도 합니다.

경매 성공 사례 vs. 실패 사례 6

성공사례 ··

작은 토지지만 입지가 좋아 차후 충분한 수익이 날 거라고 판단해 5배의 수익을 내다

예전에 용인에 관심이 많은 지인이 용인시 처인구에 약 100여 평의 밭을 낙찰받았다. 그분은 용인에 경매로 나오는 소규모 땅을 여러 건 낙찰받았다. 용인이 미래가치가 높다고 판단하였고, 차후 토지만 한 보석이 없다고 생각했기 때문이다. 사실 처인구에 낙찰받은 밭도 농사를 짓기 위해서는 아니다 (그러기에는 토지 면적이 너무 작다). 전원주택을 지을 수도 있고, 토지의 일부를 도로로 사용하면 옆의 토지 주인에게 비싸게 매도할 수 있을 것으로 생각되어 낙찰받은 것이다. 옆의 토지는 이 땅이 없으면 사실상 맹지(도로가 없는 토지)였다. 맹지면 건축 행위를 할 수 없다. 즉 건물을 지을 수 없다.

주위 시세가 평당 60만 원인데 20만 원에 낙찰받았다. 그리고 얼마 전 옆 토지(사실상 맹지)를 매수하려는 사람이 찾아왔다. 낙찰받은 토지를 매도할 의사가 있는지 확인하기 위해서였다. 그것도 평당 100만 원에 말이다. 옆의 토지를 매수하려는 사람이 어떻게 낙찰받은 토지인 줄 알았을까? 그것은 등기부등본만 발급받아 보면 알 수 있다. 낙찰받은 지인의 명의로 소유권이전등기가 될 때 등기원인이 경매 취득으로 나와 있으므로 누구나 알 수 있는 것이다.

지인은 차후 토지 가격이 더 상승할 것이라고 예측해서 평당 200만 원 이하에는 매도할 마음이 없다고 말했다. 그리고 1년이 조금 지난 지금, 거의 5배의 매매차익을 올릴 수 있는 기회가 왔다. 현재 낙찰받은 주위에 창고나 공장 등이 많이 생겨나고 있어서 원하는 가격대로 그 토지를 매도할 수 있을 것으로 보인다. 사실 경매의 가장 큰 강점은 누구나가 전국, 어디에 어떤 경매 물건이 나와 있는지 쉽게 알 수 있다는 것이다. 또한 한 지역만을 한정해서 공부하고 그 지역의 물건을 중점적으로 낙찰을 받아 수익을 낼 수도 있다.

실 패 사 례 ···

일반법인 명의로 농지를 낙찰받아 입찰보증금 8,000만 원을 몰수당하다

경매 물건 중에 종종 농지가 나온다. 농지란 바로 지목상 전, 답, 과를 말한다. 즉 밭과 논과 과수원을 말한다. 2년 전 파주의 지인에게 전화를 받았다. 경매로 농지가 싸게 나와서 자신의 이름으로 낙찰받으려고 했는데, 경매 컨설팅 업체에서 차후 세금 등을 감안하면 개인 명의보다는 일반법인 명의로 낙찰을 받는 것이 유리하다고 말했다.

농지취득은 일반 매매로 매수할 때나 경매로 낙찰받을 때나 그 절차는 거의 비슷하다. 그러나 농지는 일반법인이 매수하거나 낙찰받아서는 안 된다. 차후 소유권이전등기를 위해서 농지취득자격증명이 필요한데, 일반법인은 농지취득자격증명이 발급되지 않는다. 농지취득자격증명은 자연인, 즉 개인이나 영농조합 또는 영농법인만 발급받을 수 있다.

경매로 낙찰받게 되면 매각결정기일까지 농지취득자격증명을 해당 경매계에 제출해야 한다. 그런데 만약 제출하지 않으면 어떻게 될까? 매각은 불허가되고, 입찰보증금은 몰수된다. 이러한 사실을 모르고 일반법인 명의로 약 8억 원짜리 농지를 낙찰받았다가 농지취득자격증명을 발급받지 못해서 매각은 불허가 되었다. 그리고 낙찰자는 입찰보증금 8,000여만 원을 몰수당했다.

참고로 농지취득자격증명은 서울이라면 각 구청에서, 군포시나 부천시라면 해당 시청에서, 진안군이나 가평군이라면 읍사무소나 면사무소에서 발급받을 수 있다. 요즘은 이러한 농지취득자격증명을 온라인(정부24)에서도 발급받을 수도 있다.

REAL ESTATE AUCTION

7교시

명도 절차

경매에 입문한 지 1년 이내의 수강생들이 가장 많이 부담스럽다고 생각하는 것이 바로 명도(인도)다. 그러나 낙찰받고 실제로 명도를 1~2건 하다 보면 어렵지 않다는 걸 느낀다. 명도에서 가장 중요한 것이 점유자에 대한 배려다. 그러나 협상할 때에는 단호해야 한다. 또한 명도는 복불복이다. 다음 사례를 보자.

사례. 1

24평형 아파트를 하나 받았는데, 그 아파트에는 소유자가 살고 있었다. 이런 경우는 낙찰받고 잔금을 납부하면서 전 소유자와 명도협상을 하게 되는데, 일반적으로 이사비와 이사 기간을 가지고 협상을 한다. 사실 낙찰자가 소유자에게 이사비와 이사 기간을 줄 의무는 없지만, 만약 협상이 되지 않아서 강제집행을 하려면 역시 그에 따른 강제집행 비용과 기간이 필요하다. 그럴바에는 차라리 강제집행 비용을 감안해서 이사비를 주고, 또 인도명령결정 등을 받아 강제집행 기간을 감안해서 이사 기간을 주는 것이 보다 효율적이다.

협상이 잘 되는 경우에는 이사비는 100~200만 원을 주기로 하고, 이사 기간은 잔금을 납부하고 한 달 정도 주는 경우가 대부분이다. 명도협상이 되면 명도합의서를 작성한다. 이때 항상 상대방의 신분증을 확인하는 습관을 들이는 것이 좋다. 명도합의가 되었다 하더라도 잔금을 납부하면 인도명령결정을 받아놓는다. 차후 명도 협의가 되었음에도 불구하고 명도를 해주지 않을 것을 대비해서 받아 놓는다. 원활하게 명도가 되면, 즉 이삿짐을 모두 가져간 것을 확인하고 아파트의 열쇠를 받은 다음 이사비를 주고, 이사비 영수증 및 명도확인서를 받는다.

명도협상이 안 되면 인도명령을 신청한다. 이후에 인도명령결정이 날 것이다. 이후에 인도명령결정문이 전 소유자에게 송달된 것을 확인하면, 낙찰자는 인도명령결정문을 가지고 해당 경매계에 가서 인도명령결정문에 집행문을 부여받는다. 그리고 인도명령결정문이 전 소유자에게 송달되었다는 송달증명원을 부여받는다.

인도명령결정문 + 집행문 + 송달증명원, 이 세 가지 서류를 가지고 관할 집행관사무소(경매가 진행된 법원의 집행관사무소)에 가서 강제집행을 신청한다. 이후에 집행관사무소 직원이 낙찰받은 아파트에 가서 계고(또는 예고라고 한다. 즉 전 소유자에게 언제까지 이사를 해야 하고, 만약 그때까지 하지 않으면 부득이하게 강제로 집행할 수밖에 없다고 통지하는 절차)하고 이후에도 명도를 하지 않으면 날짜를 잡아서 강제집행을 하게 된다.

사례. 2

24평형 아파트를 낙찰받았는데, 그 아파트에는 배당을 받는 임차인이 살고 있었다. 이런 경우는 낙찰받고 잔금을 납부하면서 임차인과 명도협상을 하게 된다. 이때 일반적으로 보증금을 모두 받는 임차인과는 이사 기간을 가지고 명도협상을 하고, 보증금을 모두 받지 못하는 임차인은 일부 이사비와 이사 기간을 가지고 협상한다.

배당을 일부라도 받는 임차인은 차후 보증금을 법원에서 배당받으려면 낙찰자의 명도확인서가 필요하다. 명도를 하지 않은 상태에서 법원은 임차인에게 보증금을 지급하지 않는다.

여기서 배당받는 임차인과 낙찰자 간에 약간의 힘겨루기가 발생한다. 왜 그럴까? 임차인이 배당을 받기 위해서 낙찰자에게 명도하지 않은 상태에서 명도확인서를 요청한다. 그러면 임대인은 명도도 하지 않은 상태에서 명도확인서를 써주려 하지 않는다. 임차인들이 보증금을 배당받지 못한 상태에서 먼저 이사를 가기는 쉽지 않다. 따라서 이럴 때에는 낙찰자의 배려가 필요하다. 즉 먼저 명도확인서를 작성해서 임차인에게 준다. 다만 사전에 명도와 관련한 합의서를 작성해서 언제까지 이사를 가기로 합의하고, 그 날짜까지 이사를 가지 않는다면 임대료보다 3~4배 높은 위약금을 지급한다는 합의를 하게 된다.

예를 들어 2018년 11월 1일 명도확인서를 받고, 2018년 11월 20일까지 명도하기로 한다. 만약 그때까지 명도하지 않으면 임대료인 월 100만 원보다 3배 정도 높은 월 300만 원씩의 위약금을 지급하기로 약정을 한다.

왜 이렇게 높은 위약금을 지급하기로 하는 것일까? 만약 위약금이 월 임대료와 비슷한 100여만 원으로 한다면 임차인은 명도에 대한 부담을 느끼지 못할 것이다. 위약금이 월 임대료의 3배 정도가 되면 임차인도 명도에 대한 부담을 느끼면서 최선을 다해 명도를 해줄 것이다.

3배 약정이 불합리하다고 생각하는 점유자도 있다. 그러나 그렇게 생각해서는 안 된다. 이미 낙찰자는 명도의 불확실성을 감안하고도 명도확인서를 작성해주었기 때문이다. 약속한 대로만 이사를 가면 월 임대료 3배에 달하는 위약금을 지급할 이유는 없다. 서로 간에 배려와 약속을 지키면 임차인과 낙찰자 간에 손해나 불편함은 없을 것이다.

명도할 때 점유자가 없는 경우가 있다. 이럴 때에도 반드시 집행관에 의한 강제집행을 해야 한다. 만약 '점유자가 없으니 그냥 잠긴 문을 따고 들어가도 상관없겠지' 하는 생각은 잘못된 것이다. 집행관에 의한 강제집행, 즉 집행관이 문을 열어준 게 아니고 스스로 문을 열고 들어간다면 기존의 점유자가 이를 빌미로 주거 침입죄 또는 건조물 침입죄, 절도죄 등으로 고소하게 되면 문제가 될 수도 있다.

점유자가 없을 때에는 반드시 집행관에 의한 강제집행을 해야 한다. 점유자가 없는 경우에는 시간도 많이 걸리는데, 법률적인 절차를 모두 거쳐야 하기 때문이다. 다만 점유자가 없으면 사람과의 대면에 대한 부담은 없는 편이다.

반면에 점유자가 있다면 그 점유자와의 대면에 대한 부담이 있다. 그러나 오히려 합의를 통해 시간이 짧게 끝낼 수도 있다. 점유자가 있든 없든지 간에 낙찰자는 잔금을 납부하면 기계적으로 인도명령결정을 받아두는 것이 좋다.

01 명도란 무엇일까

경매를 통해서 낙찰받을 때 일반 매매보다 저렴하게 낙찰받을 수 있는 이유 중 하나가 바로 낙찰 후 명도에 대한 책임을 낙찰자가 부담해야 하기 때문이다(다른 하나는 건물 같은 경우 내부를 볼 수 없기 때문이다). 매매로 산다면 매도인이 다 알아서 해주는데 말이다. 토지 같은 경우에는 낙찰받고 특별한 점유자가 없어서 명도가 어렵지 않은데 반해, 아파트나 상가 등 건물에는 기존에 점유자(소유자나 임차인 등)가 있어서 어떻게 명도해야 할지 부담을 느낀다.

그런데 건물을 낙찰받았을 때 낙찰자와 점유자 중 누가 더 부담을 느낄까? 필자는 많은 경험을 통해 이렇게 확신한다. 단연코 점유자가 더 부담을 느낀다. 낙찰 후 명도협상을 할 때 점유자들을 만나 보면 대부분 상당한 부담감을 가지고 있고, 긴장도 하고 있었다. 더불어 점유자들은 이미 명도에 대한 마음의 준비를 하고 있었다. 이사 갈 준비를 말이다. 이럴 때 낙찰자의 배려가 필요하다. 따뜻한 마음의 배려와 함께 이사 기간과 이사비에 대한 배려도 필요하다.

건물을 낙찰받았을 때 명도는 어떻게 할까? 흔히 드라마에서처럼 집행관이 인부(용역)를 동원해서 강제로 사람과 짐을 끄집어내는 그러한 강제집행을 상상하는가? 물론 아예 없지는 않다. 그러나 사실 명도는 낙찰자와 점유자가 이사비와 이사 기간을 합의해서 쉽게 이루어지는 경우가 대부분이다. 약 95% 정도 된다. 다만 약 5% 이내에서 점유자와 협의되지 않는 최악의 경우에 드라마에서처럼 집행관과 인부를 통한 강제집행을 하게 된다. 다시 한번 말하지만 처음 명도는 어렵게 느껴지지만 차츰 몇 건을 하다 보면 명도만큼 쉬운 게 없다는 것을 알게 될 것이다.

여기서 궁금증이 생긴다. 경매를 통해서 낙찰받게 되면, 왜 이사비와 이사 기간의 협의를 통해 명도가 잘 되는 편일까? 이유는 기존 점유자들이 낙찰자가 명도를 합의하러 올 때 즈음에는 이미 마음의 준비를 하고 있기 때문이다. 예를 들어 엊그제 경매가 시작되어, 어제 낙찰자가 낙찰받고, 오늘 낙찰자가 갑자가 찾아와서 낙찰받았으니 내일까지 집을 비워달라고 한다면 기존 점유자들의 반발이 클 것이다. 그러나 경매에 들어가서 낙찰받고 낙찰자가 점유자를 찾아올 때 즈음에는 이미 경매가 신청된 지 7~8개월의 시간이 흐른 뒤다.

앞서 언급한 것처럼 명도는 복불복이고, 배려가 필요하다. 10건 정도를 낙찰받았을 때 이사비와 이사 기간을 주고 명도를 하는 경우가 약 8~9건 정도이고, 1건 정도가 협상이 안 되어서 강제집행을 하게 된다. 물론 많은 법률 지식과 명도에 대한 지식이 중요하다. 하지만 대부분의 점유자들은 법률적으로 대응하기보다는 감성적으로 다가온다.

명도와 관련된 사례 하나를 보자.

필자가 과거 여러 차례 TV 출연을 할 때 인연을 맺은 60대의 아주머니가 있었다. 이 아주머니는 50대까지 일을 하시다가 그 후 은퇴하여 평범한 주부로 살고 있었다. 어느 날 필자를 찾아와서 3,000만 원 정도의 여윳돈이 있는데 경매를 해보고 싶다고 하셨다. 처음에는 조금 쉬운 물건부터 해보자고 해서, 아주머니가 사는 마포 근처의 아파트와 아주머니가 좋아하는 방배동의 아파트를 추천했다. 사실 경매라고 하는 것이 낙찰을 위한 낙찰이 되어서는 안 되기 때문에, 또한 필자도 전문가로서의 자존심이 있어서 수익을 극대화할 수 있는 금액으로 입찰가를 조언했다. 이후 약 10여 차례 패찰을 했다. 약 6개월 동안 10번의 입찰과 10번의 패찰, 당시 아주머니가 보러 다닌 물건만 약 100여 건에 이른다. 사실 서로 너무 힘들었다. 아주머니도 필자도 말이다.

그리고 어느 날 이제는 경매를 그만해야 할 것 같다고 말했다. 사실 필자도 말릴 명분이 없었다. 그만큼 열심히 하셨음에도 열매를 따지 못했으니 말이다. 하지만 필자도 오기가 생겼다. 패찰을 10번 했다는 것은 그만큼 낙찰의 확률이 점점 높아지고 있는 거다. 그래서 필자는 그 아주머니에게 마지막으로 딱 한 번 더 입찰을 해보자고 제안했다. 그래서 찾은 게 용산의 남산타운 아파트다. 24평형 감정가 4억 원인데 한 번 유찰되어서 최저매각가격이 3억 2,000만 원이고, 시세는 감정가인 4억 원이었다. 자, 이렇게 유찰되었을 때 누구나가 생각하는 입찰가는 약 3억 4,000만 원에서 3억 6,000만 원이다. 그러나 경매는 누구나가 생각할 수 있는 금액으로는 낙찰받기 어렵다. 창조적인 입찰가가 필요하다. 그때 필자가 제안한 입찰가가 3억 7,700만 원이었다. 매물의 개수가 별로 없었고, 차후 부동산 경기가 좋아지면 매매차익도 충분히 낼 수 있는 물건으로 판단했기 때문이다. 그런데 아주머니가 오히려 더 높은 금액으로 쓰고 싶다고 말씀하셔서 3억 8,366만 6,770원으로 입찰했다.

결과는 어땠을까? 24 대 1의 경쟁률을 뚫고 낙찰받았다. 상위 3명의 입찰가가 대략적으로 3억 8,366만 6,770원, 3억 8,200만 원, 3억 8,098만 9,000원 순이었다. 11번째 입찰만의 쾌거였다.

명도 이야기를 하다가 왜 이 아주머니 이야기를 했을까? 이후 이 아주머니는 직접 혼자서 명도를 하고자 낙찰받은 남산타운 아파트에 갔다. 당시 점유자는 낙찰받은 아주머니에게 화를 내며, 명도를 할 거면 이사비를 1,000만 원을 가져오라고 하였단다. 이에 어떻게 해야 하느냐고 연락이 와서 연락처만 주고 오고, 이후에 법률적인 조치를 함께 병행할 것을 조언했다. 그리고 조급하게 마음먹지 말고 기다리라는 말씀도 드렸다. 이후 2주일이 지날 때 즈음에 점유자에게 전화가 왔다. 빨리 와서 협상하자고 말이다. 이후 점유자를 만나서 명도합의서를 작성하고, 그로부터 2주 후 이사비 200만 원을 주고 명도를 완료했다.

그로부터 한 달 후 이 아주머니는 또다시 마포의 30평형대 아파트를 낙찰

낙찰자가 이사비를 꼭 주어야 하는가? 이사 기간은 어느 정도를 주어야 하는가?

낙찰자가 기존 점유자에 대해 이사비를 지급할 의무는 없다. 다만 이사비를 주지 않고 협상이 안 되면 차후 집행관을 통해 강제집행을 하게 된다. 그렇게 되면 일정한 강제집행 비용이 들어가게 된다. 그래서 강제집행 비용을 감안해서 이사비를 지급하는 편이다.

일반적으로 서울의 경우 33평형대 아파트라면 이사비를 100~300만 원 정도를 지급하는 편이다. 만약 협상이 안 되어서 강제집행을 하게 되면 강제집행 비용이 그 정도 필요하기 때문이다. 더불어 강제집행을 하더라도 한두 달의 시간이 소요되기 때문에 이사 기간은 낙찰자가 잔금을 납부하고 한두 달의 시간을 주는 편이다.

받았다. 낙찰받은 다음 날 아파트 관리사무소에 찾아가서 체납관리비 문제도 해결하고, 차후 이사 등을 어떻게 해야 할지를 알아볼겸 찾아갔다. 마침 관리사무소에 그 아파트 점유자가 와서 관리사무소 소장의 소개로 그 자리에서 협상을 끝냈다. 점유자가 원하는 이사비는 150만 원과 이사 날짜는 앞으로 한 달로 말이다.

명도는 통상 이런 식이다. 낙찰자에게 고도의 법률적인 지식과 고도의 협상 능력을 요하지 않는다. 명도는 복불복이고, 배려가 필요하다.

02 명도합의서
작성하는 방법

REAL ESTATE AUCTION

만약 명도합의가 된다면 명도합의서를 작성해야 하는데, 명도합의서를 작성할 때 반드시 상대방의 신분증을 확인하는 습관을 들여야 한다.

다음의 명도합의서 양식을 보자. 이처럼 명도합의서나 내용증명 등을 작성할 때에는 상대방의 감정을 건드리지 않는 선에서 간단하고 간결하게 작성하는 게 좋다.

다만 체납관리비나 공과금을 갑이 부담해주는 경우도 있다. 서로 협의하기 나름이다. 대부분의 사건이 이렇게 명도합의를 하고 합의서를 작성한 후 날짜에 맞추어서 명도하게 된다.

명도합의서

갑 : 설 춘 환 (720123-1234567)

　　서울 용산구 한강로2가 137-1, 4층

　　전화 010-1234-5678

을 : 김 연 미 (780123-2345678)

　　서울 마포구 상암동 1667번지 930동 1907호

　　전화 010-2345-6789

위 갑과 을은 다음과 같이 약속하고 그 내용을 이행할 것을 합의한다.

다 음

1. 을은 2023. 8. 20.까지 을이 점유 사용하고 있는 서울 마포구 상암동 1667번지 ＊＊＊동 ＊＊＊＊호(이하 '이건 아파트'라 한다)를 낙찰자인 갑에게 명도한다.

2. 갑은 을이 위 제1항 명도기일에 이건 아파트를 명도하고(모든 짐을 뺀 다음) 난 다음 열쇠를 넘겨주면 이후에 이사비 금 200만 원을 지급하기로 한다.

3. 만약 을이 제1항 명도기일까지 임의적으로 명도를 거절할 경우 위 제2항 이사비지급약정은 무효로 하고, 을은 갑이 이건 아파트에 대한 잔대금을 납부한 날로부터 부당이득금으로 매월 금 500만 원을 지급하기로 한다.

4. 을은 갑의 인도명령결정문 등의 수령 등에 협조하고 다만, 갑은 인도명령결정후에도 제1항 명도기일까지는 명도 집행을 유보하기로 한다.

2023. 7. 20.

갑 : 설춘환

을 : 김연미

필자도 과거 상가의 명도 집행에서 점유자의 신분증을 확인하지 않아 명도에 어려움을 겪었던 적이 있다. 경매에서 명도합의는 물론, 누군가와 계약을 할 때에는 반드시 상대방의 신분증을 확인하는 습관을 들여야 한다. 그리고 상대방의 이름과 주민등록번호를 메모해두길 바란다. 상대방의 신분증을 확인할 때에는 나의 신분증을 먼저 보여주면서 상대방의 신분증도 보여줄 것을 요구하는 자세가 좋다.

썰교수TIP

명도할 때 절대 점유자의 감정을 건드려서는 안 된다. 명도합의서로 작성하면 되는데 굳이 각서로 작성하라고 한다거나, 또는 점유자의 아들과 딸이 어느 초등학교와 중학교를 다니고 있다는 것을 안다고 하면서 무언의 압박을 하는 등의 행동을 해서는 안 된다. 그러면 오히려 일이 더 꼬일 수 있다. 공정하게 합의하고, 안 되면 법률적인 조치를 취하는 것이 가장 합리적인 방법이다. 사실 낙찰자와 점유자는 원래 아무 관계도 아니지 않는가. 서로 배려가 필요하다. 하지만 또한 단호한 태도도 필요하다.

03 명도합의는 언제 해야 할까

REAL ESTATE AUCTION

그럼 낙찰받고 언제쯤 명도합의를 하기 위해 점유자를 만나면 될까? 사실 이 부분은 정답이 있지는 않다. 낙찰자 마음이다.

어떤 분은 낙찰받자마자, 즉 매각기일에 가는 분도 있고, 매각허가결정이 나면 가는 분도 있고, 매각허가가 확정되면 가는 분도 있고, 잔금을 납부하기 직전에 가는 분도 있고, 잔금을 납부하고 가는 분도 있다.

필자의 경우에는 낙찰받고 매각허가 전에 가보는 편이다. 혹 문제가 있다면 비용이 들지 않는 매각불허가신청 등을 하기 위해서 말이다.

명도는 낙찰받고 고민하는 게 아니다. 이미 입찰 전에 명도를 어떻게 해야 할지 고민해야 한다. 필자는 현장답사, 즉 임장을 가게 될 때 입찰을 하지 않는 물건이라면 점유자를 만나보지 않는다. 그러나 꼭 입찰을 할 거라면 아파트나 빌라, 오피스텔 같은 경우에는 반드시 벨을 눌러본다. 벨을 누르고 기존의 점유자와 대화를 나누면서 낙찰 후 어떤 마음(재계약이나 이사)을 가지고 있는지도 확인한다.

필자는 임장을 다닐 때 아내와 종종 함께 간다. 특히 입찰을 준비하는 물건은 100% 동행한다. 과거 인천 계양구에 한 아파트를 입찰하려고 임장을 갔을 때 아내가 그 아파트의 벨을 눌렀다. 당시 소유자인 아주머니가 강아지를 안고 나와서 어떻게 왔냐고 물어보기에 필자가 나서서 이 아파트 입찰을 하려고 한다고 말하니 들어오라고 하여 커피도 함께 마신 적이 있었다. 아주머니는 그 아파트에 대한 많은 장점을 알려주었고, 이사 준비도 다 마쳤고, 이사비 약 100여만 원을 받고 나가고 싶다고까지 말했다. 아내와 함께 최종 입찰에 참여했지만 아쉽게도 7명 중 3등을 해서 패찰하였다.

입찰하고자 하는 물건이 만약 상가라면 반드시 그 상가에 들러 식사를 하거나 물건을 사거나 점유자와 대화를 나누거나 또는 카드를 사용하여 간접적으로 점유자를 확인하기도 한다. 또한 우편함에 온 우편물들을 사진을 찍어두어 차후 명도를 대비하기도 한다. 인도명령이나 명도합의서를 작성할 때 그 우편물의 소유자가 누구인지도 확인하고, 인도명령이나 명도합의 시 당사자로 특정하기도 한다.

낙찰 후 처음에 낙찰받은 부동산에 방문할 때 많은 낙찰자가 떨린다고 말한다. 사실 떨리는 게 당연하다. 그러나 막상 점유자를 만나서 대화하다 보면 긴장이 풀린다. 다 사람 사는 세상이다. 너무 긴장하지 말고 앞에서 설명한 대로 서로 간에 채권채무 관계가 있는 것도 아니고, 원수를 진 사이도 아니기 때문에 서로의 입장을 이해하면서 협상을 진행하면 된다. 낙찰 후 최소한 3~4번의 만남과 연락을 통해 명도합의에 이르게 되는 경우가 많다. 만약 점유자를 만나지 못하게 되면, 편지봉투 안에 전화번호를 남겨서 현관문 안에 넣고, 또한 우편함에도 넣어 전화 연락을 요청한다. 이렇게 현관문 안에 편지봉투를 남겨두거나 우편함에 편지봉투를 남겨두면 거의 95% 이상이 연락이 온다. 연락이 안 오는 경우는 그 부동산을 점유하고 있지 않은 경우가 대부분이다.

어떤 분은 낙찰받고 점유자를 만나러 갔는데 만나지 못한 경우에 포스트 잇에 연락처를 적어 현관문에 붙여놓고 오는 경우도 있다. 하지만 이러한 것은 조금 지양했으면 한다. 이유는 같은 동네주민이나 제3자가 그러한 내용을 보게 됨으로써 점유자가 느끼는 부담이 상당하고, 또한 점유자의 자녀들이 현관문에 붙여진 그 포스트잇을 보고 느끼는 감정도 좋지 않다. 처음부터 서로에게 불편함을 줄 필요는 없다. 더불어 항상 현장을 방문해서 당사자를 만나는 것을 두려워해서는 안 된다. 어차피 겪어야 할 부분이고, 가끔은 기존 점유자도 낙찰자를 궁금해하면서 빠른 시간 내에 협상하기를 원하는 경우도 많다.

자, 여기서 중요한 것은 명도합의가 되었든 되지 않았든, 낙찰자는 잔금을 납부하면 기계적으로 인도명령을 신청하는 게 좋다. 명도합의가 된 경우에 인도명령결정을 받고, 상대방에게도 그 결정문을 송달하면 차후 명도하기로 한 날짜에 명도를 잘 이행하게 된다. 명도합의가 되었다고 해서 인도명령결정을 받지 않은 경우 명도하기로 한 날에 점유자가 명도를 거부한다면 그때 가서 부랴부랴 인도명령결정을 받아야 하고, 그렇게 되면 명도 시간이 지체될 수밖에 없기 때문이다. 따라서 명도협상이 되어도 인도명령결정은 기계적으로 받는 것이 좋다. 또한 명도협상이 안 되었다 하더라도 점유자가 인도명령결정 후에 인도명령결정문을 송달받거나 또는 집행관이 계고(예고)를 간 전후에 명도협상이 되는 경우도 종종 있다.

자, 그러면 지금부터는 인도명령에 대해서 알아보기로 한다. 일반적으로 건물(아파트, 빌라, 오피스텔, 상가, 공장 등)을 낙찰받고 차후 명도를 원활하게 하거나 또는 차후 강제집행을 하기 위해서는 인도명령결정을 받아 두어야 한다. 경매를 통해서 낙찰을 받고, 기존의 점유자를 강제집행하기 위해서는 인도명령결정문이나 인도소송판결문이 있어야 한다. 둘 중 하나를 가지고 관할 집행관에게 강제집행을 신청하면 집행관이 강제집행을 하게 된다.

04 인도명령과 인도소송의 차이점

REAL ESTATE AUCTION

명도협상이 안 될 때 명도에 대한 강제집행은 집행관만이 할 수 있다. 이를 위해서는 낙찰자가 집행관에게 강제집행을 신청해야 한다. 이때 낙찰자는 인도명령결정을 받아오거나 인도소송 판결을 받아와야 집행관이 강제집행을 이행한다.

인도명령과 인도소송은 완전히 다른 제도다. 인도명령은 경매에서만 있는 있는 제도이며, 인도명령과 인도소송의 가장 큰 차이는 처리 기간이다. 인도명령은 결정은 받는 데 1~2개월 정도 소요된다. 반면에 인도소송은 판결을 받는 데 1년 정도의 시간이 소요된다. 사실 인도소송은 경매에서는 거의 사용하지 않고, 임대차 계약 후에 임차인이 나가지 않을 때에 많이 사용된다. 또 온비드공매로 부동산을 낙찰받았을 때에는 인도소송만을 제기할 수 있다.

경매에서 낙찰자는 낙찰자에게 대항할 수 없는 모든 점유자에 대해 인도

인도명령	구분	인도소송
1~2개월	처리 기간	1년
2~3만 원 변호사 필요 없음	비용	최소 10만 원 이상 변호사 필요(변호사 보수)
매수인에게 대항할 수 없는 모든 점유자	신청 대상	매수인에게 대항할 수 있는 모든 점유자
잔대금 납부 후 6개월 내	신청 시기	잔대금 납부 후 아무 때나
담당 경매계에 인도명령신청서 제출	신청 방법	관할법원에 소장 제출
인도명령결정문 집행문 송달증명원	강제집행 서류	인도소송판결문 집행문 송달증명원

명령을 신청할 수 있다. 반면에 낙찰자에게 대항할 수 있는 모든 점유자에 대해서는 인도명령신청은 불가능하고 인도소송을 제기해야 한다. 실무에서 낙찰자에게 대항할 수 없는 점유자는 약 99.9% 정도 되는데 소유자, 후순위 임차인, 배당을 모두 받는 선순위임차인, 가짜 유치권자 등이다. 그러나 실무적으로 낙찰자에게 대항할 수 있는 점유자는 거의 없다. 적법한 유치권자, 배당요구를 하지 않은 선순위전세권자, 보증금을 1원이라도 배당을 덜 받은 선순위임차인 등이다.

낙찰자의 입장에서 강제집행을 하기 위해서는 인도소송보다는 인도명령이 좋다. 시간과 비용이 짧고 저렴하기 때문이다. 인도명령은 경매를 대중화시키는 데 결정적인 역할을 한 제도이다. 경매와 달리 온비드공매가 사랑받지 못하는 이유 중 하나가 바로 인도명령제도가 없어서 낙찰 후 강제집행을 하려면 인도소송만을 제기해야 하기 때문에 시간과 비용이 많이 소요되는 단점이 있다. 인도명령에 대해 요약하면 다음과 같다.

- 인도명령은 해당 경매계에 신청한다.
- 인도명령은 낙찰자가 신청한다.
- 인도명령의 상대방은 낙찰자에게 대항할 수 없는 모든 점유자다.
- 인도명령신청은 잔금 납부 후 6개월 이내에 해야 한다. 만약 잔금 납부 후 6개월을 넘기면 인도명령은 불가하고 인도소송을 제기해야만 한다.

인도명령은 경매가 경매가 진행되던 해당 법원의 해당 경매계에서 담당한다. 인도명령은 낙찰자가 신청할 수도 있고, 상속인도 신청 가능하다. 단, 낙찰자가 낙찰받은 아파트를 매수한 매수인은 신청할 수가 없다. 인도명령은 현재 그 건물이나 땅을 직접 점유하고 있는 직접 점유자를 상대로 신청한다. 더불어 낙찰자에게 대항할 수 없는 모든 점유자에 대해서 가능하다. 예를 들어 전 소유자와 채무자 그리고 부동산을 점유하고 있는 점유자 중 낙찰자에게 대항할 수 없는 모든 점유자에 대해서 인도명령신청이 가능하다. 점유자 중 99.9% 정도가 인도명령의 대상이 된다고 보면 된다. 그럼 점유자 중에 인도명령의 대상이 되지 않는 사람, 즉 인도소송의 대상이 되는 사람은 누구일까? 바로 낙찰자에게 대항할 수 있는 모든 점유자다.

- 1원이라도 배당을 받지 못한 선순위임차인
- 배당요구를 하지 않은 선순위전세권자
- 적법한 유치권자

위의 낙찰자에게 대항할 수 있는 점유자에 대해서는 인도명령은 불가능하고, 오직 인도소송을 제기해야 한다는 점을 꼭 기억해야 한다. 또한 인도명령의 신청은 서면으로 하는데, 인도명령 사건부호는 [타인]이다. 예를 들어 다음의 사건을 낙찰받았다고 가정해보자. 그 이후에 인도명령신청부터 결정 그리고 강제집행을 하기 위한 서류 발급까지 확인해보자.

[서울북부지방법원 2018타경 102478호 경매 사건]

이 사건은 2018년 9월 10일 신건에서 최모 씨가 입찰경쟁률 6 대 1의 경쟁률을 뚫고 낙찰받았다. 시세가 감정평가액보다 높거나 또는 미래가치가 높

북부9계 2018-102478 (1)

[상계동] 아파트

경매9계(☎02-910-3679) 법원안내 관심사건등록 인쇄

대표소재지	[목록1] 서울 노원구 상계동 ***		** 아파트 ***동 ***호		
대 표 용 도	아파트 (25평형)	채 권 자	에이	임의경매	
기 타 용 도	-	소 유 자	전**	신 청 일	2018.05.03
감정평가액	323,000,000원	채 무 자	(주) *** 영은 외 1명	개시결정일	2018.05.08
최저경매가	(100%) 323,000,000원	경 매 대 상	건물전부, 토지전부	감 정 기 일	2018.05.29
낙찰 / 응찰	351,599,000원 / 8명	토 지 면 적	27.43㎡ (8.3평)	배당종기일	2018.07.23
청 구 금 액	135,498,424원	건 물 면 적	59.94㎡ (18.13평)	낙 찰 일	2018.09.10
등기채권액	664,164,731원	제시외면적	0㎡	배 당 기 일	2018.11.28
물 건 변 호	1 [납부]				

■ 등기부상 권리 확인

소재지/감정서	면적(단위 : ㎡)	진행결과	임차관계/관리비	등기권리
(01705) [목록1] 서울 노원구 상계동 *** **아파트 ***동 ***호 [지도] [등기] [토지이용] [구분건물] • 본건은 서울특별시 노원구 상계동 소재 서울상계중학교 동측 인근의 코오롱아파트내에 위치하고 있으며, 주변은 아파트단지, 단독주택, 다세대주택, 근린생활시설 및 교육시설 등이 혼재하는 지역으로 공공시설 및 생활편익시설등과의 접근성 등으로 보아 제반 환경은 보통임. • 본단지까지 차량 출입이 가능하며, 인근에 버스정류장이 소재하고 있고, 북서측 인근에 지하철 4,7호선 노원역이 소재하는 등 일반대중교통사정은 무난한 편임. • 철근콘크리트조 경사스라브지붕 21층 건물 내 103동 9층 904호(남동향, 복도식)로서,집합건축물대장등본상 1997년 12월 29일 사용승인되었으며,외 벽 : 모르타르위 페인팅 마감 등,내 벽 : 벽지 및 일부 타일마감 등,창 호 : 샷시창호 마감 등임. • 아파트로 이용중이며, 세	대 지 • 27.43/7354.8㎡ (8.3평) 건 물 • 59.94㎡ (18.13평) 총 21층 중 9층 보존등기 1998.02.13 토지감정 193,800,000 평당가격 23,349,400 건물감정 129,200,000 평당가격 7,126,310 감정기관 지평감정	감정 323,000,000 100% 323,000,000 낙찰 2018.09.10 351,599,000 (108.85%) 최저 응찰 8명 2위 응찰가 345,899,999 허가 2018.09.17 납부 2018.10.10 [법원기일내역]	▶법원임차조사 조사된 임차내역 없음 ▶전입세대 직접열람 [GO] 안** 2013.10.17 열람일 2018.08.28 ▶관리비체납내역 •체납액:0 •확인일자:2018.08.24 •18년6월까지미납없음 ☎ 02-3391-3360 ▶관할주민센터 노원구 상계2동 ☎ 02-2116-2779	• 집합건물등기 소유권 전 ** 이 전 2007.01.08 155,000,000 전소유자:윤기환 매매(2006.11.01) 근저당 ** 농협 (강남지점) 2009.09.01 218,400,000 [말소기준권리] 근저당 에이 ** (주) 2016.02.24 150,000,000 압 류 용산세무서 2018.03.07 가압류 우리카드 (채권관리부) 2018.03.27 38,211,673 가압류 중소기업은행 (여신관리부) 2018.04.19 90,491,583 임 의 에이 ** (주) 2018.05.08 (2018타경102478) 청구액 135,498,424원

◉ 기일내역

물건번호	감정평가액	기일	기일종류	기일장소	최저매각가격	기일결과
1	323,000,000원	2018.09.10(10:00)	매각기일	법정동 제101호	323,000,000원	매각 (351,599,000원)
		2018.09.17(14:00)	매각결정기일	법정동 제101호		최고가매각허가결정
		2018.10.26(16:00)	대금지급기한	민사신청과 경매 9계		납부 (2018.10.10)
		2018.11.28(14:00)	배당기일	법정동 제101호 법정		진행

다고 판단했기 때문에 6명이 신건에 감정평가액 100%를 넘기는 금액으로 입찰에 참여한 사건이다. 이후 낙찰자 최모 씨가 잔금을 납부 기한인 2018년 10월 26일 전인 같은 달 10일에 모두 납부하였다. 잔금을 납부하면 인도명령

■ 대법원경매정보 사이트에서 경매 사건 검색

을 신청할 수 있다.

인도명령을 신청하면 인도명령 사건번호는 어떻게 알 수 있을까? 바로 대법원경매정보 사이트에서 그 경매 사건을 검색해보면 관련 사건인 인도명령 사건번호를 알 수 있다.

맨 아래 관련 사건 내역을 보면 인도명령 사건번호를 알 수 있다. 서울북부지방법원 2018타인 389호다. 이 인도명령 사건이 어떻게 진행되고 있는지를 알려면 다시 대법원 사이트의 나의 사건 검색란을 확인해야 한다. 대법원 경매정보 사이트와 대법원 사이트는 다르다는 것을 명심하자.

자, 대법원 사이트에서 이 인도명령 사건을 검색해보자.

대법원 사이트의 나의 사건 검색란에 가서 사건번호와 낙찰자나 인도명령 신청의 상대방인 점유자의 이름 중 두 글자를 입력하고 클릭하면 인도명령사건의 개요가 다음과 같이 나온다.

접수일은 2018년 10월 10일로 잔금을 납부함과 동시에 인도명령을 신청한 것이다. 그리고 다음 날인 2018년 10월 11일 인용, 즉 결정이 되었다는 것이다. 그리고 바로 아래에 보면 2018년 10월 15일 인도명령결정문이 상대방에게 송달되었다고 표시되어 있다. 이후에 낙찰자는 인도명령결정문에 집행문을 부여받고 송달증명원을 발급받아서 관할 집행관사무소에 가서 강제집행을 신청하면 된다.

'나의 사건 검색'란을 보면 낙찰자 최모 씨가 2018년 10월 17일 인도명령

■ 대법원 사이트 : 나의 사건검색

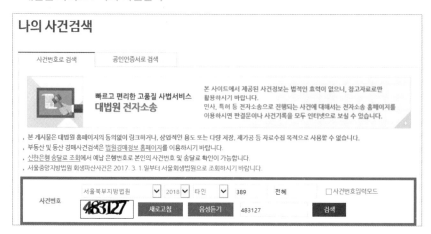

나의 사건검색

사건번호로 검색	공인인증서로 검색

빠르고 편리한 고품질 사법서비스
대법원 전자소송

본 사이트에서 제공된 사건정보는 법적인 효력이 없으니, 참고자료로만 활용하시기 바랍니다.
민사, 특허 등 전자소송으로 진행되는 사건에 대해서는 전자소송 홈페이지를 이용하시면 판결문이나 사건기록을 모두 인터넷으로 보실 수 있습니다.

사건일반내용	사건진행내용		인쇄하기	나의 사건 검색하기

, 사건번호 : 서울북부지방법원 2018타인389

기본내용

청사배치

사건번호	2018타인389	사건명	[전자] 부동산인도명령
재판부	경매9계 (전화:02-910-3679)		
접수일	2018.10.10	종국결과	2018.10.11 인용
항고접수일		항고인	
항고종국일		항고결과	
송달료, 보관금 종결에 따른 잔액조회	잔액조회		
결정문송달일	2018.10.15	확정일	

최근 제출서류 접수내용

상세보기

일자	내용
2018.10.17	신청인 최 ●● 집행문및송달증명

, 최근 제출서류 순으로 일부만 보입니다. 반드시 상세보기로 확인하시기 바랍니다.

관련사건내용

법 원	사건번호	구분
서울북부지방법원	2018타경102478	기타

당사자내용

구분	이름	결정문송달일	확정일
신청인	1. 최 ●●	2018.10.15	
피신청인	1. 전 ●●	2018.10.15	

Top ∧

결정문에 집행문을 부여받고 송달증명원신청을 해서 발급받았다. 이제 관할 집행관사무소에 가서 강제집행만 신청하면 된다.

05

인도명령

REAL ESTATE AUCTION

경매로 낙찰받게 되면 그 낙찰받은 부동산에 점유자가 있다. 이 점유자에 대한 명도의 책임은 낙찰자에게 있다. 낙찰자는 재임대를 주는 경우도 있고, 명도하는 경우도 있다. 낙찰자가 명도협상 등을 통해 명도를 하게 되지만, 끝내 명도협상이 되지 않는다면 부득이 집행관을 통해서 강제집행을 해야 한다. 집행관에 의한 강제집행을 하기 위한 절차가 바로 인도명령결정이다.

낙찰자는 낙찰받고 잔금을 납부하면 낙찰자에게 대항할 수 없는 모든 점유자에게 6개월 이내에 인도명령을 신청해서 인도명령결정을 받아야 한다.

인도명령의 재판과 집행

인도명령의 재판과 집행은 어떻게 할까? 일반적으로 인도명령은 서면심

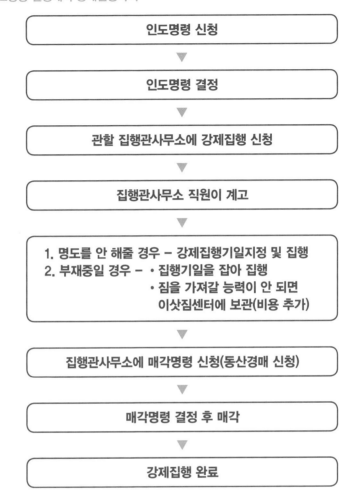

인도명령 신청

▼

인도명령 결정

▼

관할 집행관사무소에 강제집행 신청

▼

집행관사무소 직원이 계고

▼

1. 명도를 안 해줄 경우 – 강제집행기일지정 및 집행
2. 부재중일 경우 – • 집행기일을 잡아 집행
　　　　　　　　　 • 짐을 가져갈 능력이 안 되면
　　　　　　　　　 이삿짐센터에 보관(비용 추가)

▼

집행관사무소에 매각명령 신청(동산경매 신청)

▼

매각명령 결정 후 매각

▼

강제집행 완료

리를 원칙으로 한다. 즉 신청인이나 상대방이 법원에 갈 필요는 없고, 담당 재판부가 서면으로만 판단한다고 보면 된다. 단, 재판부의 자유재량에 따라 실제로 심문할 수도 있다. 실무에서 채무자, 소유자에 대해서는 곧바로 인도명령결정을 내리고, 다른 점유자들에 대해서는 인도명령을 신청하는 경우에

인도명령신청서 해당 경매계에 신청

인도명령결정 내지는 심문기일 지정 및 심문 후 결정

인도명령결정문 신청인과 피신청인에게 송달

인도명령결정문 송달보고서가 법원에 도착하면
낙찰자는 해당 경매계에 가서
1) 인도명령결정문에 집행문과 송달증명원을 발급받고
2) 관할 집행관사무실에 가서 강제집행신청하면 된다.

는 그 점유자를 심문해야 한다고 되어 있다. 하지만 그 점유자가 매수인에게 대항할 수 있는 권원에 의하여 점유하고 있지 않는 것이 명백한 때에는 심문하지 않는다.

만약 인도명령의 상대방이 매수인에게 대항할 수 있는 권원(적법한 유치권, 배당요구하지 않은 선순위전세권, 배당을 일부라도 못 받은 선순위임차인 등)에 의하여 점유하고 있음이 기록상 명백하거나 상대방이 주장이나 소명한 때에는 인도명령신청은 기각당한다. 그러면 매수인, 즉 낙찰자는 어떻게 해야 할까? 바로 인도소송을 제기해야 한다. 그러면 상당한 시간이 소요된다.

강 제 집 행 신 청 서

서울○○지방법원 집행관사무소 집행관 귀하

채권자	성 명		주민등록번호 (사업자등록번호)		전화번호	
					우편번호	
	주 소					
	대리인	성명( )		전화번호		

채무자	성 명		주민등록번호 (사업자등록번호)		전화번호	
					우편번호	
	주 소					

| 집행목적물
소재지 | □ 채무자의 주소지와 같음 |
| | □ 채무자의 주소지와 다른 경우
소재지 : |

집 행 권 원	

집행의 목적물 및 집 행 방 법	□ 동산가압류　　□ 동산가처분　　□ 부동산점유이전금지가처분 □ 건물명도　　　□ 철거　　　　□ 부동산인도　　□ 자동차인도 □ 금전압류　　　□ 기타( )

청 구 금 액	원(내역은 뒷면과 같음)

위 집행권원에 기한 집행을 하여 주시기 바랍니다.
※ 첨부서류

1. 집행권원	1통	202 . . .
2. 송달증명서	1통	채권자 (인)
3. 위임장	1통	대리인 (인)

1. 본인이 수령할 예납금잔액을 본인의 비용부담하에 오른쪽에 표시한 예금계좌에 입금하여 주실 것을 신청합니다. 　　　채권자　　　　　　　　　　(인)	예금계좌	개설은행	
		예 금 주	
		계좌번호	

2. 집행관이 계산한 수수료 기타 비용의 예납통지 또는 강제집행 속행의사 유무 확인 촉구를 2회 이상 받고도 채권자가 상당한 기간 내에 그 예납 또는 속행의 의사표시를 하지 아니한 때에는 본건 강제집행 위임을 취하한 것으로 보고 완결처분해도 이의 없음.

　　　　　　　　　　　　　　　　　　채권자　　　　　　　　　　(인)

인도명령신청서 작성 예 - 아파트 낙찰 시

부동산인도명령

신 청 인   이 지 영

경기도 김포시 장기동 100번지 삼성아파트 102동 1506호

연락처: 휴대폰 010-9876-5432

피신청인   강 병 수

서울특별시 영등포구 여의도동 46 현대아파트 101동 1203호

신청취지

피신청인은 별지목록 기재 부동산에 대한 점유를 해제하고, 신청인에게 인도하라.

라는 재판을 구합니다.

신청원인

1. 별지목록 기재 부동산은 신청인이 귀원 2022타경 1234호 임의경매 사건에서 2023. 7. 4 낙찰을 받아, 같은해 8. 11 잔대금을 모두 완납한 신청인 소유의 부동산입니다.

2. 피신청인은 별지목록 기재 부동산에 대한 전 소유자로서 낙찰자에게 아무런 대항력이 없는데 명도를 거절하고 있어 부득이 이건 신청에 이른 것입니다.

첨부서류

1. 부동산 등기사항전부증명서   1통
1. 잔대금완납증명원   1통

2023. 8. 12.

위 신청인   이 지 영

서울남부지방법원 경매 5계   귀중

(별지)

부동산의 표시

(1동의 건물의 표시)
서울특별시 영등포구 여의도동 46
＊＊아파트 제101동

(전유부분의 건물의 표시)
건물의 번호 : 101- 12 - 1203
　　　　구조 : 철근콘크리트조
　　　　면적 : 제12층 제1203호 84.76㎡

(대지권의 표시)
토지의 표시 　: 1. 서울특별시 영등포구 여의도동 46　대14410㎡
대지권의 종류 : 1 소유권대지권
대지권의 비율 : 14410분의 15.55

- 끝 -

집합건물등기부등본을 보고 표제부를 참조하여 이렇게 별지 목록을 작성할 수 있어야 한다. 실무에서 인도명령신청서는 대출기관을 대리하여 잔금 납부를 대행하는 변호사나 법무사사무소에 부탁하면 작성해서 제출해준다.

06

인도소송

REAL ESTATE AUCTION

인도소송은 경매에서는 거의 사용하지 않는 제도다. 인도소송은 임대차 계약이 종료되었음에도 불구하고 임차인이 명도하지 않고 나가지 않을 때 임대인이 임차인을 상대로 법원에 제기하는 소송이다. 사실 경매에서 인도 소송을 하는 경우는 거의 없다.

다만 온비드공매로 낙찰받았을 때 점유자를 상대로 하거나 또는 앞서 언 급한 것처럼 임대차 계약이 종료되었는데 임차인이 나가지 않을 때 많이 사 용하는 소송 절차다. 인도소송은 인도명령에 비해 시간과 비용이 많이 소요 된다.

인도소송의 상대방은 누구일까? 인도소송의 상대방인 낙찰자인 매수인에 게 대항할 수 있는 모든 점유자다.

- 배당을 일부라도 못 받은 선순위임차인

- 배당요구를 하지 않은 선순위전세권

- 적법한 유치권자

인도소송 등 대부분의 소송의 절차는 대략적으로 다음과 같이 진행된다. 이 절차를 거치는 시간은 약 1년 정도가 소요된다.

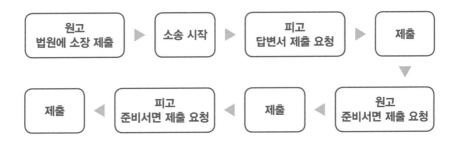

이렇게 당사자가 서면공방을 2번 하면, 이제는 소송기록이 담당재판부 판사에게 기록이 인계된다. 그리고 이후 다음의 절차를 거친다.

원고가 판결문에 집행문을 부여받고, 송달증명원을 발급받아서 관할 집행관 사무소에 가 강제집행 신청을 한다.

요즘 인도명령신청의 신청서 제출과 인도소송 소장 제출은 법원에 직접 가서 하지 않는 경우가 많다. 이유는 전자소송 사이트를 통해서 쉽게 신청할 수 있기 때문이다. 공인인증서만 등록하면 누구나 전자소송 사이트를 통해서 인도명령과 인도소송 등을 쉽게 신청할 수 있다.

인도명령은 신청서만 제출하면 곧바로 결정이 나는데 반해서 인도소송은 소장을 제출한 다음 차후 법원 변론기일에 출석해야 하는 번거로움이 있다. 인도명령은 신청 후 특별한 것 없이 결정되기 때문에 변호사를 선임하는 경우는 드물다. 반면에 인도소송은 변론기일에 출석해서 판사 앞에서 진술을 해야 하기 때문에 일반인들이 힘들어서 변호사를 선임하는 경우가 많다.

법률 용어 중 원고와 피고 그리고 피고인을 구별할 수 있는가? 한 번만 제대로 이해하고 암기해두자. 원고는 민사 사건, 행정 사건, 가사 사건에서 소송을 제기하는 자, 피고는 반대로 소송을 당하는 자, 반면에 피고인은 형사 사건에서 기소를 당하는 자를 말한다.

Q&A

Q 아파트를 낙찰받으면 그 아파트에 살던 사람이 알아서 나가나요?

A 그럴 수도 있지만 그렇지 않은 경우가 더 많습니다. 이럴 때에는 이사비와 이사 기간을 협의해서 명도하면 좋습니다. 점유자가 끝까지 명도를 거절하면 최후의 방법으로는 법원에서 인도명령을 받아 집행관에게 강제집행을 신청해서 강제집행할 수도 있습니다.

Q 낙찰자가 기존에 살고 있던 사람에게 이사비와 이사 기간을 꼭 주어야 하는 건가요? 그리고 주어야 한다면 얼마를 주어야 하나요?

A 낙찰자가 이사비와 이사 기간을 꼭 주어야 하는 것은 아닙니다. 그러나 명도협상이 잘 안 되면 낙찰자는 인도명령 등을 통해서 강제집행해야 하는데, 오히려 시간과 비용이 더 많이 들어갈 수도 있습니다. 일반적으로 이사비는 강제집행 비용을 감안해서 지급합니다. 서울에서 24평 아파트 이사비는 강제집행 비용을 감안해서 100~200만 원선을 지급하고요, 더불어 이사 기간은 낙찰자가 잔금을 납부한 후 한 달 정도 협상을 하는 경우가 많습니다.

Q 명도협상을 해서 명도합의서를 작성했습니다. 이럴 때에는 인도명령은 불필요하겠지요?

A 그렇지 않습니다. 명도협상이 되어 명도합의서를 작성했다 하더라도 낙찰자는 잔금을 납부하면 기계적으로 인도명령을 신청해서 인도명령결정을 받아놓는 것이 좋습니다. 차후 명도합의한 날에 점유자가 명도를 거부하는 경우도 가끔 있기 때문입니다. 그때 가서 인도명령결정을 받으면 시간이 지연되니 사전에 인도명령결정은 받아놓는 것이 좋습니다.

Q 왜 인도명령결정을 받아야 하나요?

A 명도협상이 안 되면 강제집행을 해야 하는데요. 강제집행을 할 때 집행관이 인도명령결정문이나 인도소송판결문을 가져오라고 합니다. 낙찰자 입장에서는 인도소송판결보다는 인도명령결정을 받기가 수월해서 인도명령결정을 받는 편입니다. 경매가 대중화되는 데 가장 결정적인 역할을 한 제도입니다.

Q 명도협상이 잘 안 되면 어떻게 해야 하나요?

A 낙찰자는 부득이하게 인도명령결정을 받고 집행관에 의한 강제집행을 해야 합니다. 실무적으로 이렇게 강제집행을 하는 경우는 채 10%가 되지 않습니다.

REAL ESTATE AUCTION

8교시

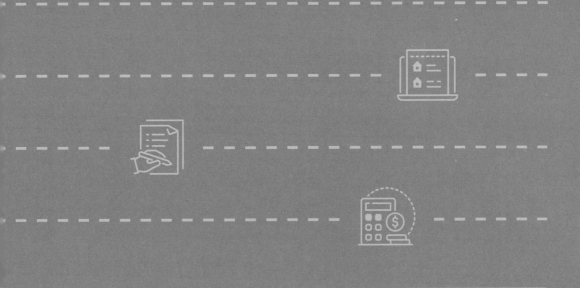

세금

세금은 부동산 시장이 과열되면 강화하고, 부동산 시장이 침체되면 완화한다. 세금은 늘 부동산의 흐름과 함께 변한다.

조정대상지역(투기지역과 투기과열지구 포함) 내에서 부동산 관련 세금은 많은 것을 고려해야 하고 세금도 부담스러운 편이다. 현재는 조정대상지역 내의 세금을 강화하고 있는 상황이다.

부동산 투자에서 중요한 것 중에 하나가 바로 세금이다. 그러나 개인적으로는 세금에 대해서 전문가적인 지식을 갖기보다는 세금에 대한 개념 및 구조를 제대로 이해하고 있으면 된다. 최종 검증은 전문가인 세무사를 활용하면 되기 때문이다. 세금 분야가 되었건 다른 분야가 되었건 어떤 일을 실행하기 전에 반드시 전문가와 협의해보는 것이 좋다. 이미 실행하고 난 다음에 전문가와 협의하면 별다른 대안을 발견하지 못하는 경우가 많다. 또한 전문가에게는 그만큼의 대가를 지불해야 한다.

많은 사람이 부동산을 낙찰받기도 전부터 양도세를 고민한다. 양도세는 양도차액이 있었을 때만 납부하는 것으로서 '소득 있는 곳에 세금 있다'는 대명제를 이해하면서 투자에 임해야 한다. 최근 많은 사람이 세금에 대해 고민도 많이 하고 공부도 많이 하고 있다. 단기적으로 세금에 대한 많은 내용들 바뀌었기 때문이다. 특히 조정대상지역(투기지역, 투기과열지구 포함) 내에서 그렇다. 낙찰받는 부동산이 조정대상지역 내라면 세금 부분을 조금 더 깊이 살펴볼 필요가 있겠다. 비조정대상지역이라면 기존의 세법과 크게 차이가 없다는 것도 알아두자.

세금은 부동산 시장의 변화에 민감하다. 세금이 강화되었다고 해서 이 흐름이 영원히 지속될 거라는 생각은 말자. 차후 부동산 시장이 하락한다면 강화된 세금 부분을 완화해주게 될 것이다. 또 부동산 시장이 과열되면 세금은 또 강화될 것이다. 부동산 시장의 흐름에 따라 세금은 강화와 완화를 반복한다.

01 부동산 투자와 관련된 세금, 무엇이 있을까

REAL ESTATE AUCTION

우리는 부동산 투자와 관련해서 어떠한 세금을 낼까? 가장 대표적인 것은 다음과 같다.

- 부동산을 취득할 때 - 취득세
- 부동산을 보유할 때 - 재산세
- 부동산을 양도할 때 - 양도세

그럼 이 세 가지 세금에 대해 자세히 알아보자.

취득세

부동산을 일반 매매를 통해 매수하든, 경매로 낙찰을 받아 부동산을 취득하게 되면 취득세를 납부하게 된다. 취득세는 취득일로부터 60일 이내에 자신신고 납부해야 한다. 만약 해당 신고 기한까지 신고 납부를 하지 않으면 가산세가 부과된다. 경매에서는 잔금을 납부한 날이 취득일이 된다.

취득세는 일반 매매든 경매든 같다. 매매가 또는 '낙찰가×취득세율=취득세'가 된다. 취득세는 부동산 소재지 시, 군, 구청에 납부한다. 취득세는 위택스www.wetax.go.kr를 통해서도 납부할 수 있다.

■ 2023년 12월 부동산 취득세율

부동산취득의 종류		구분	취득세	농어촌특별세	지방교육세	합계
주택 [유상취득]	6억 원 이하	85㎡ 이하	1.0%	–	0.1%	1.1%
		85㎡ 초과	1.0%	0.2%	0.1%	1.3%
	6억 원 초과 9억 원 이하	85㎡ 이하	1.0~3.0%	–	0.1~0.3%	1.1~3.3%
		85㎡ 초과	1.0~3.0%	0.2%	0.1~0.3%	1.3~3.5%
	9억 원 초과	85㎡ 이하	3.0%	–	0.3%	3.3%
		85㎡ 초과	3.0%	0.2%	0.3%	3.5%
주택 외 유상취득		–	4.0%	0.2%	0.4%	4.6%
농지의 유상취득		–	3.0%	0.2%	0.2%	3.4%
원시취득[신축]		–	2.8%	0.2%	0.16%	3.16%
상속으로 인한 취득		농지	2.3%	0.2%	0.06%	2.56%
		농지 외	2.8%	0.2%	0.16%	3.16%
증여에 의한 취득		–	3.5%	0.2%	0.3%	4.0%

** 각종 지방세의 신고/납부는 물론 상담 등을 위해서는 위택스 사이트를 활용하자(고객센터 전화는 110번).

소유권의 취득 시점은 법에 따라 조금씩 다르다.

• 일반 매매에서 민법상 소유권 취득 – 소유권이전등기 완료 시

• 일반 매매에서 세법상 소유권 취득 – 잔금지급 또는 소유권이전등기한 날 중 빠른 날, 일반적으로 잔금 지급일에 소유권을 취득한다.

• 경매나 공매에서 소유권 취득 – 낙찰자가 잔금을 납부 시

감정가 7억 원인 아파트(전용면적 80㎡)가 유찰되어서 이번 회차 최저매각 가격이 5억 6,000만 원이다. 이때 낙찰을 6억 원에 받으면 취득세는 약 1.1%, 즉 660만 원이다. 이에 반해, 6억 100만 원에 낙찰받으면 취득세는 2.2%인 1,320여만 원이 된다. 취득세를 감안해서 6억 원 이하로 낙찰받으려는 분들이 있는데 이럴 때에는 시세를 감안해서 과감하게 6억 원을 초과하는 결단력을 보여야 할 때도 있다.

취득세율에서도 알 수 있다시피 아파트를 매수하거나 낙찰받을 때, 6억 원 이하인지, 초과인지에 따라 취득세가 약 600여만 원 이상 차이가 난다.

취득세 계산 사례 1. 아파트를 일반 매매로 4억 원(전용면적 84㎡)에 매수하였다면 취득세는 얼마일까?

4억 원 × 1.1% = 4,400,000원

취득세 계산 사례 2. 아파트를 경매로 7억 원(전용면적 90㎡)에 낙찰받았다면 취득세는 얼마일까?

7억 원 × 2.4% = 16,800,000원

취득세 계산 사례 3. 상가 또는 오피스텔을 3억 원에 낙찰받았다면 취득세는 얼마일까?

3억 원 × 4.6% = 13,800,000원

취득세 계산 사례 4. 밭(농지)을 2억 원에 낙찰받았다면 취득세는 얼마일까?

2억 원 × 3.4% = 6,800,000원

재산세

재산세는 매년 6월 1일 현재 재산을 사실상 소유하고 있는 자가 납부하는 세금이다. 재산세의 납세지는 다음에 해당하는 경우이다.

- 토지 - 토지의 소재지
- 건축물 - 건축물의 소재지
- 주택 - 주택의 소재지

재산세는 관할 지방자치단체의 장이 세액을 산정하여 보통징수방법에 의하여 부과징수하게 된다. 취득세와 달리 지자체에서 얼마를 납부하라는 통지서가 오는데, 1년에 한 번 납부하면 된다. 재산세 주택분은 반반씩 따로 납부를 해야 한다.

- 건축물 및 주택분 1/2 - 매년 7월 16일부터 7월 31일까지

• 토지 및 주택분 1/2 - 매년 9월 16일부터 9월 30일까지 납부

주택인 경우, 재산세 과세표준은 시가표준액 × 공정시장가액비율이다. 시가표준액은 일반적으로 시세 대비 60~80% 정도이다.

• 공정시장가액비율은 토지 및 건축물 : 50~90%
• 주택 : 40~80%

사실 재산세는 금액이 크지 않은 편이다. 현재 시세가 8억 원인 아파트의 재산세는 60여만 원 내외다.

■ 주택 재산세의 과세표준 및 세율

과세표준	세율	누진공제
6,000만 원 이하	과세표준액의 1/1,000	
6,000만 원 초과 - 1억 5,000만 원 이하	과세표준액의 1.5/1,000	3만 원
1억 5,000만 원 초과 - 3억 원 이하	과세표준액의 2.5/1,000	18만 원
3억 원 초과	과세표준액의 4/1,000	63만 원

 쓸교수TIP

부동산을 매도할 때 가급적 매도인 입장에서는 잔금을 6월 1일 전에 받으면 좋다. 이유는 6월 1일 현재 부동산 소유자가 재산세를 납부하기 때문이다. 반드시 기억해야 할 것은 세법상 소유권 취득은 잔금 지급과 등기한 날 중 빠른 날이라는 것이다. 만약 매수인이 잔금을 5월 29일에 지급하고 등기는 6월 29일에 했다면 매수인의 취득 시기는 5월 29일이 된다. 따라서 재산세 납부의무는 매수인에게 있다.

양도소득세

양도소득세는 양도하였다고 해서 납부하는 세금은 아니라, 양도차액이 있을 때 납부하는 세금이다. 초보 투자자들은 양도만 하면 양도소득세를 납부하는 것으로 알고 있는데, 그렇지 않고 남는 게 있어야 양도소득세를 납부한다는 점을 꼭 기억하길 바란다.

예를 들어 3억 원에 낙찰받은 아파트를 3억 원에 팔았다면, 또는 1억 원에 매수한 토지를 9,000만 원에 팔았다면 남는 게 없기 때문에 양도소득세가 없다. 반면 3억 원에 매수한 아파트를 4억 원에 팔았다면, 또는 1억 원에 낙찰받은 토지를 2억 원에 팔았다면 남는 게 있기 때문에 양도소득세가 있다.

양도소득세 예정신고 기한

양도소득세 예정신고 기한은 부동산의 양도일이 속하는 달의 말일로부터 2개월이다. 예를 들어 2018년 8월 3일에 양도하면 2018년 10월 31일까지 예정신고 및 납부하게 된다.

양도소득세 확정신고

양도소득세의 확정신고 및 납부는 양도일이 속하는 연도의 다음 연도인 5월 1일부터 5월 31일까지 관할세무서장에게 자진신고 및 납부하면 된다.

양도소득세 납세지 및 관할세무서

거주자의 납세지는 주소지다. 결국 관할세무서는 양도소득세 납세자의 주소지 관할세무서다. 만약 설춘환이 양도를 해서 양도소득세를 납부해야 한다고 할 때 현재 설춘환의 주소지가 서울 강서구라고 한다면 강서세무서가 관할세무서가 된다.

양도소득세는 양도한 매도인이 납부한다. 반면에 증여세는 증여를 받은 수증자가 납부한다.

양도소득세의 계산구조

양도가액
  (-) 취득가액
  (-) 필요경비
_____
  (=) 양도차익
  (-) 장기보유특별공제
_____
  (=) 양도소득금액
  (-) 양도소득 기본공제
_____
  (=) 과세표준
  (×) 세율
_____
  (=) 산출세액
  (+) 지방소득세
_____
  (=) 납부할 세액

양도세는 원칙적으로 실거래가액을 기준으로 계산한다.

첫째, 먼저 양도가액에서 취득가액과 필요경비를 뺀다. 그러면 양도차익이 나온다. 양도가액은 양도 당시 실거래가액이고, 취득가액도 취득당시 실

거래가액이다. 필요경비는 취득세, 중개수수료 등을 말한다.

둘째, 양도차익에서 장기보유특별공제액을 뺀다. 그러면 양도소득금액이 나온다. 장기보유특별공제는 3년 이상 보유한 토지와 건물에 대해서 일정한 공제를 해준다.

셋째, 양도소득금액에서 양도소득 기본공제액을 뺀다. 그러면 과세표준이 나온다. 양도소득 기본공제액은 개인별로 국내 부동산 양도 시 연간 250

■ 2023년 10월 부동산 양도소득세율

과세 대상 자산의 구분		세율		
	1년 미만	50%(주택은 70%)		
	2년 미만	40%(주택은 60%)		
일반과세 (보유기간에 따른 세율)	2년 이상	과세표준	세율	누진공제
		1,400만 원 이하	6%	
		5,000만 원 이하	15%	126만 원
		8,800만 원 이하	24%	576만 원
		1억 5,000만 원 이하	35%	1,544만 원
		3억 원 이하	38%	1,994만 원
		5억 원 이하	40%	2,594만 원
		10억 원 이하	42%	3,594만 원
		10억 원 초과	45%	6,594만 원

만 원을 공제한다.

넷째, 과세표준에 양도소득 세율을 곱하면 산출세액이 나온다. 양도소득 세율은 보유기간과 과세표준금액에 따라서 달라진다. 과세표준이 클 수록 세율도 더 높아진다.

다섯째, 산출세액에 지방소득세 10%를 더하면 납부할 세액이 된다.

'양도소득세+지방소득세 10%=납부할 양도소득세'가 된다. 그러나 늘 세율은 부동산 시장과 정책에 따라서 변경될 수 있다는 것을 기억하기 바란다.

양도소득세 계산 사례 1

박진희 씨는 2017년 1월 1일 경기도 일산의 아파트를 4억 원에 경매로 낙찰받고, 잔금을 납부하여 취득하고 이후에 2018년 8월 3일 이 아파트를 김연

(주택은 1년 미만 40%, 1년 이상 - 일반세율)

구분	계산	비고
양도가액	500,000,000원	
(−) 취득가액 (−) 필요경비	400,000,000원 5,000,000원	(취득세, 법무사 보수가 필요경비)
= 양도차익	95,000,000원	
(−) 장기보유특별공제	−	적용 배제 3년이 안 되었기 때문에
= 양도소득금액	95,000,000원	
(−) 양도소득기본공제	2,500,000원	
= 과세표준	92,500,000원	
(×) 세율	35%	누진공제액(−1,490만 원)
= 산출세액	17,475,000원	
(+) 지방소득세	1,747,500원	산출세액의 10%
= 납부할 세액	19,222,500원	

미 씨에게 5억 원에 매도하였다. 박진희 씨가 이 아파트를 낙찰받을 때 취득세 440만 원과 법무사 보수가 60만 원이 들어갔다. 이럴 때 매도인인 박진희 씨는 얼마의 양도소득세를 납부해야 할까?

박진희 씨가 납부해야 할 양도소득세는 1,922만 2,500원이다. 박진희 씨는 매도한 2018년 8월 3일의 말일로부터 2개월인 2018년 10월 31일까지 양도소득세 예정신고 및 납부해야 한다.

양도소득세 계산 사례 2

김도훈 씨는 2016년 1월 1일에 서울 마포구 삼성래미안 아파트를 6억 원에 매수하였다. 1세대 1주택이다. 이후 2018년 3월 2일 이 아파트를 이윤창 씨에게 8억 원에 매도하였다. 2년 이상을 보유한 김도훈 씨는 과연 양도소득세를 얼마나 납부해야 할까?

정답은 세금이 없다. 비과세 요건에 해당이 되기 때문이다. 1세대 1주택인 경우 2년 이상 보유 시 양도가액 9억 원까지는 비과세다.

■ 양도소득세 계산 시 필요경비로 인정되는 비용과 필요경비로 인정되지 않는 비용

필요경비로 인정되는 비용	필요경비로 인정되지 않는 비용
– 취득세, 등록면허세	– 벽지, 장판, 도색작업 비용
– 법무사 수수료 및 중개수수료	– 싱크대, 주방기구 교체비용
– 새시 설치, 발코니 확장 공사비용	– 보일러 수리비용
– 난방시설 설치, 교체비	– 임차인에게 지출한 철거비용
– 경매 취득 시 유치권 변제금액	– 변기, 타일 교체비용
– 낙찰 금액에 불포함된 선순위임차인, 선순위전세권금액	– 옥상 방수칠 비용
– 세무대행 비용	– 경매취득 시 임차인 명도비용

** 각종 국세의 신고/납부는 물론 상담 등을 위해서는 국세청 홈택스(www.hometax.go.kr) 사이트를 활용하자(국세상담센터 전화는 126번).

 **설교수TIP**

8.2 부동산대책으로 인해서, 조정대상지역에서는 2017년 8월 3일부터 취득한 주택은 1세대 1주택이라 하더라도, 비과세를 받으려면 반드시 2년 보유에 2년 거주를 해야만 한다. 다만 여전히 비조정대상지역에서는 1세대 1주택일 경우에는 2년 보유 요건만 갖추면 비과세받을 수 있다.

Q 아파트를 낙찰받으면 내는 세금이 있나요?

A 아파트를 낙찰받게 되면 취득세를 납부해야 합니다. 어떤 부동산을 취득하든 취득세를 납부합니다. 일반 매매로 취득하건 경매로 취득하건 똑같은 취득세율로 취득세를 납부합니다.

Q 취득세율이 높은 편인가요?

A 원칙은 취득세는 취득가의 4.6%입니다. 경매는 낙찰가의 4.6%입니다. 다만 아파트 같은 주거용 부동산은 가격과 면적에 따라 1.1~3.5%까지 다양한 편입니다. 일반 취득세보다 주거용 부동산의 취득세율이 낮은 편입니다. 그만큼 국가가 주거용 부동산에 대해서는 신경을 쓰고 있다고 보면 됩니다.

Q 부동산을 보유하면 재산세를 낸다고 들었는데요. 재산세는 어떤 사람이 내는 건가요?

A 보유세 중 하나인 재산세는 그 부동산의 현재 사실상 소유자가 납부합니다. 재산세는 그렇게 크지 않은 편입니다. 예를 들어 시세 8억 원짜리 아파트를 하나 갖고 있다면 약 60~80만 원 정도의 재산세를 납부합니다. 재산세는 1년에 한 번씩 납부하게 됩니다.

Q 부동산을 양도하면 무조건 양도소득세를 납부하나요?

A 그렇지 않습니다. 양도소득세는 양도했다고 해서 무조건 납부하는 것은 아니고, 양도차액이 있어야만 납부하는 겁니다. 물론 양도차액이 있어도 비과세 요건이 되면 양도소득세를 안 낼 수 있습니다.

부록

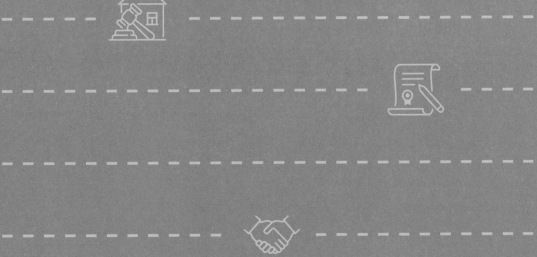

아파트

일조권 침해

다음 아파트들은 다른 건물들로 인해서 일조(채광)에 대해 침해를 받고 있다. 해가 있는 날 임장을 통해 선택한 아파트가 다른 건물로 인해 일조에 침해를 받고 있는지 반드시 체크해야 한다. 사진들 중 일부는 침해를 받고, 일부는 침해를 받지 않음에도 불구하고 시세는 똑같기 때문이다. 이왕이면 다홍치마라고 일조에 대한 침해가 없는 아파트를 선택하는 것이 좋다. 그러기 위해서는 해가 있는 날 임장이 필수다.

사진 ①의 아파트 3개 동 중에서 가운데 동이 약간 앞으로 나온 동으로 조망과 일조 측면에서는 가장 선호도가 높은 동이다. 그런데 옆 오피스텔 건물로 인해서 오후에는 일조의 침해를 받는 부분이 생긴다. 따라서 가운데 동의 아파트를 낙찰받는다면(가격은 중간층 이상은 거의 같을 듯

한데) 가급적 중층 이상을 낙찰받는 것이 좋다. 일조가 좋으면 집 안이 밝아서 특별한 조명이 필요 없고 난방비도 절감된다.

사진 ②의 아파트 동은 14층짜리다. 역시 옆 건물로 인한 일조의 침해가 있다. 정면에서 볼 때 7층은 거실 창에 그늘이 져 있는데 반해, 왼쪽의 7층은 거실창에 그늘이 없다. 그러므로 가급적이면 왼쪽의 7층 또는 그 이상의 층을 낙찰받는 것이 더 좋겠다. 이러한 디테일이 중요하다. 임장을 자주 많이 가봐야 하는 이유다.

사진 ③은 ㄱ자 모양의 아파트다. 이런 아파트에서 가장 선호도가 떨어지는 곳은 바로 꺾임이 있는 부분이다. 프라이버시와 일조의 침해 등이 많기 때문이다. 더불어 향도 완전히 다르다. 가급적이면 남향의 호수가 선호도가 더 높은 편이고, 정면으로 보이는 3개 라인 중에서도 가운데 라인이 일조의 침해가 가장 적은 편이다.

④ 역시 옆에 있는 건물 때문에 일조의 침해를 받고 있다. 만약 정문에 있는 아파트를 낙찰받는다면 옆 동과 거리가 있는 우측 라인의 선호도가 더 높다. 예를 들어 정면의 아파트 중 왼쪽 라인은 5층이라도 그늘이 진 반면, 맨 우측의 라인은 1층도 해가 잘 들어오고 있다. 역시 우측 라인의

선호도가 더 높은 편이다.

공원 등 쾌적성을 겸비한 아파트

다음 아파트들은 주위에 공원 등이 있어서 상당히 쾌적하다. 이 점은 다른 아파트들에 비해 그 강점이다. 아무래도 이런 아파트가 좋지 않을까. 여러분이라면 어떻게 생각하는가.

삼송의 한 아파트 전경이다(사진 ①). 앞에 매우 큰 중앙공원이 있다. 아파트를 고를 때 쾌적성을 많이 보게 되는데, 근처에 공원이 있다면 선호도가 상당히 높은 편이다. 사진을 보는 것만으로도 가슴이 뻥 뚫리고 따뜻한 느낌이다. 저 아파트에 살고 싶은 생각은 나만의 생각일까?

김포의 한 아파트다(사진 ②). 중앙호수공원이 있다. 조망도 좋고, 쾌적성도 좋아 일석이조로 선호도 높은 아파트다.

파주의 한 아파트다(사진 ③). 역시 아파트 단지 바로 앞에 큰 공원이 있어서 선호도가 높은 편이다. 공원이 있느냐 없느냐에 따라 선호도가 다르다. 선호도가 다르다는 것은 가격에도 상당한 영향을 미친다는 것이다.

사진 ④처럼 아파트 단지 옆에 운동을 할 수 있는 공원이 있다면 좋겠다고 말하는 사람이 많다. 작은 개천과 함께 조깅을 할 수 있는 도로가 있는 곳 근처의 아파트의 선호도가 높은 편이다.

주차난 아파트

다음 아파트들은 주차난이 심한 아파트들이다. 특히 1980년대 지어진 아파트에서 주차난이 심한 편이다. 차량을 보유하고 있다면 주차장의 컨디션을 확인하는 것도 중요하다. 다음 사진을 보면 개략적으로 어느 정도의 주차난이 있는지 확인할 수 있다. 평일 밤이나 주말 오후에 가보면 주차난이 있는지 없는지 등을 체크할 수 있다.

요즘 신축 아파트를 선호하는 이유 중 하나가 주차난 없는 곳에 살고 싶은 로망이 있기 때문이다.

평일 오후 2시의 사진이다(사진 ①). 사진을 보면 저녁에는 주차난이 심하다는 것을 느낄 수 있다. 이유는 현재에도 주차장이 아닌 곳에 주차되어 있는 차가 많은데, 퇴근 시간 이후에는 더욱 심해질 것이기 때문이다. 지하주차장도 직접 가봐야 한다. 이 아파트의 지하 주차장은 다른 여느 주차장에 비해 작은 편이다.

사진 ②의 아파트 단지도 주차난이 심각하다. 1980년대 지어진 복도식 아파트들 대부분이 주차난에 허덕이고 있다. 주차장이 아닌 곳에 선을 그어 2중 주차를 하고 있는 모습이다. 또한 지하주차장이 없어서 차량의 보호에도 미흡한 부분이 있다. 겨울철 출근할 때 지하주차장에 주차되어 있던 차와 외부에 세워둔 차를 타고 출근해본 적이 있는가? 지하주차장에 있던 차의 따뜻함이 좋고, 차량을 위해서도 지하주차장이 좋다.

사진 ③의 왼편 도로변에 주차되어 있는 차량이 보이는가? 주차장 중간에 세로로 난 주차장 표시가 보이는가? 역시 주차난을 노골적으로 보여주고 있다. 차량을 가진 사람이라면 상당히 부담스럽고, 평일 야간에 손님이 왔을 때 주차에 대한 부담을 느끼게 될 수도 있다.

사진 ④는 평일 오후에 찍은 것이다. 지하주차장에서 올라오는 길 위에 이렇게 차들이 주차되어 있다. 지난밤의 주차난을 반증해주고 있는 사진이다. 특히 부부가 둘 다 차를 가지고 있다면 주차전쟁을 피할 길이 없어 보인다.

고가도로 옆 아파트와 송전탑 옆 아파트, 비행기 라인 아파트

다음 아파트들은 근처에 고가도로가 있거나 송전탑 그리고 비행기가 지나다니는 라인에 위치한 아파트다. 아무래도 고가도로 옆에 있으면 소음과 먼지 그리고 저층은 조망에 대한 문제가 발생할 수 있다. 그리고 송전탑이 있으면 조망과 건강에도 문제가 될 수 있고, 비행기라인이라면 소음 등에 문제가 발생할 수 있다.

사진 ①처럼 고가도로 면에 위치한 아파트는 소음과 먼지로 인한 스트레스가 있는 편이다. 더불어 아파트 저층 같은 경우에는 고가도로의 조망 때문에 답답함을 느끼는 분들이 있다. 부득이 고가도로의 아파트를 낙찰받는다면 고층의 선호도가 더 높은 편이다. 사무실이나 일반 건물도 고가도로변은 비선호한다.

송전탑은 유해하다는 인식이 강하다. 건강에도 해롭거니와 송전탑 조망은 나쁘다(사진 ②). 가급적이면 송전탑에서 멀리, 그리고 송전탑이 보이지 않는 곳의 아파트를 선택하자. 건물을 선택할 때에도 송전탑에서 멀리, 그리고 송전탑이 보이지 않는 곳으로 하자.

사진 ③도 역시 대형 송전탑이 주거단지 내 근처에 있다. 조망과 건강에 좋지 않은 곳은 일단 피한다. 오히려 이런 지역은 송전탑을 철거한다는 뉴스가 큰 호재가 될 수 있다는 점도 알아두자.

사진 ④처럼 비행기라인에 위치한 아파트는 소음이 심한 편이다. 더불어 불안감을 느끼는 분들도 있다. 가급적이면 비행기라인을 피해서 아파트를 낙찰받자. 임장할 때 오랜 시간을 있어 보면 대부분의 비행기라인을 알 수 있다. 비행기들이 일정한 방향에서 왔다가 일정한 방향으로 가는 것을 볼 수 있기 때문이다.

새시를 교체한 아파트와 교체하지 않은 아파트

다음 아파트를 보면 새시가 교체된 아파트와 교체하지 않은 아파트가 함께 있다. 통상 새시를 교체할 때 대략 1,000여만 원 정도(부대시설까지 통상 교체 및 수선)가 소요된다. 따라서 똑같은 가격이라면 새시가 교체된 아파트를 매수하거나 낙찰을 받는 것이 합리적이다

사진 ①을 보면 맨 위의 층들은 얼마 전 새시 공사를 한 아파트다. 반면에 밑에서 두 번째 층은 새시 공사를 하지 않았

다. 새시 공사를 한 것과 하지 않은 것은 가격 측면에서도 차이가 있지만, 차후 세를 줄 때에도 새시 공사한 아파트가 선호도가 높아 세가 높게 잘나가는 편이다. 같은 값이라면 새시 공사가 된 아파트를 선택하자.

사진 ②처럼 새시 공사를 한 아파트와 새시 공사를 하지 않은 아파트는 외부에서 누구나 확인할 수 있다. 임장할 때 그런 디테일에 주목하자. 더불어 체크 리스트에도 꼭 체크해두자. 가급적이면 새시 공사를 한 아파트를 선택하자.

아파트 1층도 괜찮을까

아파트에서 가격이 가장 싼 층이 바로 1층이다. 그만큼 선호도가 가장 낮다는 것이다. 프라이버시, 냄새, 벌레 등 다양한 요인이 있다. 1층과 로열층의 가격 차이가 대략 10% 정도 난다.

사진 ①은 부천의 한 아파트다. 이 아파트는 1층이라도 로열층의 가격과 비슷하다. 1층에서 곧바로 들어가는 독특한 형태의 1층 아파트다. 1층 들어가는 길이 마치 정원의 길을 걸어 들어가는 것처럼 느껴져 선호도가 높은 편이다.

1층이라도 사람들이 걸어 다니는 곳과

의 거리가 멀수록 좋다. 사진 ②를 보면 1층과 도로 간의 간격이 넓다. 그래서 1층이라도 쾌적하게 느껴진다. 바로 앞에 주차하지 않는 것도 강점이다.

6층짜리 아파트

6층짜리 아파트 중 엘리베이터가 있다면 6층이 로열층이 될 수 있다. 그러나 예전에 지어진 6층짜리 아파트는 엘리베이터가 없는 경우가 많다. 이때 6층의 아파트 가격이 제일 싼 편이다(예를 들어 6층짜리 아파트인데 엘리베이터가 없다면 선호도는 일반적으로 2층→3층→1층→4층→5층→6층 순이라고 보면 된다).

6층짜리 아파트다. 엘리베이터가 없다. 중개업소에 가서 물어보니 2층과 3층의 가격이 가장 비싸고, 그다음이 1층과 4층 그리고 5층과 6층은 선호도가 떨어진다고 한다. 선호도가 떨어진다는 것은 가격도 그만큼 떨어진다는 것이다. 이런 아파트 임장을 할 때에는 꼭 꼭대기 층까지 2~3번 정도 올라갔다 내려오기를 반복해보자. 그래야 엘리베이터 없는 6층의 힘듦을 느낄 수 있다.

꺾임 있는 아파트 1

다음 아파트들은 왼쪽에서 정면을 바라보았을 때, 끝쪽 부분은 우측 복도와 붙어 있어 프라이버시 등에 많은 침해를 당할 것으로 보인다. 이런 아파트라면 복도에서 가장 떨어진 라인의 선호도가 더 높은 편이다.

왼쪽의 거실창이 보이는 라인과 붙어 있는 오른쪽 복도가 꺾임으로 붙어 있다. 복도와 붙어 있는 왼쪽 아파트의 거실창이 있는 호수의 선호도가 떨어진다. 프라이버시 등에 문제가 있기 때문이다. 가급적이면 복도와의 거리가 가장 먼 맨 왼쪽의 라인의 선호도가 가장 높은 편이다.

역시 마찬가지로, 우측 복도와 붙어 있는 왼쪽의 아파트의 선호도가 떨어지는 편이다. 맨 왼쪽 라인의 선호도가 높은 편이다. 보안과 프라이버시 등을 고려했을 때 말이다.

꺾임 있는 아파트 2

다음 아파트들은 같은 향의 아파트들이다. 다만 왼쪽에 라인이 조금 더 앞쪽으로 튀어나오고 오른쪽 라인은 약간 들어갔다. 시세는 거의 같다. 그렇다면 가급적이면 왼쪽처럼 툭 튀어나온 부분이 조망권도 좋고 시원하다. 오른쪽 라인은 약간 답답함이 느껴지는 경우도 있다.

사진 ①을 보면 왼쪽 부분의 아파트는 툭 튀어나와 있고, 우측의 아파트는 조금 들어간 모습이다. 이럴 때 선호도는 툭 튀어나온 부분이 높다. 이유는 뻥 뚫려 조망과 일조가 시원한 느낌이다. 반해 우측의 약간 들어간 호수는 조망이 약간 답답하고, 차후 일조에도 왼쪽 튀어나온 부분

때문에 일부 침해를 당하는 경우가 있다. 때문에 툭 튀어나온 호수를 선택하자.

사진 ②를 보면 왼쪽에서 두 번째 라인의 아파트는 툭 튀어나와 있고, 좌측과 우측의 아파트는 조금 들어간 모습이다. 이럴 때 선호도는 툭 튀어나온 부분이 높다. 이유는 뻥 뚫려 조망과 일조가 시원한 느낌인데 반해, 좌측과 우측의 약간 들어간 호수는 조망이 다소간 답답하다. 그리고 차후 일조에도 두 번째 튀어나온 호수 라인 때문에 좌측과 우측의 약간 들어간 호수들이 일부 침해를 당하는 경우가 있다. 때문에 툭 튀어나온 호수를 선택하자.

상가

화장실 상태

상가를 낙찰받고자 할 때 그 상가가 살아있는지, 또는 같은 입주자들의 컨디션이 어떤지를 따져볼 때 화장실 상태를 확인한다. 화장실 관리가 잘 되어 깔끔하다면 좋다. 하지만 그렇지 않고 청소도 잘되어 있지 않고, 악취가 난다면 일단 많은 고민을 해봐야 한다.

상가를 임장할 때에는 화장실을 가장 먼저 가본다. 사진처럼 깨끗하고, 향기로운 냄새가 나는 화장실이라면 기본적으로 이 상가는 살아있다고 볼 수 있다. 더불어 입주해 있는 임차인이나 임대인의 의식수준이 높은 편이라고 볼 수 있다. 이처럼 청소 상태 중요하다.

다음 상가의 화장실은 전혀 관리도 안 되어 있고 청소도 안 되어 있다. 또한 좋지 않은 냄새도 많이 나고 있었다. 이후에 상가를 둘러보니 역시 상가도 상당히 힘든 모습이었다. 공실도 여러 개 있었다. 따라서 상가를 임장할 때는 화장실을 통해 간접적으로 그 상가의 컨디션을 확인해보는 것도 중요하다.

층고와 기둥

상가는 가급적 층고가 높은 것이 선호도가 높다. 특히 1층인 경우는 더욱 그렇다. 이유는 개방감이 좋기 때문이다. 더불어 상가에 기둥이 있는 것은 선호하지 않는 편이다. 이유는 활용 방안에 상당한 제약을 주기 때문이다.

특히 1층 상가는 층고가 높으면 높을수록 좋다. 복층을 만들 수도 있지만 층고가 높아서 개방감이 좋아 많은 사람들이 선호하는 편이다(사진 ①).

사진 ②를 보면 상가 내에 큰 기둥이 있다. 아무래도 기둥 자체가 있는 것이 좋지 않지만 중간에 있다면 더더욱 좋지 않다. 기둥이 있는 상태에서 장사를 하게 되면 어떤 점이 좋지 않을까 고민해보자.

유동인구

상가를 낙찰받고자 할 때 그 상가의 유동인구가 상당히 중요하다. 유동인구가 많은 곳과 특히 횡단보도 앞에 위치한 상가의 선호도가 높은 편이다(사진①).

상가의 핵심은 임대 수요와 임대료 수준이다. 유동인구가 많고 장사가 잘 되는 곳이라면 임대 수요와 임대료 수준은 당연히 올라간다. 그러므로 유동인구가 많은 곳을 선택하자.

횡단보도 앞 상가의 장사가 잘 되는 편이다(사진②). 일단 최소한 유동인구의 집중을 횡단보도가 도와주는 형국이다. 횡단보도 앞 상가를 유심히 살펴보자. 다만 횡단보도만이 있는 것보다는 많은 유동인구가 이동하는 횡단보도 앞을 선택하자.

스타벅스와 파리바게트

업무지역 내에 상권이 좋은 곳은 어디인가를 확인할 때 스타벅스가 있는 주위가 좋다고 보면 된다(사진 ①). 그리고 주거지역 내에 상권이 좋은 곳은 어디인가를 확인할 때 파리바게트가 있는 주위가 좋다고 보면 된다(사진 ②).

업무시설이 많은 곳에 가서 어느 곳의 상권이 좋은지 확인할 때, 스타벅스가 있는 곳이라면 그 상권이 나쁘지 않음을 반증한다고 해도 과언이 아니다. 스타벅스 자체가 어느 정도 좋은 상권에 입점하기 때문이다.

주거지역에서 어느 곳이 상권이 좋을까? 그 바로미터가 바로 파리바게트다. 파리바게트가 입점해 있는 곳이 주거지역에서 좋은 상권이라고 볼 수 있다.

임장

부동산에 대한 답은 현장에 있다. 따라서 효율적인 임장을 자주 많이 가보자. 임장을 할 때는 반드시 부동산 중개업소에 들러 그 지역의 가장 전문가인 중개업자에게 설명을 들어보는 것도 좋은 방법이다. 이때 시세와 호재와 악재를 꼭 체크하자.

임장은 가급적 많이, 자주 가보자.

임장을 할 때 많은 사람과 함께 가면 다양한 의견이 나와서 그 부동산을 판단할 때 도움을 받는 경우가 많다.

임장을 할 때 조를 짜서 함께 가는 것도 좋다. 사전에 그 지역에 대한 브리핑 이후에 체크 리스트를 가지고 확인해본다면 도움이 많이 된다. 부동산에 대한 답은 현장에 있다. 자주 많이 가보자.

부동산 투자는 외로운 투자 시장이다. 함께 임장하고 함께 공부할 수 있는 친구를 만나는 것도 중요하다. 투자 성향과 목적이 비슷한 분들이 함께 해야만 롱런할 수 있다. 아파트 임장 후 이런 점에서 좋

다, 이런 점에서 나쁘다 등 서로 의견을 나눠보는 것이 좋다.

REAL ESTATE AUCTION

설춘환 운용 사이트

네이버카페 – 설춘환캠퍼스

https://cafe.naver.com/seolch

경매 공부를 할 때 좋은 멘토를 만나는 것이 중요하다. 《경매 개인 레슨》의 저자인 국가대표 경매강사 설춘환 교수가 직접 리딩하는 카페여서 믿을 수 있다. 더불어 처음에는 경매에 대한 간접 경험도 중요하다. 많은 사람이 경매에 대해 어떤 생각을 가지고 있고, 어떤 점에 궁금증을 가지고 있는지, 그리고 다른 사람들은 경매 공부를 어떻게 하고 있는지에 대한 답을 주는 커뮤니티다.

유튜브 – 설춘환캠퍼스

https://www.youtube.com/channel/UCb87NkXetRJwph6H4pVilrA

부동산 경매와 부동산 투자에서 꼭 알아야 할 내용을 업로드해둔 무료 동영상이다. 《부동산 경매 처음공부》의 내용도 정리해서 유튜브에 올려져 있다. 가장 공신력 있는 강의를 지향한다.

유튜브 – 경매탈탈탈

https://www.youtube.com/@user-kt6kc1rv2f

부동산 경매와 온비드공매, 세관공매, 부실채권 등의 다양한 정보와 내용을 탈탈탈 털어 주는 유튜브다.

동영상사이트 – 설춘환캠퍼스

www.seolcampus.kr

유료동영상 사이트다. 저자의 책《부동산 경매 처음공부》등을 중심으로 세관공매, NPL(부실채권), 부동산 투자 등 다양한 강의 등이 총망라되어 있다.

REAL ESTATE AUCTION